O Convívio Alegórico

Coleção Estudos
Dirigida por J. Guinsburg

Equipe de realização – Produção: Plinio M. Filho.

Evaldo Coutinho

O CONVÍVIO ALEGÓRICO

Copyright © Editora Perspectiva, 1979

Direitos reservados à
EDITORA PERSPECTIVA S.A.
Av. Brigadeiro Luís Antônio, 3025
01401 — São Paulo — Brasil
Telefone: 288-8388
1979

Sumário

Prefácio XI

Capítulo 1 1

1 – A Cota de malha – O estilo do ser genérico. 2 – Correspondência temporal entre o real e o fisionômico – O tempo de nosso álbum – A reconstituição de cenas. 3 – A extinção dos anacronismos. 4 – A persistência do papel. 5 – Ser no lugar de outrem.

Capítulo 2 13

1 – A escultura em carne. 2 – A frustração. 3 – O comportamento da pessoa amorável. 4 – O nevoeiro e a ausência – A faculdade representativa regula o acontecer da virtualidade.

Capítulo 3 23

1 – A rua das anotações – A explicitude simbólica. 2 – A contemplação lúdica. 3 – A nossa ingerência no íntimo do painel. 4 – A tristeza de haver sido testemunhado. 5 – A angulação. 6 – A elaboração da condizente fisionomia. 7 – Os painéis do desembarque – O percurso do protagonista. 8 – A leitura fisionômica.

Capítulo 4 41

1 – A ilustração figurativa do gênero. 2 – As gradações do gênero. 3 – A morte genérica. 4 – O lugar. 5 – A distância e o gênero – O mar e a similitude. 6 – O retrato. 7 – O artifício para a conversão ao gênero. 8 – A morte genérica.

Capítulo 5 59

1 – O painel do enterro de Z.... 2 – A adesão ao gênero. 3 – O ator recém-saído da cena – O exercício da outorga.

Capítulo 6 71

1 – A formalidade em si mesma. 2 – A perseverança litúrgica. 3 – As limitações do olhar. 4 – A plenitude do gênero – O episódio dos monges. 5 – A morte genérica. 6 – A autopreservação.

Capítulo 7 83

1 – A faculdade substitutiva. 2 – A prorrogação do gênero. 3 – Ser em outrem – A individualidade de B... em nós. 4 – O gênero e o recuo de nossa ótica.

Capítulo 8 95

1 – A escultura em carne – Ilegitimidade da fisionomia. 2 – Os testemunhos da criação artística – Referência a Spinoza. 3 – A exceção no gênero. 4 – As figurações contíguas. 5 – Imitação do Julgamento Último.

Capítulo 9 105

1 – A notícia da morte de T.... 2 – O nosso vulto em outorga. 3 – O recolhimento das partes dispersas. 4 – A intuição de existência. 5 – A identidade mediante o abrigo. 6 – O retorno à individualização.

Capítulo 10 117

1 – A grande ótica. 2 – O painel da estação de trem – A nossa contribuição genérica. 3 – Os círculos concêntricos das participações. 4 – A propagação da cena – Nós, existenciador.

Capítulo 11 125

1 – A outorga dos lugares em nós. 2 – A folha e a espuma – A metáfora. 3 – A nossa contribuição ao gênero. 4 – A retroação ao seio do genérico.

Capítulo 12 135

1 – O gênero em nosso olhar e à revelia dele. 2 – A alegoria do gênero. 3 – Os vultos de mera comparação. 4 – Versatilidade da presença, em nós. 5 – As exposições da virtualidade. 6 – A liturgia de ser. 7 – Os painéis em aglutinação.

Capítulo 13 153

1 – A nossa fisionomia ante nós e ante o miradouro de terceiros. 2 – O gênero e a ritualidade. 3 – O gênero e a outorga. 4 – As extensões do painel. 5 – As efígies são dependentes de nossa claridade. 6 – A semelhança generalizadora – A incorporação essencial em nós. 7 – A sobrevivência da efígie em nós. 8 – A premunição figurativa perante a idéia da morte – A nossa sobrevivência é uma ideação que morrerá conosco. 9 – A solidariedade figurativa.

Capítulo 14 171

1 – O contágio. 2 – A perspectiva das faces em similitude – O painel do Julgamento Último. 3 – As pequenas amostras do Julgamento Último – As cenas retificáveis. 4 – O fictício e o real. 5 – O processo do Julgamento Último. 6 – As antecipações do Juízo Final. 7 – A alegoria em análise. 8 – Nenhum objeto se isenta do fato de sermos. 9 – A solidariedade na desaparição.

A Aluízio Bezerra Coutinho

Prefácio

Para comunicar o sentido da ordem fisionômica, a frase mais simples talvez seja esta: o ser é minha vigília. Em frase tão breve, torna-se implícita a minha posição a um tempo existenciadora e contempladora. E a mesma vigília descobre que a diluição de cada indivíduo, no gênero que lhe cabe, se formaliza como uma das antevisões do não-ser, da extinção fatal e absoluta, em mim, comigo. Tal pensamento vem a pousar ao longo de *O Convívio Alegórico*, ora declaradamente, ora como o substrato que delega a sua presença a conceitos e cenas aparenciais.

O não-ser se esgarçou ante o advento de minha vida. Represento uma transgressão à vigência do não-ser; porém ele, parecendo incorformado com a efêmera revogação, insiste, a cada momento, em impor, através de figuras e de arranjos cênicos, os vestígios, ou melhor, a indicação da inexistencialidade. E uma das amostras do não-ser está precisamente na participação no conteúdo do gênero, regime de manifestação do perecimento em face de meu testemunho, que estiliza os desempenhos, as exibições diante dele. O mundo se prodigaliza em anunciações do não-ser, e creio que nenhuma concorre, em nitidez, com a do esvaecimento do indivíduo no gênero que o engloba.

Impossibilitado de abordar o não-ser senão com instrumentos adequados ao tratamento do ser, utilizo a ótica — o recurso mais favorável à explicitude da ordem fisionômica — no mister de acolher os indícios daquela inexistencialidade, que se interrompeu com o surgimento de minha pessoa. O ser entremostra, nos sucessos visuais, aquilo que se dispôs a negar: a extinção absoluta, que todavia entorna sobre o ser as fímbrias de sua funeralidade. O não-ser se mutilou com o aparecimento de meu vulto, mas o contágio da inexistência me obriga a facilmente ver, nas exteriorizações da realidade, da imaginária externa, os sinais do infalível perecimento.

A denominação "convívio alegórico" informa sobre a qualidade de meu testemunho: os conhecimentos que adquiro, revelam a insinuação do não-ser, de maneira que, nas oportunidades alegóricas, o ser se converte em enlutada presença. Qualquer fato empírico ou imaginado, em grau maior ou menor, pode instituir-se em alegoria do falecimento, cada sucesso se deixando interpretar como figuração do perdimento em mim, comigo. As conexões dos objetos entre si, que apreendo, se tecem mediante uma subjacência irremovível: a de eles serem em mim, a de sua existência subordinar-se à minha existência, todos se restringindo ao prazo de minha vida consciente. Deveria alterar-se a afirmação de Protágoras: o homem, com efeito, é a medida de todas as coisas, mas entendendo-se por homem a pessoa particular e não o gênero humano; ficara melhor se tivesse dito que ele, Protágoras, era a medida de todas as coisas. De mim, comigo, essa afirmação tem a positividade de uma instância única, por não haver a quem eu possa transferir o próprio ato de consciência. O ser está em mim, o delimitador de sua existência.

O interesse cosmológico se concentra, portanto, no meu existir individual. Em confrontação com a realidade, alteia-se a prerrogativa de minha pessoa, isso em virtude de eu fazer existente essa mesma realidade. Sou o criador e o mantenedor do universo, não conseguindo dissociar-me dele, nem ele de mim. O universo é o meu repertório, do qual ninguém, nenhuma coisa se isenta; ao contrário, existe em razão de minha existência. Esta é a que em primeiro lugar importa, e vale repetir a citação da luz que se antecipa ao objeto iluminado, sendo verdadeiramente o principal no relacionamento com as coisas visíveis, graças a ela. Tão estreito se patenteia o contato entre mim e o meu elenco – os dados do existenciamento, quer os acontecidos, quer os idealizados – que me defino ao trazê-los à existência. No solipsismo de inclusão, vejo-me o ser, e, como tal, um instante de infringência à plenitude da inexistencialidade; vejo-me um ato, e não um partícipe da eternidade. Com esta palavra, eu abordaria não o ser – a minha vigília – mas o não-ser, este, sim, o território infindável e absorvedor.

A brevidade de minha vigília é a mesma brevidade de todas as coisas, que não podem estar senão em mim, ressaltando-se única esta egocosmogonia. No papel de última instância, na posição que envolve os fatos ocorridos e ocorrentes, observo que a vida cotidiana se compõe de atores que todavia ignoram a dependência no tocante a mim; desconhecem, conseqüentemente, o significado alegórico que encarnam com seus conspectos, assim contribuindo, não de moto próprio, ao espetáculo da nominação que lhes atribuo. Ninguém atende, por livre e consciente vontade, à convocação partida do contra-regra que há em mim; entretanto, o desconhecimento, a indiferença quanto à minha pessoa, atesta a significação que busco; é, do ângulo em que me coloco, um aspecto da alegoria da extinção, do não-ser que, sob a feição de amostra, com recursos mais e menos sutis, me antecipa o inevitável desaparecimento. Para transmitir ao leitor a solicitude e a presteza do universo em homologar a acepção alegórica, aproveitei-me da aliciação do *nós*, o único vocábulo a oferecer a idéia da enquadração, em mim, de todas as peças e protagonistas.

O *nós*, tratamento adotado nos livros de *A Ordem Fisionômica*, se compara ao continente estatizador do gênero, contudo preso à minha personalidade. Em o *nós*, consubstancia-se a aglutinação de todas as coisas em mim, em universalizadora contemporaneidade. Em o *nós*, analogamente ao gênero, inere-se uma similitude da morte, notando-se, nos dois casos, a diluição em seio abrangente; por conseguinte, o gênero e o *nós* ilustram, exemplificam, a conjuntura do perdimento.

Existir é depender de minha vigília. De conformidade com a ordem fisionômica, o que existe é o acontecer de minha existência, e o que ela alcança, o que ela cria, é o elenco de minha autocontemplação. Os lapsos da memória, as invisibilidades, os desligamentos por qualquer razão, denotam, por assim serem, incidências alegóricas: inocula-se neles, com translucidez imediata, a motivação da morte. Nada habita fora de minha existencialidade. Todas as coisas aguardam o meu perecimento a fim de perecerem em absoluto. Quer em índice de possibilidade de ser, quer em índice de havida realidade, o convívio, mercê do tempo e do espaço, se gera e se estrutura para mentalizar-se em mim. Os corpos animados e inanimados, que recheiam o ato de presença, exercitam o ensaio para a futura inserção em minha imaginária interna. Ao conhecer criadoramente, firmo no objeto existenciado o estilo de minha pessoa que entrementes o reveste de tarjas, se porventura o contempla do ângulo genérico. Em verdade, nada se isenta da circunstância de eu existir, segundo consta, mais penetrantemente, na obra *O Lugar de todos os Lugares*.

Se o universo está recluso ao seio de minha existência, o processo de vê-lo e de interpretá-lo se desvia da neutralidade comum, e adquire a maneira de minha subjetividade. A modalidade que utilizo é a do absoluto que me pertence, diversa, portanto, daquela que desfrutam, recíproca e conscientemente, as pessoas do convívio, atores de minha criatividade; as cenas descritas, os vultos mencionados, se franqueiam à dissecção especulativa que me compete com exclusividade, isto porque eu sou o existenciador das personagens e dos acontecimentos. O incomensurável repositório me propina uma disponibilidade sem recusas, um atendimento que corresponde ao módulo de minha vigília.

A subordinação existencial do universo a mim, equipara-se ao assentimento da matéria em relação ao lavor que lhe imprime o artista. A propósito, a legitimidade de tal equivalência contribui, além de outros ensejos, para justificar a aposição da palavra *Estética* na capa dos livros acerca da ordem fisionômica, publicados pela Editora Perspectiva, que escolheu a classificação fixada. Esta não colide com a índole ontológica, metafísica, de todos os componentes da série.

E. C.

Capítulo 1

1 — *A cota de malha* — *O estilo do ser genérico.* 2 — *Correspondência temporal entre o real e o fisionômico* — *O tempo de nosso álbum* — *A reconstituição de cenas.* 3 — *A extinção dos anacronismos.* 4 — *A persistência do papel.* 5 — *Ser no lugar de outrem.*

1 — Indo ao museu de P..., deparamo-nos com a cota de malha, remanescente de uma luta ferida há trezentos anos, um dos poucos objetos que ainda acompanham a legenda daquele feito; por isso mesmo de importância extrema porquanto a-historicidade dos posteriores conterrâneos tem extinguido muitas coisas que compareceram aos episódios da batalha; também, os contemporâneos daquela ocorrência, imbuídos de idêntico descaso, nenhum zelo tiveram de nos facilitar hoje uma reconstituição mais coerente das peripécias que ali se passaram. Escavações tardias nos forneceram alguns elementos que participaram da decisiva refrega, entre eles a cota de malha que se conserva cuidadosamente, a fim de que não se repitam nela os danos de que padecera em tão remota época; os quais lhe vêm acrescer um colorido de autenticidade menos histórica do que fisionômica, pois se torna impossível assegurar se as interrupções de sua tessitura provêm de lança inimiga; não obstante isto, a peça sobrevivente incorpora a si mesma, no plano do significado, as imperfeições que bem podem ser oriundas de acidentes outros, durante o largo interregno. A estabilidade de aparência nem sempre condiz com os pendores de nosso álbum que, ao inverso do que seria lógico, em muitos casos dispensa as inteirezas, hoje tanto ou quanto similares ao que eram na outra idade, para preferir objetos cujas omissões, à maneira da cota de malha, em vez de gerarem a subestima, se afiguram coonestações de sua íntima natureza, vazios que se incorporam à perpetuidade do acontecimento. Nesse

sentido, e em virtude de não eliminar os sucessos vindo ao seu encontro, antes uni-los a si próprio, como se regressasse a ele uma parcela de sua essência, o rosto, marcado por um evento, recebe, à medida que este se afasta no tempo, uma homologação em cada conjuntura que facialmente lhe corresponde; isto em série de naturalidades que lembra o mais genérico dos seres que, tudo envolvendo e estando em tudo, abriga, por pertencer inerentemente ao seu patrimônio, desfazendo supostos antagonismos, todos os fenômenos que neles soem realizar-se. Quando a fisionomia encerra dessas coisas que reproduzem em menor escala a trama do universal painel, comovente prestígio a eleva em nós, suscitando de nossa parte uma contemplação mais duradoura, na qual regulamos a serenidade da ótica à estampa evocativa, como esta que há tantos anos se cadenciara em ritmo violento. Diante da face evocadora, o objeto recriado por nossa mente abandona-se a uma exposição em sucessividade como se estivesse em folhas de livro; e, sem que nada de peculiar o prendesse à nossa atenção, persistimos em devanear algum trecho de episódio dos mais comuns entre os combatentes: um deles recoberto pela cota de malha, tendo esta assistido a morte e a deterioração que no anonimato padeceu o corpo. A conjuntura da extinção nenhum documento a atesta, contudo aceitamo-la em grau de evidência figurativa, porque as rupturas da cota de malha estabelecem uma persuasão tão legítima quanto à possibilidade da ocorrência que o plano fisionômico, sendo suscetível de atender ou desobedecer ao consenso da objetividade, se apressa a incluí-la no seio de sua contextura. As coisas que, independentes de nós, vivem na defesa objetividade, impedidas de se entenderem com as coordenações que tecemos ao contato de suas figuras que, desde a ocasião do investimento na posse de nosso olhar, se transferem daqueles domínios para o território de nossa visão, tais coisas se esterilizam à falta precisamente desse olhar que, descurioso de tudo que não afeta as aparências visíveis, reserva as suas prestezas para os simples ou prodigiosos momentos da imagem. De nosso recanto, distraímo-nos a idear as possíveis situações que, nesta hora, em inúmeros lugares, se criam, se desenvolvem, se diluem sem que um observador adequado possa prender, conservando no registro da memória, o enredo efêmero mas harmoniosamente composto; os entrechos que sem dúvida se processaram no decorrer do sucesso histórico, eles também nos afluem à imaginação, sugeridos pelos contornos gerais que a legenda nos oferece; tais reconstituições, a um tempo legítimas e arbitrárias, se desdobram alheiamente ao pretexto de ordem social que de comum se ressalta, elas construindo-se em nós por meio de puras fisionomias. Isentas do significado que as caracteriza enquanto realidade histórica, muitas dessas situações, livres conseqüentemente de outras conjecturas, lembram as peças de teatro que, produzidas há vários séculos, são, após adaptação à atualidade, representadas hoje, sem com isto perderam a substância do mérito; como as obras assim modernizadas e todavia autênticas no conteúdo, as sugestões que nos advieram ante a cota de malha, bem que aconteceriam longe de seu recinto, bastando apenas, ao modo de um dado insubstituível, que aquele instrumento de nossa consideração — as rupturas — se fizesse notar nas novas peripécias. Por conseguinte, fomentamos diversos episódios, todos eles partindo da cota de malha, mas nenhuma dessas ficções, algumas engenhosamente tecidas e por muitas razões assinaláveis, alcançou em nós o privilégio com que situamos o carcomido remanescente, sobrepondo às coisas da fantasia a verdade do rosto, bem repleto de unidade fisionômica, mantendo, nos furos ocasionados por acidentes que não importam à sua índole, os dizeres espontâneos da qualidade. Fatos posteriores, anteriores ou contemporâneos, quando coincidentes no texto figurativo, libertam-se das diferenças, inclusive as que nascem do setor cronológico, para ampliar o motivo que é então de todos eles, proporcionando-lhe uma ênfase maior que desaparecerá se porventura aqueles componentes vierem a desunir-se, recuperando cada um a sua isolada preexistência. Na cota de malha, a significação possui um sentido de tal maneira elástico, que as adulterações de ordem equivalente, os estragos que mãos descuidadas lhe venham a corromper, passarão a integrar o rosto daquele objeto, porque este participou de cena que, embora ancestral, consente ainda que muitos intromissores, distantes no tempo, lhe adjudiquem nova nitidez à sua essência fisionômica. Nesse particular, os desempenhos nunca se exaurem, e as coisas que supomos despidas de interesse, gozam entretanto da disponibilidade de um dia concederem a sua contribuição a um conjunto que dessa forma persiste facialmente intacto, auxílio superveniente graças a inclusões que só a oportunidade regula; ele, o conjunto, se renova em seus componentes, mas, tendo em vista apenas o plano figurativo em que se inscreve, as restaurações continuadas não preponderam em si mesmas, valendo tão só o corpo que se preserva o mesmo apesar das substituições que se operaram no tempo, e dos figurantes de hoje não serem os de tempos atrás. Cada efígie atua na maioria de seus atos como se fosse uma figura autônoma do gênero ao qual se agrega, presumindo realçar-se quando, mesmo assim pensando e agindo, não faz mais do que executar a parte que antes fora por outrem exercida e de futuro o será por alguém, sem que a entidade englobadora reclame o fato de seu desaparecimento, residindo nessa fatal conduta o sentido de muitos sucessos que, sendo singularidades para nós, no entanto se diluem no estilo do ser genérico. Para quem se dispusesse, por um instante, a olhar as próprias atitudes, no preciso momento em que elas, abandonando o aspecto irredutível, se transformam em coro fisionômico, a prática das relações em convívio, remodelada por atuações conscientes, harmonizar-se-ia de maneira que todo procedimento se enquadrara de logo como um ato espontâneo do grande ser, o gênero. Mas, as observações raramente se debruçam na imagem do próprio observador, embora sejam freqüentes, nele, aparições à similitude da cota de malha, que indicam a unidade dos efeitos fisionômicos, todas as aparências convergindo ao supremo núcleo, àquele que absorve todas as partes adjacentes, para a sua irrecusável significação.

2 — Na contemplação do objeto, cujos componentes são explícitos, todos eles ratificando o tema que o ergue em nossa curiosidade, somos reconhecido às mercês exteriores; em ato de oportuna interferência, elas propiciaram ao texto um desenvolvimento que não só detidamente expõe as características do assunto, como manifesta aos nossos olhos uma tomada mais intuitiva, desde que coexiste, à visual recepção, mesmo quando ela nos traz algum transtorno íntimo, uma sensação de fácil empreendimento, de tranqüila comunicabilidade. O nosso reconhecimento se dirige aos agentes fortuitos que muitas vezes exercem a prática sem suspeitarem sequer que o produto de suas ações vem, à revelia, integrar a idéia fisionômica que já se estende sob o domínio de nosso olhar, favorecendo a leitura que, iniciada, exora que se lhe não interrompa; súplica esta em verdade atendida quando, ao desviarmos o rosto da cota de malha, nos defrontamos com um instrumento cujo aspecto consumido o legitimava perante ela: velha adaga, sobrevivente de uma peleja que o catálogo dizia ser outra, bem diversa, mas que no plano figurativo, o único a nos importar então, se compreendia no mesmo duelo, ambas repostas sob o signo da contemporaneidade. À maneira de um livro prodigiosamente unitário, que nos proporciona o conteúdo, quer o leiamos a partir do começo como de qualquer das partes, restando sempre inteiriço o núcleo das digressões, a circunstância de a cota de malha anteceder-se na corrente de nossa ótica, nenhum prejuízo ocasiona à teia do combate, reconstituída agora por elementos dispersos. A aprioridade fisionômica desliga-se, com certa freqüência, da ordenação cronológica, tal fenômeno se revestindo de natural predileção de nossa mente; solicitada a recolher as origens de algum sucesso, quando dele possuímos apenas o efeito, ela dilata os meios de perscrutação, trazendo à busca vitoriosa um duplo conseguimento: subverte a linha temporal e nos corrobora a previsão. Contudo, a ordem real estabelecida, se ofertando diretamente aos nossos olhos, costuma isentar-nos desse mister que aviva as ilações; no entanto, a exata correspondência entre a perduração da realidade e a do sistema de nosso ocasional exame, nos produz de qualquer forma apreciável interesse, como se as coisas, discorrendo em caráter de objetivação, nos viessem a homologar, com o acompanhamento oportuno, a cadência dos rostos que se sucedem em plano fisionômico.

Desse modo, as faces subseqüentes respondem ao nosso anelo como a releitura nos defere as expressões que na memória se encontram ainda vigoradas; assim alcançamos da realidade objetiva um nexo de imediato controle, uma quase fusão entre as figuras situadas no esquema de nossa continuidade facial e essas mesmas efígies dispostas independentemente de nossa consideração. Quando fixamos uma continuidade entre os vultos postos simultaneamente à vista, criamos para eles um tempo que não se subordina ao que recobre todas as coisas, ao que preside a consecutividade de todo o existente, inclusive de nós, o observador da ordem particular a que se ajustam, independentemente da duração maior, as fisionomias do museu agora readotando a unidade há três séculos perdida. Ressuscitadas de longo afastamento, ressurgem, graças a nós, para o fim de reentabularem relações antigas, desfeitas certamente as arestas e as cores da primeira representação; mas, por força dessa perda, elas readquirem no segundo desempenho a puridade ótica que não é dramática à maneira da inicial exibição, porém que, liberta dos ruídos em que se estimularam os atores, descortina somente os pontos que interessam à reconstituição figurativa. A sobrevivência nunca se instaura sem que a face remanescente deixe, submersos na distância, os acidentes de sua individualidade; isto é, aquelas coisas que se permitem outorgar, nas que sobram, para a composição de todo o conjunto, visto que as ilações se operam sobre fragmentos da fisionomia; em nosso sistema de considerar, incumbe à mente dedutiva repor, na base das frações visíveis, as parcelas ocultas ao olhar. Na inoperância de um corpo está ainda implícita a outorga que os trechos empanados lhe conferiram; assim, do objeto que na estante jazia como se estivera morto, parecendo a muitos nada trazer senão a atitude de sua morte, descortinamos uma perspectiva bem mais ampla que a do conspecto. A figura perfurada suprimira diante de nós as omissões que o tempo geral delineou em sua aparência, e em substituição ela nos esclareceu o conjunto a que antes havia pertencido: o episódio fisionômico entre o ferro e a cota de malha. As excursões visuais, através dos vultos que, em museu organicamente concebido, predispõem o miradouro à colheita de argumentos faciais, pouco contribuindo os rótulos indicadores da idade e da natureza dos objetos em exposição, tendem a prosseguir sobre as demais coisas; porém, se a matéria primeira, como naquele momento a cota de malha, encerra um motivo de tão profunda significação, todos os apanhados subseqüentes, longe de se espargirem em desconexões, estendem ao sentido introdutor os aspectos de sua contigüidade. Uma atmosfera de favorecimento circula em torno de nossa descoberta: as medalhas, desunidas dos vultos onde se instalaram certa vez, vêm a prestar ao guerreiro morto em ação o preito de homenagem nunca tardia, porque o critério da idade não intervém no episódio que é apenas fisionômico, e as duas amostras atuais resultando da mera coincidência de agir de nosso miradouro.

É-nos dado agrupar em plano figurativo os entes que se encontram esparsos conforme as observações do comum dos espectadores, cujo pretérito, por eles entendido, se resume a território indevassável; no espaço deste, nenhum fator existindo que possa disputar ao presente os meios que empregamos sobre os sucessos da atualidade; as situações em ato construídas pelos remanescentes de outras épocas, além de nos acelerar a imaginação sempre fiel à sua unidade, fomentam uma criadora aproximação entre o nosso ser e as figuras que diretamente exibiram a outros, e não a nós, o espetáculo de sua aparição primeira. A nossa vida enriquece-se com a assimilação de entrechos que não testemunhamos, painéis que a História costuma narrar sem no-los devolver, circunstância que nos desconsola, porquanto bem desejaríamos havê-los presenciado; dos inúmeros que aconteceram, vários nos conquistam a preferência, entretanto sem alcançarem a reencarnação na medida de nosso almejo que, sem outra alternativa, se conforta com o desempenho dos substitutivos semblantes: maneira sobressalente de recaptá-los em nós, à qual recorremos muitas vezes com o ânimo premeditado. Na expectativa de que certos ambientes nos podem propinar a visão de ocorrências desaparecidas, sobretudo daquelas que nos comovem ao simples contato da leitura, temos por norma percorrê-los, menos por homenagem póstuma do que por emanação de seus motivos recuperáveis; painéis que dificilmente nos resignaríamos a recompor em termos de legenda, quando só nos interessa a reaparição deles sob a forma de vultos, em cena tanto quanto possível correspondente à de nossa imaginação. Tentativas frustradas quase sempre, porque nessas ocasiões o acaso, ignorante de nossos intuitos, e a pura expectação, único procedimento dos olhos, perseveram em nos conceder apenas o lugar corrompido por figuras que não se amoldam à procurada significação; fisionomias que, ostentando talvez ou preciosos e inéditos conteúdos, ou ressurreições também de uma outra idade, nos mostram inutilmente os seus valores, em virtude de os nossos olhos estarem abertos tão só para a repetição de peculiar e difícil urdidura. Obtenções mais favoráveis nos advêm se o desejo de reconstituição é estimulado por entrecho decorrido em alguma localidade inacessível à nossa ótica, em algum ponto do oriente que a arqueologia não consegue situar; e que, sendo para nós uma visibilidade inatingível, exerce nula influência nas faces dele participantes; daí o fato de podermos, sem as imposições do ambiente, preparar melhor a vista àquele ato de aquisição. Em conseqüência, nos parecem fisionomicamente aceitáveis os episódios que se reconstituem sob a inspiração dos evangelistas, os quais, despegando-se dos logradouros em que se deram, voltam à perspectiva de nossos olhos quando nos detemos à passagem da procissão de P. . . que em terra estranha repete as cenas dos últimos sacrifícios; cortejo que todos os anos se reproduz sem a participação dos caminhos, das nuvens, do morro que os viram pela primeira vez. Nenhuma estampa registrou aqueles acontecimentos, e as que existem mercê da imaginação, sobre se diferenciarem entre si, pouco nos convencem da exatidão suposta; mas, não obstante a perda dos pormenores locais, e talvez por essa circunstância mesma, os retábulos então vividos se ajustam figurativamente em qualquer parte da terra, formando a cada momento situações em ato que, gravitando em torno das efígies santas, vêm a adicionar inéditas complementações que certamente inexistiram na remota época; no entanto agora, sob a potência inventiva do acaso, não desmentem a significação ali transcorrida, antes a acentuam como reafirmamento de sua atual contemporaneidade. Como se imitasse as encomendações dos favorecidos, que em tela se reúnem ao orago de sua devoção — fugindo assim às leis da objetividade, mas aplicando as do universo figurativo — o acaso, trazendo os vultos ora de longe, ora dali mesmo, torna exeqüível o painel da religiosa sobrevivência.

3 — Despindo-se da atual posição, os assistentes do préstito, a exemplo das coisas que no museu acompanham a cota de malha, se incluem no passado longínquo; na transplantação que se opera, o local de agora, tão cheio de acidentes que a podem negar, se revela porém solúvel ao ato que lhe prepondera, cedendo à delicadeza do plano fisionômico os atrativos que se salientam em outras horas. No momento em que as figuras se subordinam ao tema do episódio, todos os aspectos do anacronismo se afastam de nossa observação para a exclusiva predominância dos contornos genéricos, assim como à vista de imagens que nos abordam, ficamos depois sem relembrar as minúcias da fisionomia ou as cores da vestimenta, parecendo que a visibilidade renuncia às coisas que não estejam próximas da abstração. Nessa perspectiva, os traços de união que se nos defrontam, diferem radicalmente dos que são válidos para os olhos de outrem ou durante a nossa ausência do museu, quando vigoram os princípios habituais, aqueles que resultam da simples vizinhança dos objetos; infecunda associação esta que desestimula na imaginação o retorno das antiguidades que vimos, enquanto as peças articuladas segundo as leis do plano fisionômico, se vinculam entre si através de sugestões de um mesmo gênero: como atores que, estando fora do palco, reunidos por coincidência em algum recinto, e a fim de se convencerem da segurança dos papéis, improvisam de súbito, para só compreensão do ensaiador, ali presente junto a pessoas desapercebidas, o fragmento do libreto a ser futuramente desempenhado. À revelia dos visitantes que ao nosso lado distinguem os mesmos rostos, a situação em ato dos seres imóveis se aviva, partindo da cota de malha, cada participante obediente ao motivo que dela emana; no processo em andamento, dada a orgânica

sinonímia que equivalentemente inspira a todos os figurantes do painel remoto, o curto enredo é tecido sem demorada escolha entre eles; embora, ao regresso do museu, possamos reeditar o painel, dispondo de cada elemento de acordo com uma esquemática *a posteriori*, que nem sempre excede, em sutileza, a improvisação do primeiro retábulo. Se na ordem preparada pela meditação, após a desenvoltura em torno da cota de malha, preferimos que certos aparecimentos se tivessem antecipado àqueles que no plano fisionômico de logo se exibiram, fazendo com que as medalhas viessem por último, e, por efeito da construção expositiva, a encerrar o acontecimento heróico, na ordem do ato original encontramos, em miniatura, o regime de ser com que todas as coisas do existente se congregam no domínio facial. As maneiras com que habitualmente dispomos os fatos, imprimindo-lhes a forma de sucessão condizente com certas facilidades para o exercício do intelecto, não redundam exigíveis na prática de nossa contemplação; assim, quando no porto vemos os barcos que surgem, que se retiram, a idéia de eles se movimentarem em cortejo uniforme, ou em gradações atinentes aos volumes, ao número dos mastros, inexiste em nós que aceitamos o puro ocorrer da eventualidade. Assistimos, nas relações estreitas que se estabelecem entre todos os figurantes do quadro, a atração permanente e viva do núcleo, a cota de malha, exuberante no teor, trazendo ao seu significado os vultos disponíveis que, se em outra posição estivessem, sem aproximação do centro a que se acercam hoje, certamente que outros dizeres nos haviam de elucidar. Por extensão irresistível, os nossos olhos, dentro da mesma atmosfera de legitimidade fisionômica, restituem à cota de malha o manto negro e frusto que no espaldar de uma cadeira ignoramos a que pressuposto histórico se filia; mas, na ordem facial se ajusta como o véu que, depois da batalha, entes piedosos fizeram recair sobre a figura liberta já da improdutiva defesa. Quando nos funerais um manto vem a recobrir o corpo, os seres da presença se inclinam para ele, à semelhança das pessoas que a um passo de nós se curvam para o exame de pequenos objetos que no mostruário lhes impõem tal conduta uniforme, porém que, em nossa consideração, participam das exéquias com igual silêncio: os homens agrupados diante da vitrina se transferem para a cerimônia, onde jaz a um canto, recolhida e sanguinolenta, a cota de malha. A nossa estada no plano fisionômico, se estímulos dessa natureza o nutrem tão adequadamente, possui a duração do episódio desvendado; se bem que a faculdade conciliadora às vezes nos leve a alongar a seqüência dos entrechos, desfigurando-a afinal; sendo-nos entretanto preferível interrompê-la quando os sentimos bastantes, aí sucedendo algo parecido com a decisão do pintor que tendo executado um painel enorme, houve por bem seccioná-lo em várias telas, obtendo assim maior efeito para cada um dos fragmentos.

CAPÍTULO 1

4 — Existem faces que, depois de desincumbidas de determinado ensejo, perseveram na expressão do passado motivo, sobrevivendo ao assunto a que se dedicaram; oferecendo, aos que as viram no cumprimento da velha exibição, a presença tardada, em forma de ressonância, que em atuais espectadores não pode repercutir; apenas dar-lhes uma impressão de estranheza ou de alheamento, e, em certas ocasiões, até que lhes imprime a sensação de oportuna e perfeita naturalidade. Marcados em virtude da representação, tais rostos devagar retornam à espontaneidade anterior; mesmo que voltem à sociedade, cujos componentes são as íntimas pessoas para quem nenhum mistério as constrange, recuperando à convivência o corpo que se afastara à missão distante, se demoram com a aparência de inadequados gestos. Os detentores de atitudes dessa espécie geralmente são destituídos de auto-observação: lacuna que os malversa no trato cotidiano, mas que aos experimentalistas de condutas acrescenta mais interesses, entre outros o de promover a reconstituição do meio fisionômico em que eles se modificaram tão profundamente e o de proporcionar a visão direta das desarmonias, na qual o vulto do recém-vindo se salienta pela circunstância mesma de se indispor aos preceitos regulamentares. Os entes incapazes de despir a beca em seguida ao ato da cerimônia, se desfavorecem no juízo dos assistentes, contudo era de outra natureza a causa que afligia a D...; pouco lhe importando, em face do imenso orgulho, que alguém o censurasse por não descer à conduta simples com que se alimentam as dialogações da imagem, comumente repletas de fórmulas que a espontaneidade adjudica; o descontentamento provinha de os indivíduos interromperem, tornando à naturalidade, as solenes posturas com que seguiam, no decorrer das audiências, o majestoso porte, os gestos enfáticos, o movimento augusto que a todos envolvia em temeroso ritual. Antes de exercer as funções de hoje, D... se perdia no anonimato dos vultos: ninguém viria a supor que dentro do mesmo nome coubessem duas personalidades tão distintas, uma anterior e outra posterior ao título de magistrado; sem que para tanto houvesse mais influências transtornadoras que as da posição social, essas mesmas reduzidas ao nobre acatamento enquanto presidia as tarefas do encargo. Nas horas em que estas não se faziam necessárias — e eram muitas, de vez que ele, em lugar de isolar-se ou de substituir o ambiente de suas relações, freqüentava as mesmas pessoas da intimidade — o rosto de D... exibia o ar austero onde quer que comparecesse, em muitos momentos à custa de certa comicidade, como nos festejos domésticos em que ele, sem relaxar no mínimo a importância do aspecto, se dirigia de logo e sem qualquer convite, para a mesa das refeições com o ânimo de ocupar-lhe a cabeceira. Nessa extensão de um episódio a outros, D... obtinha em parte, não obstante muito inferior ao que ele idealizava, que mais coisas, além dele próprio, se removessem também, partindo do salão litúrgico; tais coisas eram as atenções constrangidas, a timidez e

o espanto dos vultos adjacentes; a atmosfera parecia a mesma que pairava ao redor de sua curul, e sob a responsabilidade dela muitas sentenças injustas foram proferidas; ante a presença de D..., as testemunhas do fato, o próprio réu, o patrocinador inclusive, mal expunham as alegações, todos eles atemorizados, inibidos pela coação da vaidosa figura. Com indignação nos olhos, ele via alguns dos oficiais, precisamente os participantes indispensáveis à investidura, se permitirem professar certos meneios incompatíveis com a sua gravidade; indo o desprazer a um ponto que ele preferira escapar dos colóquios, retirando-se de súbito para surpresa de todos os circunstantes, a quem não supunha dever desculpar-se; acontece no entanto que um rosto pode, à força de muito insistir, encontrar a ocasião em que os eventos se processem de conformidade com os seus desejos, em que a cena se componha à maneira daquela que ele esboça; a urdidura desse entrecho supletivo manifesta, da parte da figura constante, uma perfeição maior de desempenho, como se a alegria de haver conquistado outro propício ambiente lhe houvesse, sob estímulos novos, trazido a convicção de seu imperecimento; talvez, ainda, compensando-se das inadvertências ou das surdas vinganças dos auxiliares, D... exprimisse, na residência onde o fomos encontrar, o desafogo de longos insucessos, mas de qualquer forma nunca ele se defrontara com uma platéia que lhe satisfizesse tanto; de maneira que, ciente da comparsaria a cujo êxito não havia como recear, todo o rosto, todas as ritmações das atitudes, imperava em sublime e última instância; era um conciliábulo de família, versando sobre um rompimento em verdade confrangedor, e ao qual D... e nós fomos admitidos como figuras capazes de solucionar a densa questão; sendo escusado dizer que de nosso arbítrio nada praticamos de bom proveito, enquanto a imagem da persistência fisionômica, empertigando-se do fundo do larário, expandia os gestos para a aquiescência de todos: ditirambos expostos à amizade que se firmou sem relutâncias, os presentes comovidos, mas que não puderam, como requeriam as ternuras, abraçar com lágrimas o conciliador, porque este, a fim de assegurar ao episódio a seca neutralidade do juiz, se precipitou à rua sem atender à gratidão geral.

5 — A nossa presença em várias ocasiões, notadamente no fim de episódios que a discrição aconselha deixá-los entre os protagonistas, é explicada pelo forte interesse de ver, elevada à plenitude, a significação que neles se desenvolvera; tanto mais que a experiência nos ensina que a prática dos desfechos costuma, por si só, apresentar alguns processos de diluição de que as figuras se aproveitam sem nunca os repetirem do mesmo modo, dando-nos

de cada vez novos acentos em suas disponibilidades; acresce ainda que muitos painéis se fundem em outras situações, ora à guisa de suplemento daquilo que se não encontra de todo esgotado, ora à feição de enredo inédito aos nossos olhos, tendo de comum com a trama anterior apenas as fisionomias das mesmas personagens. No caso do entrecho em que o homem da severidade se exibiu magistralmente, íntimos afetos consentiam que ali restássemos a observar as manifestações da concórdia restabelecida; as quais não vinham em nossa direção — conjuntura esta que não nos induzia ao arrependimento de permanecermos — mas na do local preciso em que estivera o corpo de D...; vazio do semblante grandiloqüente, o ponto da sala parecia ainda ocupado pelo mesmo centro das atenções: tais eram os olhares, as mãos que indigitavam para ele, podendo agora expandir-se o coro dos agradecimentos, sem que a modéstia do poderoso alvo restringisse a tocante desenvoltura que, assim exposta, livre de objeções e de recusas, e isenta dos embaraços com que o rosto visível comprova que o galardoam, nos proporcionava um painel cuja perfeição se executava por motivo da ausência de D... Quem se aproximasse da janela, ignorando a natureza do concílio, e surpreendendo os figurantes a gesticular no sentido de alguém que no momento não se achava, teria a impressão de que atores, em véspera do espetáculo, punham nos desempenhos os últimos retoques, e que a falta de um deles era bem explicável, por ser aquela uma improvisação de treino; podendo desconfiar, ainda, de ser o objeto de tantas efusões alguma relíquia que desde os antepassados se venera, algum vulto de particular devoção, em todo caso substituído ali por uma configurada ausência; esse espectador esquivo de certo registrara a força de representação no instante auferida por determinado recanto que nenhum de nós pretendia macular, como se porventura um ato milagroso se houvesse localizado naquele ponto; e assim, enquanto perdurou o retábulo dos agradecimentos, o curto espaço, por invisível sobrevivência de seu conteúdo, recebia as gesticulações formuladas para este, sem que a essência do painel se ressentisse de qualquer derrogação; vários minutos após, com a presença dos mesmos indivíduos, estando ainda em curso os ritmos em torno da ausência de D..., fomos levado por um curioso impulso a preencher o lugar, objeto de todas as convergências, a fim de verificarmos se a faculdade substitutiva que abrangera aquele posto, iria também recair em nosso semblante, e dessarte imbuirmo-nos da sensação de se ajustar em nós, em nosso rosto disponível, o corpo recém-afastado da cena; no plano facial, nem sempre se realizam as premeditações que nos acodem, havendo em sua estrutura certas delicadezas que se desafinam ao contato do menor intrometimento; de onde, a resultante irremediavelmente negativa que se originou de nossa pseudoparticipação, que conseguiu, em troca da acuidade, o desagregamento da teia fisionômica; assistimos, da posição que fora de D..., a transmutação da cena figurativa em cena corriqueira, a passagem de um território onde somente os meros rostos habitam, para outro onde os vultos soem prevalecer-se às custas das palavras; desfiguração que, sendo costumeira na maior parte de nossas descobertas, pouco nos compensava do que desejaríamos obter, isto é, a nossa fisionomia despegar-se de si própria, investindo-se, embora de maneira efêmera, na face apaziguadora de D...; presenciamos que os gestos subitamente se calaram, os belvederes, há pouco tão cheios de comovida felicidade, removeram-se entre si, permutando acentos que não eram os do temário fisionômico; o significado surgido em forma de atitudes, passou a traduzir-se em vozes, desnecessárias sem dúvida, porque o teor da cena já fora explícito; acontecendo ainda que as modalidades subseqüentes e estranhas ao sistema facial, com as quais se elastecem as situações que a princípio se impuseram inteiramente fisionômicas, arrastam ao tumulto o próprio observador; daí o grave desencanto ao anotarmos, em vez de gestos à pessoa de D..., frases que nos eram dirigidas a propósito da ocorrência, situando-nos assim numa realidade que não pretendíamos, quando o nosso intuito se figurava o de estender em nós a participação de outrem; sobreveio, em seguida, a chegada de dois semblantes que, igualmente a nós, possuíam no mesmo grau os segredos daquele sinédrio, levados pela informação de D..., os quais, com ruidosas exclamações e afetada alegria, não se fizeram inoportunos: os atores da cena, apesar de ali permanecerem, há muito se haviam dispersado, contingência que nos elidiu de desagradável surpresa, pois que os recém-vindos, se nos surpreendessem a todos nós na plenitude do desempenho, sem dúvida o dilacerariam de maneira penosa.

Capítulo 2

1 — A escultura em carne. 2 — A frustração. 3 — O comportamento da pessoa amorável. 4 — O nevoeiro e a ausência — A faculdade representativa regula o acontecer da virtualidade.

1 — Sucede, às vezes, que a imagem se modifica pela alteração da vizinhança, que tanto pode ser o pano de fundo de uma paisagem como a presença de outra fisionomia, os quais velam por sua conservação; se porventura é perturbada a vigília, os efeitos do transtorno repercutem na imagem que a rigor, não se dispunha de si mesma, antes era uma realidade provisória, suspensa aos fios do amparo. O afeto continuado nos estimula a necessidade de alguém que fortaleça em nossa memória o prestígio de outrem, alguém entregue empiricamente ao nosso dispor, um instrumento que o desejo escolhe para se afeiçoar a determinado fim: ele se prende à repetição de um vulto que já existiu em nosso cotidiano, e cuja perda pretendemos ainda minorar, ou se articula a uma nominação que estimamos reexeqüível, tal a evidência, que os traços nos sugerem, de uma entidade alegórica, a se esmerar com a corporificação desse rosto que tão bem substitui o anterior recheio. À medida que nos responsabilizamos pela face reconstituinte, que se revela obediente sem nunca o supor, limitamo-nos concomitantemente; toda vez que junto a ela exercemos a prática, aumenta em nós o esforço ou, antes, a soma das sutilezas, a fim de que permaneça intacto o incentivo de nosso próprio vulto, que a modelagem obriga a se manter coerente com os primeiros contornos. Somos, em cada dia, o reflexo do dia anterior, a claridade a que não se recusa a corresponder o semblante que se aviva por ela; ele desconhece as inclinações de nossa iniciativa, acontecendo que no colóquio da esculturação, quando o êxito se lhe externa em algum sorriso, bem que nos contemos para lhe não declarar que dentro em breve a sua

figura há de corresponder à outra, segundo se verificou no caso de R... No sistema de tal conduta, reservamos especial tratamento, cuidados específicos, para o ser que de tantas esperanças nos alimenta; nas horas certas em que nos defrontamos, sentimos cristalizar-se em nós a constância do procedimento, essa imutabilidade de alguns instantes que, reunidos no correr de anos, de muito valerão sobre os momentos que deixamos perecer: diremos que algo de nós mesmo se animou a perseverar. A despeito de decorridas várias épocas de sua morte, o rosto de R... nos voltava à lembrança com peculiaridades que tivera em vida, importando, para maior excitação dessa sobrevivência, a coleção de retratos que assiduamente fortalecia em nossa memória a doce nobreza dos gestos, que nunca se conciliaram com o pensamento da desaparição. Para reavermos o vulto inesquecível, de conformidade com acontecimentos semelhantes, em que temos buscado em outrem a revivescência do que é perdido, ousamos delicadamente auscultar, no ente que nos parece propício a perfazer, em nós, a preciosa substituição, as possibilidades de sua alma, os dons receptivos, que, ainda intactos de marcantes influxos, possam, sem rejeições, recolher nossas dádivas. Desta vez alcançamos o que pretendíamos, entre outras razões, pela extrema plasticidade da matéria que se entregava ao nosso empenho como satisfeita de senti-lo: e também por nossa destreza multiplicada ante o acessível rosto que, coincidentemente, possuía a vocação de ser, diante de nós, a figura de R..., ressuscitada em seus contornos, para o contentamento de nossos desígnios. As injunções do exterior, postas à revelia de nossa presença, se excelem em conspirar contra a obra das restaurações, a certeza desse perigo nos movendo a estabelecer em torno dela acurada vigilância, a contínua assistência, para que não se esfacele; ao receio de suas fragilidades, aplicamos o zelo na efígie que nos apresenta agora o rosto de que aquelas injunções nos privaram, há tempos idos; mas ocorre que o nosso conspecto permanente junto a ela, a mais de impraticável, resultar-lhe-ia em dano porque a sua leve estrutura se desenquadra perante os excessos da visualização e das diligências solícitas. A precariedade de nosso mister é intuitiva, sendo que as experiências anteriores corroboraram no pressentimento de que o vulto, esculpido por nossas intenções, muito breve teríamos que perder, não por uma recusa de seu ânimo, porém em virtude das separações, de se encontrar ele freqüentemente longe de nossa vista: ausência que eram bastidores para nós indevassáveis, por mais que empreendêssemos medidas atenuadoras das estranhas influências. Dentre os meios consentâneos, preferíamos aqueles que atuassem na figura em risco de se adulterar, estreitamente unidos a ela através de seus pensamentos e de seus olhos — as cartas contendo os pretextos que de certo irão ocasionar o rictus que era uma das singularidades de R..., e, após diversos treinos, se faria reconstituir em segunda versão — meios que nos substituíssem no intervalo dos afastamentos;

CAPÍTULO 2

os livros, cuja leitura a sisudez melancólica externaria na fronte, analogamente à que os mesmos despertavam no rosto de R. . . . Desligado de nós, o rosto caroável aos nossos desejos, nenhuma resistência aplicará aos eventos destruidores, nascidos dos inoportunos visitantes ou mesmo dos recessos de sua mente, os quais entretanto se desfariam diante de nossa guarda ou se desviariam por intervenção de nosso intuito; muitas vezes alguém lhe endereçava, em palestra, certos argumentos em desarmonia com a novel escultura, mas, antes que se operasse o choque, vínhamos em sua ajuda, que consistia em avocarmos a nós o assunto a ela proposto, à medida que o painel se completava a contento de todos, sem que ninguém pressentisse a habilidade da prestidigitação.

2 — Muitas composições que se efetivam longe de nós, e cujos elementos nos são conhecidos, se processam de acordo com a previsão que maquinalmente ordenamos: de tal forma nos são familiares os haveres da conduta e a qualidade dos desempenhos, os limites de atuação dessas figuras que permanecem em nosso repertório, mesmo quando em ausência se deixam impelir por motivações alheias a nós. A convicção do saber atenua-nos a curiosidade sobre o procedimento de determinados vultos, de quem nos dispensamos de acompanhar; por esse efeito, de ordinário evitamos os logradouros onde eles estejam, com as vulgaridades sabidas, quer no tocante aos propósitos, quer com relação às atitudes; a imaginação, dada a recusa em atendermos a programado encontro, costuma substituir a presença do belvedere, as circunstâncias a se desenvolverem em nós e em nossa ausência. Quando esculpíamos em S. . . o rosto de R. . ., o receio de destruir-se o trabalho de tantas horas, convergia para as figuras sobrevindas sem que antes lhes houvéssemos estudado o poder das contaminações, a negativa influência dos aspectos; entre esses vultos possíveis, um era portador de variações surpreendentes, de onde as dificuldades em premunir o rosto em formação e em ladear as interferências que partiam em brusca desordem, fatais sem dúvida à delicadeza daquela sensível matéria. No sistema das obtenções, os meios radicais, as medidas que afetam o valor humano, não se aplicam, mesmo que dos estorvos persistentes resulte a perda do objeto; assim sendo, consentíamos a freqüentação do ser inadequado, a quem responsabilizamos hoje por haver interrompido os nossos esforços de rever, em duração correspondente ao anelo, a imagem de R. . ., agora pela segunda vez desaparecida. Em defesa desta figura, omitimos importantes providências que, se adotadas, teriam certamente favorecido a sua segurança ao contágio de um intromissor tão absorvente,

que era em todas as conversações o núcleo irremovível; faltaram à resistência da obra as reproduções do local em que vivera R..., as quais fomentariam o seu teor de sobrevivência, proporcionando-nos talvez maiores facilidades à tarefa. Mas, o ambiente que fora de R... desaparecera no dia de sua morte, e ainda tão profundamente que nenhuma probabilidade nos restou de fazê-lo ressuscitar, porque ele se compunha de sombras que escapavam de qualquer fixidez; pobre efígie noctâmbula que, em cada momento de nos surgir, se acompanhava de diferente rosto; além de a figura de R..., ofuscando em nós as coisas das adjacências, deter a nossa atenção com absoluta exclusividade. Em volta de seu corpo, eram os seres do puro comparecimento a constituírem um cenário móvel, como as ondas que não se individualizam no percurso do barco; eles integravam apenas a atmosfera de sua aparição, complementos dela própria, irrestauráveis hoje, porque as razões de assim existirem eram prevalecentes enquanto a face de R... vinha entre eles a desfilar, razões incorporadas a ela, e depois tendo em comum a data do perecimento. As cercanias de R... para outros olhos continuaram como se coisa alguma houvesse ocorrido, no entanto para nós imergiram elas no mesmo túmulo, solidariedade esta que anotamos no dia seguinte ao do enterro; ao regressarmos à tenda de diversões, as figuras presentes se achavam despidas dos vagos aspectos, e em troca dessas aparências nos proferiam os tons particulares, todos aqueles elementos que antes nos passavam inteiramente despercebidos. Portanto, inúmeras incompatibilidades nos impediam de, às mesmas horas e em condições semelhantes, conduzir o retrato recente de R..., o qual possuía sutilezas à flor da pele; entre outras, a de se deixar docilmente influir, talvez mesmo pela natureza do recato, do desconhecimento dos sucessos exteriores, que, uma vez por S... desvendados, provocariam expressões de exagero evidente, desproporcionadas em relação à origem da surpresa. As composições do acaso revertem, de costume, ao ciclo dos próprios acontecimentos, existindo, em cada um de nós, séries de entrechos, nas quais, à revelia de nossas injunções, ocorrências diversas vêm a justapor-se às que surgiram do desejo, configurando assim vários gêneros de história, em que a responsabilidade de ambos os autores — nós e o acaso — se distribuem em cotas imprevisíveis. No pequeno conto da sobrevivência de R..., as circunstâncias fortuitas, isto é, as que se prevaleceram de nossa ausência, preferiram que a personagem das vivas sugestões, o visitante de quem receávamos as propostas inoportunas, preenchesse o vazio de nosso corpo; e a desoras se fizesse acompanhar de S..., o vulto indefenso, indo precisamente ao parque de recreio, na ocasião exata em que R... era outrora o objeto de nosso olhar. Sucedendo que no local assistíamos o cortejo dos semblantes que antigamente foram bem outros, e que agora nos davam as suas aparências diversas, sobreveio bruscamente S..., a fisionomia em que trabalháramos tanto, repleta de atitudes e de ruídos que jamais pertenceram a R...; efígie que atuava à semelhança de todos os presentes, numa alegria sem dono, que informava sobre a frustração de nosso desígnio. Do uníssono das manifestações colhemos uma figura a mais, aquela que fora de antes das tentativas, e assim continuou a ser pelos anos afora; mesmo porque, em virtude do desastre, desistimos das intenções, como o ensaiador que renuncia a aproveitar o intérprete que, desobediente aos rigores da seleção, se permitiu desempenhar um painel que precedentemente o havia sido por alguém que a consagração da amizade e o louvor póstumo não indicariam que se renovasse.

3 — Ao contato de uma cena que se desenrola, cuja natureza difere das que ordinariamente nos ocupam o miradouro, podemos sentir pelas figuras principais a preferência que se explica mercê da raridade do desempenho; elas nos decepcionariam se em outras conjunturas as víssemos articuladas a diferente assunto, embora os seus dons versáteis o mantivessem no mesmo nível de perfeição; assemelhava-se a esse gênero o motivo por que inaceitávamos, na segunda versão de R..., a contingência de S... aparecer no local onde unicamente o molde o poderia fazer: privativo ambiente de um ator, contribuição inigualável ao entrecho, mas que não mais se reproduzirá pela ausência de seu protagonista. Um respeito comovente nos determina a evitar as situações em que a personagem de único papel nos pode surgir sob estranha ou contraditória significação; em conseqüência, nos empenhamos em resguardá-la dos pretextos que deambulam arbitrariamente, e, como entidades misteriosas, se acercam dos rostos onde vão pousar; sem antes perquirir de nós se as figuras disponíveis, uma vez infiltradas por novo tema, não irão desmerecer os conspectos em que se cristalizaram em nosso repertório. As interferências em defesa da face redundam quase sempre infrutíferas, apesar dos meios que dispomos para o seu êxito, dentre os quais o de fecharmos os olhos, e o de infletirmos a visão para outros acidentes; mas, a obstinação curiosa de ordinário nos detém à vista de nossos intérpretes, acompanha-lhes com perplexidade os desconsentâneos cometimentos de que se acham investidos, de nada valendo os prenúncios da decepção que vêm a ferir exclusivamente a nós. As imagens da predileção emotiva, os componentes do álbum que em nossa memória perseveram, tais como a beleza moral nos obsequiou, em extremo nos preocupam, e certas reuniões a que compareçam, representam para nós a razão de ausentarmo-nos; tais circunstâncias a nos favorecerem diante da dúvida se os rostos amados vão cumprir, sem nossos olhos, as investiduras que não desejamos ver. A satisfação de

tê-las nos momentos de necessidade, se interrompe à idéia de que poderão ser envolvidas em trama desprimorosa, que tanto compreende certas espontaneidades de atitude, impostas pelas reações ao surgimento de nota mais viva da palestra, como as participações no plano figurativo, estas mais férteis na transgressão aos modelos de nossa escolha. A conduta de esquivarmo-nos à presença de tais fisionomias, importa na maneira mais cômoda de conservar em nós as boas aparências que unimos aos seus nomes, estabelecendo-lhes as marcas irredutíveis de suas pessoas, em figuras que nos acodem à lembrança ao mero aceno dos pretextos com que as palavras, as denominações, as coisas da contigüidade, costumam introduzi-las em nossa evocação. Também existem os rostos da indiferença e os da aversão, aos quais deixamos em aberto a oportunidade de, no campo da visualidade, serem abrangidos por agradáveis propósitos, ou se reabilitarem em nossos sentimentos, quer nos excitando pelo valor de um gesto, quer desincumbindo-se, no urdume de uma situação em ato, por um desses fenômenos que a ótica registra apesar da mente, conferindo-lhe significação bem diversa, que suscita entre nós, que a vemos, e a face que se transmuta, o princípio auspicioso da reconciliação. Mercê do gosto de havermos alcançado um texto do plano fisionômico, ou em virtude de o desempenho consistir no inverso da indiferença ou no da aversão, de ser, no primeiro caso, o núcleo do enredo, e, no segundo a manifestação direta ou alegórica de extrema simpatia, quando desfeita a expressiva combinação de rostos, o vulto do alheamento ou o da animosidade não voltam a si mesmos, favorecidos pelo critério da nova apreciação, retificados de algum modo para o prazer da convivência. Não poucas relações que hoje nos são gratas, sofreram de início esses reajustamentos através dos olhos, estágios que sempre nos estimulam a tentar revisões que nos tranqüilizam a alma, convencendo-nos de que aos rancores está inerente uma relatividade que pode, ao primeiro instante, se descobrir, surdindo com ela a nuança mais próxima da amizade. Por tudo isso, tememos que o rosto, objeto permanente de deleite, se contamine, em sua plenitude fisionômica, no entrelaçamento de alguma teia figurativa, de inocultável e incondizente conexão com os modelos que nutrem a paz, que nos condicionam os julgamentos no tocante a ele; e cuja regularidade é uma de nossas metas, sem embargo dos riscos a que se encontram expostas nas ocasiões em que pressentimos o transtorno que sofrerá a figura em devotamento; a misantropia, despertando em nós os desvelos da piedade, leva as apreensões sobretudo para os possíveis agrupamentos em que o semblante venerado possa parecer risível aos olhos de alguém; antevisão insuportável que, à guisa de sanção perpétua, nos desnatura as fontes de alegria, as pequenas felicidades do cotidiano. Os contatos mais aprazíveis são aqueles que se efetuam após os havermos prefigurado, cenas simples que nenhum fator estranho vem a interromper; quando elas se desenvolvem, assistimos desembaraçadamente a homologação facial do que prevíramos, o desempenho intocado de que nenhum outro intérprete, na mesma conjuntura, se desencarregaria melhor para a satisfação de nosso gosto. Quanto à piedade da forma, ela adquire feições que muitas vezes nos insinuam a ir à sua procedência, no encontro da qual descobrimos que uns valores, como a quantidade de participantes e o constrangimento que toca as testemunhas do entrecho, nem sempre se realçam no advento daquele nome; realça-se o que se inclui em nós, observador: tal a melancolia em surpreendermos que o gesto, agora sujeito a lamentável desfrute, o havíamos por absolutamente normal nos jogos da convivência; tanto assim que o seu portador, supondo que a regular atitude não desmereceria do atual painel, a exibiu com a franqueza habitual, o suficiente, contudo, para convir com o nome da tristeza. À semelhança dos acontecimentos morais, que geram no plano emotivo múltiplas concatenações que, em variados gêneros, se introduzem em nosso afeto, as atitudes visíveis de alguém, isoladas em seu plano fisionômico, alongam também as raízes para o seio de nossos sentimentos, com a única singularidade de os seus nexos provirem de uma só substância: as contigüidades e as sucessões de ordem puramente figurativa.

4 — De ordem meramente fisionômica, foi a leitura que fizemos do texto que a ocasionalidade imprimiu diante de nossos olhos, em certa manhã de denso nevoeiro, que nos ficou por haver influído na formação do episódio e por havermos presenciado as seqüências do curto enredo; no qual, entre figurantes desconhecidos de nós, pudemos vislumbrar o rosto de N... que de há muitos anos era objeto de nossos desvelos. As atenções que prodiga a piedade da forma, a fim de que se não desvirtue a face que obstinadamente conservamos em nós, se distribuíram ao redor de N... à medida que o seu vulto se anunciava; seguíamo-lo nos percursos através da ótica, do campo de nossa visualidade que, pertencendo-nos, se incluem nessa propriedade os corpos constantes ou efêmeros que nele habitam; com a compenetração de nosso domínio, acompanhávamos-lhe os movimentos que até então nunca mereceram os silenciosos reparos da censura; proporcionando-nos, ao inverso, continuados regozijos pelas atitudes que se ajustavam aos padrões a que se submetiam em nós, vindo, dessarte, com as correspondências fisionômicas, nos fortalecer a convicção de posse; escolheu o acaso uma hora de névoa, reduzindo as fronteiras do panorama, trazendo-nos as efígies a um painel onde os componentes ora se deixavam aparecer em toda plenitude, ora se permitiam embuçar em horizonte de alguns metros: instante oportuno para que as fisionomias se

harmonizassem em caprichosos efeitos, e em conseqüência nos dessem um sentido de narração excepcionalmente original, desde que a atmosfera reinante, sendo incomum no teto do logradouro, bem nos poderia contemplar com uma teia de motivo inédita aos nossos olhos; a figura de N... do mesmo modo nos contentaria, sem perder a unidade duradoura, expondo-nos atributos que até o momento não havíamos atinado, fazendo acrescer assim aos nossos pertences a fascinação de novo conspecto; talvez devido à inexistência de outros seres, que à distância viessem a distrair os pendores de nosso olhar, desviando-o do rosto de N..., detivemo-nos sobre o recente aspecto de sua presença, que ora se punha a nos indicar os dons graciosos, oriundos das próprias claridades, ora se encobria pelas sombras como se estivesse em dúvida se devera partir ou se devera ficar; o equívoco da permanência era de ordem fisionômica, dado que a pessoa de N... chegara em nossa companhia, devendo regressar conosco; no entanto, apenas de posse de sua figura, lhe alcançávamos as aparências que então se desenvolviam libertas, inclusive, da circunstância de ter a nós como guia de seu comparecimento, nesse ponto engenhosamente facilitada por nossa fingida desatenção, que lhe estimulava as atitudes alegres, os gestos espontâneos; em conseqüência, ela podia isolar-se como simples aparição, oferecer-nos sucessivos tons da individualidade, diferentes da que se encobria de seu nome; individualidade surgida naquele instante, ser de nascimento adulto, perdurável enquanto ali estivéssemos a traduzir as combinações entre ela e as ausências propiciadas pelo nevoeiro; nenhum outro elemento se apresentara para nos introduzir a percepção de tema diverso, no qual se exibisse uma complexidade de enredo, uma situação composta de vários intérpretes, cada um refletindo a sua dose de significado; na cena em consideração, só um ator existia, a figura de N..., ora se mostrando em luz, ora se envolvendo em obscuridade; no papel de espectador, desdobrávamo-nos em auxílios férteis à pretensão, promovendo elasticidades em nossa platéia, em avanços e recuos imperceptíveis àquela personagem; estes se mediam pelos efeitos que aspirávamos obter, no caso primeiro usufruindo de sua plenitude, no segundo configurando uma ausência que se alongava depois dela, que então representava o vestíbulo a distantes territórios. Flutuávamos assim do rosto visível ao grande ser invisível, e em tal oscilação se manifestava, sob forma talvez mais consentânea com o ritmo da natureza, a simbólica do cotidiano, em cujos laços há sempre um vulto que se interrompe, uma efígie que desaparece, um rosto que surge, vindo da parte ausente, por ser impossível ao nosso olhar colher do infinito panorama toda a perspectiva deste, de modo que tudo fosse uma só e única presença; há, portanto, em cada episódio de nossa vista, a sinopse de todas as ausências, estas se vivificando em virtualidade quando nos detemos a descortinar uma efígie qualquer, que já não é ela mesma, porém o preâmbulo daquilo que existe longe de nosso miradouro. Os objetos postos em invisibilidade predominam, em nós, sobre as coisas que, penetradas de nossa ótica, expõem a clareza das minúcias; as quais cedem às ausências a prerrogativa de nossa consideração, quer em virtude de nos campos inabordáveis residirem as razões de ser das faces presentes, quer em virtude de nosso ânimo que, à semelhança de uma lente polida para a geral e virtual amplidão, se aguça a ver no rosto de alguém a célula de sua extinguibilidade. Desta vez, era a figura de N... que, atraída para os espaços que o belvedere não atingia, nos deixava confundir o panejamento das vestes com a cinza dos horizontes, silenciosa de quaisquer ruídos, perdendo-se na uniformidade dos contornos, fisionomicamente perecida na unidade; e que depois, à vizinhança de nossos olhos, vinha a ressuscitar, em gradativo abandono de seu nada, como a existência se recupera a si mesma no aparecimento de um recém-vindo. Os ressurgimentos de N... nos restituíam os gestos de todas as coisas, que em seguida voltavam, com ela, ao seio a que pertencera antes de a havermos conhecido; e no qual teria que imergir fatalmente, para nos volver, se acaso se nos antecipar na morte, não mais diretamente e sim em forma virtualizada, em outra figura representativa de sua outorga. As imagens que seguem em nossa companhia, a cuja presença nos articulamos como ao olhar se articulam as coisas que se deixam ver, são materiais fundamentalmente flexíveis às situações em que se empregam; no decorrer das quais elas se reúnem, a despeito da contiguidade com o nosso corpo, aos fios acenados pela distância, mal supondo o vulto que alterações se efetivam nos bastidores, conduzindo-o para longe do ambiente onde se crê intransferível e radicado. N... se encobria do nevoeiro, considerando-o um acidente da localidade, enquanto nós o tínhamos na conta de vestígio dessa entidade absorvedora que é a ausência, algo que não cessa de nos antepor os anúncios, impregnando cada rosto visível com a participação de sua enorme convivência; ora, sem nos demovermos da posição, extraímos do vulto um repertório da ausência, certo que estamos de possuírem todas as coisas o seu relicário, cujos recessos tanto se apresentam por analogia entre a face que vemos e uma outra que se esconde alhures, como pelos resíduos das assinalações, à maneira das pegadas no caminho ou da cota de malha; ora, indo em busca de sua residualidade, nos removemos do recinto, desfilando por entre os objetos que então valem somente pelas indicações do que existe além deles. Em termos fisionômicos, apenas a faculdade representativa regula o acontecer da virtualidade, e no caso de N... surgindo a nós e regressando à ausência, graças à móvel conjuntura do nevoeiro, obtivemos uma gravura que nos pareceu ilustrativa daquele processo, porque se tratava de rosto que obedecia às nuanças do desaparecimento, como uma gradação de cor; e a cena se conservava a mesma, quer ele estivesse ali, quer se ocultasse de nossos olhos; não havendo outro vulto para nos dispersar a atenção, podíamos reter melhor os entrelaçamentos que ele suscitava entre as feições de agora e as de ainda há pouco, as coordenadas entre os seus pormenores e a sua plena extinção, que sabíamos desfazer-se no minuto seguinte, dando-nos assim uma disponibilidade que se prendia além de nosso miradouro; nenhum ruído, originário da pessoa, vinha a nos informar de sua presença escondida, entretanto computávamos-lhe os invisíveis contornos com a certeza equivalente à de sua estada em nossa ótica; sob enternecimento, recebíamos de novo a figura tal e qual esperávamos, coerente com os fluxos anteriores, permitindo que dentro do mesmo plano fisionômico se ajustassem o rosto perceptível e o rosto apagado. As recuperações da ausência nos sonegam a integridade física das coisas recuperadas, pois o setor figurativo, com referência aos objetos afastados de nós, se compõe de efígies em atual ocultação; repetindo-se dessa forma o ato da natureza que está em nós através de um seu fragmento, e assim temos que dizer, de uma face desaparecida, que ela transferiu à outra o acontecer da existencialidade, em nós. A imagem de N... emergia do fundo do nevoeiro, e para evitarmos que o regresso se reproduzisse em minúcias, modificávamos a posição de espectador, pondo a N... mais afastada de nossos óculos, e no instante ela se confundia quase inteiramente com a névoa, solidária aos tons pardacentos e nos mostrando, tão só, o escuro dos cabelos. As tentativas de imobilizá-la nessa postura, eram provenientes do desejo de fiarmos a parte visível, de onde recuávamos para a ausência o cortejo de suas complementações, os restos esmaecidos do vulto, coisas, enfim, que se agregaram ao semblante de N... no correr de sua vida; muitas se fizeram comuns a nós, tal o panejamento de que se vestira e que fora uma dádiva nossa, os gestos que guardavam a forte similitude com os nossos próprios gestos; salientando-se ainda, e sobretudo, a sua visualidade com relação a nós, que também nos ausentávamos dela toda vez que o seu olhar não nos atingia.

Capítulo 3

1 — *A rua das anotações* — *A explicitude simbólica.* 2 — *A contemplação lúdica.* 3 — *A nossa ingerência no íntimo do painel.* 4 — *A tristeza de haver sido testemunhado.* 5 — *A angulação.* 6 — *A elaboração da condizente fisionomia.* 7 — *Os painéis do desembarque* — *O percurso do protagonista.* 8 — *A leitura fisionômica.*

1 — Se transitarmos pela rua da P..., reencontraremos, nela integrada, a idéia de N... ora oculta, ora visível em tons vaporosos; oferecendo-nos, com a inconstância, o repertório de ausências que por sua vez, logo que despontadas, entram em conexão com outras ausências, facultando-nos, à vista de seu rosto, a tomada contemplativa de todo o ser; para revivescimento da memória, havíamos instalado em certo ponto a idéia da face de N... e tudo que em relação a ela condizia com o plano fisionômico; sendo-nos agradável rever, em nossa deambulação, a idéia obediente que, em nós, lá permanecia, entregue ao nosso dispor com particular desvelo; dentre as demais anotações que convertiam a rua em álbum precioso para nós, a da idéia de N... tinha o privilégio de ser demoradamente devaneada. No manuseio de certas obras, há uma página que representa o cerne, a dominante de toda a composição, não por se revelar a mais belamente escrita, mas em virtude de expor a essência nodular, cujos atributos e modos se estendem ao longo dos capítulos; todos estes ordenados de acordo com as exigências daquela substância que nos força a atenuar o ritmo da leitura; à qual volvemos sempre que procuramos sentir melhor a consangüinidade entre o parágrafo longínquo e o texto centralizador e vivificante. O sistema de idéias fixadas que, a partir de determinada época, veio a ser a rua da P..., possui também a sua dominante ao redor da qual se agrupam coerentemente os acessórios, cuja razão de ser reside

nela, e de tal forma lhe são inerentes que a extinção do principal importaria no debilitamento dos coadjuvantes; por isso, nas caminhadas pela rua da P..., na cidade do R..., o interesse se voltava de preferência para o vulto da lâmpada que atraía as árvores, os frontões, as janelas, não por uma reforma simétrica porventura tentada no logradouro, mas pela disposição própria de todo o conjunto, porquanto naquelas coisas complementares se infundia o corpo da fecundante idéia, toda a cena se revelava um só princípio, um tema único, entornado em gradações. No processo de releitura de algum livro daquele gênero, resulta desnecessário fazê-la conforme a continuidade gráfica; sendo, ao inverso, consentâneo com a natureza mental da obra, que a efetuemos com arbitrariedade de escolha, repetindo os trechos de forma indistinta, conquanto esteja presente em nós a página fomentadora, o motivo que transborda de si mesmo. Ao passarmos pela rua da P..., em passeios noturnos que nos favoreciam com a quieta solidão, momento este em que as estampas representativas eram invioláveis e somente a nós difundiam os conteúdos, o nosso miradouro se detinha em direção à lâmpada suspensa, toda impregnada da idéia de outorga, de delegações que se sucediam por territórios e por tempos distantes, e agora se constituíam ali em frente, por intermédio da lembrança de N...; em seguida, desviávamos os olhos para a fachada de três janelas onde líamos o pensamento, o teor de algum episódio que, por fisionômica entrosagem, vinha a isolar nas sós figuras a prerrogativa de, como grades entreabertas, nos mostrar o roteiro das ausências. Alguns se sobressaíam por serem mais extensos, apresentando a desenvoltura de pequena história, outros se exibiam como situações de breve relevo, mas em cujos participantes não era menor o valor de serem apenas figurativos, componentes de um mesmo significado: o de nos persuadir que na transposição do plano nominal ao plano fisionômico, está inclusa a idéia de ausências que neste se permitem configurar. Cada um desses aspectos se reedita em nós para firmeza de sua conservação, de maneira que, indo à rua da P..., nos sentimos estimulado por agentes que se encontram visíveis, que são predominantemente faciais, porque apenas aos nossos olhos eles se abandonam a si mesmos, para se transformarem em puras inferências, em rostos aderidos ao significado que lhes gravamos. Na manifestação dos motivos, a rua da P... é muito mais do que a artéria que liga uma praça a outra rua, é bem mais importante do que o lugar aprazível para onde seguem os nossos passos e tem, para nós, em clara acepção, um interesse mais profundo que o de nosso quarto: o de nos restituir, sempre que por ela perambulamos, o repertório, a meio iniciado, da ausência que se não faz perder. Apesar dos contatos inúmeros entre os nossos olhos e as árvores, os frontões, as janelas, se tentamos recordar a espécie de vegetação, os ornamentos de fachada, o colorido dos parapeitos, inútil será o esforço, porque a eles em particular não erguíamos o belvedere, que este se demorava exclusivamente na contemplação daqueles vultos enquanto posições em que se podiam situar os pensamentos; daí a circunstância de nossa memória lhes resgistrar apenas os contornos genéricos, as impormenorizadas aparências, onde flutuam em repouso as significações por nós inculcadas. De plástica assim tão prodigamente disponível, procede a faculdade de substituição que poderíamos exercer onde quer que estivéssemos; no entanto, preferimos que as cogitações primárias da ausência permaneçam nos pontos da rua da P..., pois que durante esses contatos foi que nos surgiram várias daquelas idéias, e ainda a oportunidade de seu aproveitamento. À semelhança das ocorrências que se articulam ao sítio onde se efetuaram, sendo a história, nesse tocante, a série de narrativas à margem dos recintos correspondentes, os fatos de nossa interna urdidura vão à maturidade em companhia de seu berço; o que em grande percentagem explica o ar uniforme de suas feições, trazendo-nos por conseguinte a certeza de que, desse ângulo, são redutíveis alguns efeitos do tempo.

2 — Entre os episódios guardados na rua da P..., um existe, embora efetivado muito longe daquele reduto, e em circunstâncias que só podiam acontecer ante a presença das águas, estando assim o local das anotações congenitamente impossibilitado de nutrir tão alheio sucesso; contudo, tal entrecho foi ali instalado por nós como num museu se distribuem objetos de longínquas procedências, expondo aos visitantes o seu teor exótico; objetos que, todavia, se incluem naturalmente no meio dos demais, unidos todos pelo mesmo elo, qual seja o da receptividade ótica. Estabelecem-se conexões entre um episódio e os outros que lhe são contíguos, criam-se solidariedades em virtude de serem em museu; e a familiaridade com as tendências de seus dispositivos nos leva a aceitar o parentesco, havendo, portanto, uma correlação de motivo por intermédio da qual os rostos, por mais estranhos que pareçam, não nos surpreendem em seus contatos recíprocos. Na praia de S..., algumas embarcações de pescaria saem pela manhã, mas à tarde ficam ao seco, nuas de quaisquer utensílios e transformadas em brinquedo de crianças, que se fazem de navegadores, sem contudo retirarem os botes de seus lugares; brincam de mar, tendo-o tão perto. Talvez pressurosos da chegada dos pescadores, os meninos não se encorajam a incluir em suas elaborações a realidade que dista apenas de poucos metros; entretanto, quer nos parecer que se tal coisa se efetuasse, o painel fisionômico decairia de interesse, porque da situação esboçada pretendíamos colher as últimas conseqüências, conquanto mantivessem até o fim o puro enlaçamento facial; acresce que as cons-

truções da mente, continuadas na encarnação que a retina observa, constituem um tema fascinante como aquele que nos propiciara o visível episódio; no qual não havia duas formações que se justapusessem, mas uma única superfície, um só ângulo de visualidade, uma conjuntura especialmente para os olhos. Se os pequenos barcos permaneciam em terra, nem por isso os figurantes do entrecho nos sonegavam o acontecer da navegação, idéia maior que as demais sobrevindas pelos objetos que, pertencendo às águas, viviam contudo fora delas a grande parte das horas; eram feitos para o reduzido golfo, e no entanto ali ficavam, à margem de seu ambiente, à espera de que os donos os utilizassem, oferecendo-nos por ilações o sentido de existência, as quais aumentavam com o prospecto homologador das ondas; mas, poupando os exercícios da mente, eis que nos apareciam as crianças com os apetrechos, e se punham a armar, para derrotas videntemente longas, os cascos que ao todo eram três e que não tinham nome, fazendo-nos suspeitar assim que uns intentos preocupavam os capitães, alguma abordagem noturna sem deixar vestígio; as coisas que nos viriam pelo mar, se apresentam sem ele, configurando, em plano fisionômico, os sucessos e as inferências comuns àquele fato marítimo. As observações diretas jamais esgotam a aparência do entrecho perscrutado; desse modo não nos cabe perquirir, se são completos os elementos que compõem a visibilidade do porto remoto, onde os navios se apresentavam em tumultuosa apreensão porque incerto era o itinerário, e os acidentes do caminho se propunham sérios; surdindo, em conseqüência, determinadas cautelas no arranjo do embarque, arranjo que o espectador comum mal podia relacionar com a natureza do empreendimento; os mastaréus se elevavam à sombra do traquete e o velame parecia um cortejo de nuvens, docel irregular sobre os jovens tripulantes e os volumes de carga, todos dispostos em ordenação cuja lógica nos fugia, porém que era da nau fisionômica, tendo a sua razão de ser aderida, não aos barcos que às mesmas horas se moviam alhures, mas àquele mesmo baixel aparelhado em teia figurativa e navegável a nós; as circunstâncias da viagem se descreviam por meio de gestos, de acenos proferidos em termos faciais; e essas atitudes, obedientes ao comando de quem à proa fitava o horizonte, reproduziam ao nosso olhar as cenas que de Goa ao Restelo se firmaram em nós, através de leituras em que a fantasia e a realidade se aglutinam imorredouramente: vimos em diversas combinações, expostas ali no bojo de um dos veleiros, algumas peripécias que a história trágico--marítima gravara em nossa lembrança; entre estas nos foi dado recolher a da moça que a impiedade dos marinheiros não consentiu salvar no momento em que um balanço fê-la cair nas águas, à similitude daquele adolescente que, por súbita indisciplina, os companheiros jogaram a um metro, onde deitado permanecia con movimentos que eram flutuações sobre as vagas; como a noite se-aproximasse, as crianças, desistindo do folguedo, abandonaram

CAPÍTULO 3

junto à embarcação o carregamento, os utensílios, as enxárcias, as velas, tudo enfim que repetia diante de nós o painel dos navegantes; a alguns passos, exauridos da tormenta que lhes acometera, recobravam o ânimo sob a tristeza dos despojos, reconstituindo-se fisionomicamente, graças à matéria de um grupo de meninos enfastiados dos brinquedos, o episódio tão rico de subentendimentos: o entrecho dos náufragos, possuindo no plano de fundo os restos de sua localidade restrita: o barco dilaceradamente expulso das ondas.

3 — Acumulamos na memória os painéis que o cotidiano, com poderosos fios, se incumbe de restaurar; se bem que, para tanto, ele use de alvedrios que freqüentemente se despegam de nossos desejos, preferindo, de maneira arbitrária, recompor cenas que se não ajustam às que na hora imaginamos; essa faculdade reconstrutiva que temos perante os olhos, se por um lado nos contenta na tragédia náutica, por outro nos desola, como nas conjunturas em que, testemunhando um quadro aflitivo, cujos participantes habitam o nosso amor, nos convencemos da ameaça que a partir de então conduzimos arraigadamente em nós: a contingência de a qualquer instante, à vista de uma rua, de um aglomerado de pessoas, revermos, na situação que se pode formar, o painel acabrunhador que tanto estimávamos esquecer. Logo ao se apagar o entrecho que assistimos para o nosso transtorno, assoma-nos a idéia de que em algum dia, quando despreocupado estivermos da lembrança dolorosa, operar-se-á possivelmente a ressurreição figurativa e com ela os sentimentos que da primeira vez nos emolduraram a visão; sendo-nos bastante volumoso o álbum de episódios dessa natureza, os cuidados se alertam sempre que de um grupo de pessoas se desenha a forma que, em suas indistinções, ameaça revivescer uma das páginas, somente nos voltando a tranqüilidade quando as linhas confusas se estabilizam em significado de outra ordem, ou se dispersam sem coisa alguma nos oferecer de compreensível. Sucede todavia que os intuitos de desfazer o incômodo reaparecimento, se retraem diante de conjunturas mais fortes que os meios de que dispomos para impedi-lo; observamos o impiedoso evento estender os laços, e nenhum sequer dos participantes, mesmo se se trata do mais afetuoso amigo, suspeita de sua contribuição ao nosso mal-estar. À guisa da palestra que nos desagrada, porque entre os ouvintes há alguém cuja relação com o assunto os circunstantes ignoram, o qual, ou se descobrirá em vexatória interferência, ou silenciará para maior constrangimento do espírito, em ambos os casos merecendo que nós, o conhecedor de sua posição no tema, interrompamos de maneira delicada e irreveladora o argumento em foco,

a diversão praieira foi por nós desvirtuada, na segunda vez em que ali fomos em companhia de M..., sem atinarmos que em sua existência havia uma página oceânica, dessarte sensível de rever-se à mera aproximação do mar. À primeira vista que à nau deitamos, rotas as velas e desgarrados os tripulantes, apreendemos de logo que o painel se inseria no mesmo gênero de outro fato há poucos anos ocorrido com criaturas também da mesma idade, os filhos de M... que nunca mais emergiram das ondas, e que o fariam agora, expondo ao seu olhar angústias que ele apenas subentendera; o constristador episódio trazido fisionomicamente a uma sensibilidade que talvez se ofendera à mera presença de uma concha; o nosso impulso foi o de demovê-los da situação que, facialmente completa, suscitava o nome de náufragos desprotegidos; e então nos precipitamos no interior do painel, em socorro de uma vítima que nele não figurava e entretanto incidia em padecimentos consentâneos com a delineada significação; o nosso rosto, pertencente ao episódio, era M... revertido ao anterior infortúnio. Sentíamo-nos devedor do maior respeito à condição de M...: nesses instantes desistimos das experiências oculares, por mais sedutoras que se apresentem, sobretudo naquela hora, em que a circunstância de alguém em relação conectiva com o entrecho, ao mesmo tempo fora do palco, nos proporcionaria de certo a ocasião para o registro de singular tessitura, que perdemos desta vez como inúmeras outras nas quais mais fortemente prevaleceu a compaixão; contudo, o deliberado propósito de atendermos à condição de M..., permitiu que o ato de nosso intrometimento no seio do episódio, se fizesse sem derruir-se o acontecer do estrado; havendo, paralela a nossas decisões, inclusive as mais súbitas, a faculdade de acomodação, o engenho que improvisa, sem contrariá-las, derivantes, que são do próprio acontecimento; as quais, a partir de nossa intervenção, desertam de seu significado, infletem para o sentido que a ingerência estimula; como na frase em que a adição apenas de um termo altera o conteúdo, na cena das crianças mortas restauramos a vida na que se encontrava mais perto: pondo-lhe na mão a espada, inútil sobre as ondas de areia, transformamos o espetáculo funéreo na galante justa com que os descobridores de longe terra se induziram a comemorar o evento; os demais figurantes, saindo do revolto onde tanto se debateram, o faziam de novo porém em cordial e valoroso torneio; as regras do cavalheirismo, que fracassaram durante a perda da desventurosa nau, interrompida a revogação que se lhes impuseram, vinham agora a reger, com generalizado contentamento, o alegre combate; à mágoa de M... substituiu a ternura que era a da renascente felicidade por existirem crianças que, desvinculadas de procedências, se expunham à posse fisionômica de desprovidos pais, suprindo-os momentaneamente de suas lacunas, regozijo efêmero mas iniciador talvez da resignação; o qual provinha de os jovens marinheiros representarem a outorga que todos os vultos daquela idade instituíam de suas ausências; outorga de participação em retábulo que qualquer deles formularia, parcela de universal episódio que a cissiparidade da contingência fez brotar ante o nosso miradouro; em poucos minutos se achavam em flâmulas, unificados pelo assunto, os rostos que conseguimos reformar à base do infeliz M...; este, ao demorar-se alguns instantes em nossa companhia, se porventura lhe conviesse a observação das faces em si mesmas, e isentas do teor pessoal com que as acolhêramos, vislumbraria em plena desenvoltura a ação de todos os intérpretes, que então se manifestavam como se as ausências jubilosas estivessem em suas íntimas determinações; nada parecendo transpirar de nossa interveniência e desígnios, tão harmoniosa era a conexão entre o núcleo da peleja e o entusiasmo dos espectadores, uns sentados, outros de pé, figurando agora a antiga nau o palanque tendo os adereços que se constituíam do panejamento, o mesmo que outrora se prestara à formação das velas.

4 — Em diversos contatos da visão, o repertório cênico, ao corroborar a nitidez das imaginações, se ativa ante o consenso de faciais aspectos, como o das crianças que, justapondo a realidade lúdica à realidade costumeira, vem a revigorar a contextura do plano fisionômico; assim como também nos bailes de máscaras, em que os arranjos nos prodigalizam tantas remanescências, os vultos perscrutáveis se sonegam, em relação aos nossos sentimentos, por índices vários: ora nos penetrando através da indiferença, ora condizendo com as agudezas da neutralidade, e então os rostos são recebidos em nós sem as perturbações de nossa própria simpatia. Muitas vezes, no entanto, em plena colheita de uma situação em ato, das que se purificam pela imparcialidade da mente, uma figura acode para estremecimento de nossas afeições, tanto pelo que ela importa com respeito ao convívio, como pelo papel que desempenha na teia facial, papel a encarnar inesperadamente algum motivo de familiaridade, e desde esse minuto, por perdido temos o desfecho da estampa em movimento. As urdiduras fisionômicas trazem consigo os esteios da respectiva duração, mas ocorre em certos casos serem eles insuficientes para deter o germe interruptor que se alia, não aos figurantes, porém a um acontecimento de nossa vida, como, numa confusão de enredos, os atores de duas peças simultaneamente exibidas na mesma rampa; o receio de tais suspensões é tanto mais justificável quanto os pensamentos, os sucessos do âmago, quer despontados pelo influxo exterior, quer surgidos da substância ideal, se condicionam em invólucros que são faces perfeitamente distintas, semblantes que se deixam perpassar no cotidiano, e obe-

decer às normas regulamentadoras dos gestos. Não raro, a fisionomia, que nos pertence ao afeto, ao texto de intrínsecos argumentos e se afigura, dessa maneira, estranha aos desempenhos que se desenvolvem diante de nós, aparece quando, no apogeu do assunto, a nossa curiosidade se dedica ao término da motivação; ainda, se acontece ela retirar-se imediatamente, são inúteis as tentativas no sentido de, aproveitando a ordem dos intérpretes que tanto ou quanto permanece a mesma, salvarmos da perda a cena que se compusera de modo tão propício. As estruturas fisionômicas da mente, quando repletas de vultos que, em apresentações inadequadas, destroem a natureza e o ritmo das peças, resultam elementos extemporâneos que recusam à contingência as facilidades de seu concurso na formação de justos episódios, na qual contribuímos com a visão e ela com o inumerável elenco dos atores; onde se inclui também — à feição de teatro que exibisse o programa de acordo com a inclinação comum de toda a platéia, ocultando-lhe, até o momento de descerrar-se a cortina, o nome e o enredo do espetáculo — a dádiva surpreendente com que o fortuito contra-regra faz coincidir a sua obra, antes de qualquer anúncio, com o temário de nossos conhecimentos. Se uma figura se desloca para perturbar o consenso sobre uma situação em curso, teremos todavia, como compensação ao aluimento verificado, o conforto de ver, bem acessível, e sob o aspecto de nosso rosto, a motivação que insiste por permanecer mesmo com nova forma, parecendo que nenhum outro intérprete fosse capaz de expô-la com equivalente perfeição. Conservamos bem clara a memória de algumas ocorrências, nas quais desempenhamos certos papéis que nos ainda constrangem, tanto mais desalentadores quanto a idéia de que ninguém será passível de semelhante desventura, nos acompanha como aterradora certeza, até o instante em que, em plena situação em ato, ou avulso na perspectiva, o semblante de alguém reproduz diante de nós o trecho desanimador. Os pesares se atenuam à medida que vislumbramos o seu objeto, sob igual ou parecida tristeza, reconstituído além de nós; a solidariedade com que o acolhemos é feita de consolo e de compreensão, impelindo-nos a procurá-lo e demovê-lo do acanhamento, sem contudo o informar de que a razão de ser de nossa atitude reside na particularidade de havermos também passado pelo mesmo transe. Minoramos a própria desdita em virtude da extrema disponibilidade que possuem os rostos de nos oferecer, sem qualquer iniciativa de nossa parte, o revivescimento do que parecera exclusivamente nosso; competindo-nos, mais do que a qualquer, a faculdade de ir a fundo na assimilação do desempenho, como os velhos atores se prestam melhor a medir nos incipientes a gesticulação que outrora lhes pertencera; e de atentarmos se a ressonância havida nas testemunhas foi maior ou menor que aquela que nos vitimara, o que vem a acrescer ou diminuir a sensação de desafogo. Quantas vezes, tentando buscar lá fora, no meio das figuras que passam, as diversões para alívio de insucessos, de maus cumprimentos desincumbidos por nosso rosto, encontramos, precisamente, o motivo que nos incomoda, nunca repetido nos mesmos termos, porém explícito em qualquer nuança com que se apresenta, porque o significado, com as fluidas extensões, e nutrido pela persistência de nossa memória, pode inserir-se de maneira súbita em todas as porosidades da efígie congênere. Ela pode, com o exemplo, nos atenuar o desgosto, mas preferíamos que nenhuma das aparições viesse a transportar à nova cena o protagonista que produz o que fora antes por nós representado: o gesto contrafeito que onerosamente nos pesa ainda, e do qual conservamos o temor de o mesmo ser objeto da recordação de suas testemunhas; receio justificado, que entrevemos agora na fisionomia de alguém que as crianças molestam, entre os aplausos ou sob a indiferença dos circunstantes. Em socorro dele nenhuma adesão compreensiva, nenhuma piedosa interferência acontece, a ele que lhe conhecemos o nome e a imagem, e sobretudo a natureza desse episódio cuja incidência nos faz temeroso, à simples observação dos pequenos e descaridosos personagens; o auxílio que porventura lhe prestássemos, não amenizaria o seu padecimento; ao inverso, tendo em conta o fato de nos entendermos reciprocamente, a nossa contribuição lhe daria uma angústia maior em conseqüência de ele saber que estávamos sendo a implacável testemunha de seus gestos. Não éramos nós o único indivíduo a suportar a amargura do entrecho, e, se revendo assim em outrem a restauração do episódio, conseguimos arrefecer o dano da exclusividade, em compensação o expúnhamos a desamparo lastimoso: escondendo-nos dele, na persuasão de sermos, dessa forma, bem mais útil ao seu estado; muito embora em nosso íntimo, sobrepondo-se ao contentamento ególatra, se tenha inculcado a contrição por não havermos compartido, na presença de tantos miradouros, do papel, da cena de que nunca nos libertáramos.

5 — A posição do rosto em si mesma revela, em certos casos, um valor de primeira ordem na sucessão dos gestos que constituem o acontecer da seqüência; dessarte, podemos conferir a um intérprete a importância que deriva tão-só do lugar que ele ocupa; desse nexo, que leva ao sentido plástico da situação da figura, um ângulo se estabelece que vale por si, independentemente das mímicas que o significado estampa; o desempenho, que tal personagem cumpre no decorrer do episódio, se reduz a nada fazer de atuante, ao puro preenchimento de um local. O vulto que se esgueirava à zombaria das crianças, a fim de que o depressivo espetáculo fosse, tanto quanto possível, incógnito à visão dos assistentes, procurava mascarar a sua condição com o falso alheamento à circunstância de que era objeto; num fla-

grante ali surpreendido por nossos olhos, recolhemos da imagem uma forma de tristeza, diferente de seus modos de ser em mágoa, uma tristeza que se nos tornou visível no instante em que ele galgou a plataforma do carro, fugindo de todos, ao mesmo tempo que nos oferecia daquela afecção um aspecto original: inédita alegoria que pessoalmente não alcançamos quando de nossa vez, porque então inexistiam saliências no espaço que em algum observador produzissem o estranho sentimento de nosso busto. Se houvéssemos meditado sobre a maneira de o corpo agravar em nós a sua postura deprimente, de certo que teríamos, por força das experiências, idealizado para ele uma posição rigorosamente inversa: a atitude de alguém imergindo na depressão do solo, numa dessas reentrâncias do terreno que são cavidades onde a melancolia pode hospedar-se com o ânimo de aí permanecer, fazendo-se assim realçar melhor à vista do espectador no alto de sua vedeta. No entanto, erguendo o belvedere à figura que de costas nos escondia as contrações da boca e as lágrimas que sem dúvida havia nos olhos, pudemos verificar que ao índice da tristeza se acrescentava a nota de profunda injustiça pela maneira como era tratado, nota que se revestia igualmente de altivez, retardado gesto que se fazia compreender em nós pela mera localização do corpo. Se fora vislumbrado em declive, a atitude final seria a da piedosa resignação, a do passivo objeto que nos causa pena, parecendo esta a configuração que melhor lhe convinha segundo os dados que tal efígie sempre nos fornecera; os quais permitiram que aplicássemos, às sucessões de seu aparecimento em nossos painéis, o teor de um protagonista indefeso às menores ofensas dirigidas ao seu rosto. Por motivo da só posição, tivemos que retificar a conduta que até então delineávamos em pensamentos, quando o ser cogitado em diversas conjunturas era esse corpo desprotegido de estratagemas, prestando-se às hostilidades com desenvoltura inexcedível; doravante, toda vez que deambulávamos, mentalmente, em companhia daquele vulto, uma oportunidade de vencer aos outros participantes da cena lhe era conferida por nós, e essa modalidade de triunfo se mostrava tão significativa quanto se propiciava em puros gestos; mantinha, com relação à unidade de seu procedimento, um elo perfeito, a superioridade repentinamente adquirida jamais lhe revogando a condição de ser sempre, em nós, o alvo do ridículo e do desamor. A realidade da visão nos proporcionou o aspecto figurativo que a realidade das imaginações não oferecera ainda; e a descoberta de tal ocasionalidade, de um evento que, por efeito da simples posição, pode corrigir o processo facial de que se investe cada ser de nosso conhecimento, induziu-nos a considerar os rostos do caderno, já incorporados em tramas devidamente compostas, como seres passíveis de emenda, sujeitos a qualquer hora, dada a contingência mesma de seu ângulo em nosso miradouro, a correções ora favoráveis, ora desfavoráveis. Atinamos agora com os riscos por que passaram aquelas figuras de nosso encarecimento, em cujos painéis se desincumbiram sem se desmerecerem de si próprias: faces ternas que, por se haverem favorecido com as gentilezas do acaso, dispensando-nos conseqüentemente de retificação da imaginativa, se tornaram mais inerentes às afeições que lhes dedicávamos. Se para a eventual posição, que subitamente modifica o teor em causa, concorre também a maneira com que nos situamos em relação ao objeto, incluímos, entre os acidentes protetores do azar, a conduta de nossos olhos, a sua inclinação que nos faculta às vezes uma tomada fisionômica em correspondência com o rosto na forma que desejaríamos zelosamente perpetuar. De igual importância afigura-se obviamente o posto em que nos colocamos, a incidência do belvedere que, de não raro, a simples inflexão transforma em sua antítese a idéia que se estampa no visível corpo; verificação esta que nos induz a considerar o acaso como o grande construtor das situações em que um enredo se desenha; a nossa própria iniciativa de ocupar o ângulo que nos pareça possibilitador de algum significado, nem sempre coincide com a trama que em verdade se desenrola; se bem que, na consecução de certos painéis que, não suscitando qualquer narrativa, nos deixam, contudo, a oportunidade de eventos alegóricos, a diligência com que nos acercamos de um rosto, buscando vê-lo do modo que tencionamos, homologa freqüentemente o nosso desejo.

6 — Os vultos do cotidiano se estabelecem, na maioria das vezes, em ângulo normal, sendo no rotineiro de tal perspectiva que as situações de rua se processam quando saímos a deambular; não sendo poucos os instantes em que nos acode o pensamento, que a ocasião nos impede de realizar, de nos pormos em um aclive qualquer para obtermos de um semblante a humildade que ele insinua, ou de nos abaixarmos aos pés de outro para melhor colhermos os majestosos acentos da fisionomia. De maneira geral, as efígies comuns, as figuras opacas a infiltrações, as que encontramos sem nada nos sugerirem, podem entretanto prestigiar-se de algum interesse, desde que nos resolvamos a espreitá-las do alto da varanda, de algum nível inferior, ou da obliqüidade do instantâneo, despindo-se da aparência vulgar e encarnando-se em relevo escultórico. As procissões religiosas, quando vistas de ponto superior, têm ratificado o motivo que as faz mover, de onde o sentimento de havermo-las perdido toda vez que as percebemos na horizontalidade de seus vultos integrantes; então se registram em nós os desvirtuamentos do painel, as cenas que se juntam sem articulação com o significado coletivo, diversões do miradouro que estimaríamos estivesse inteiramente dedicado à recepção do piedoso cortejo. A existência de um estrado onde se eleva

o trono é uso que se contém no plano figurativo, a maneira facial de erguer sobre os súditos a potência de representação, como os sacerdotes que, tendo nas lajes o pouso das canseiras, dormem fisionomicamente no teor da submissão. Aquelas posições assumidas durante o entrecho se intercalam em normas que a longa experiência nos fez extrair das figuras, as quais adotamos em presença de rostos que nos suscitam a oportunidade alegórica e quando podemos, sem revelarmos o intuito, fazer coincidir a nossa posição com a naturalidade da própria cena: como da vez em que, a pretexto de visita à Fortaleza de..., levamos conosco o semblante de S..., que ali procedeu exatamente segundo a previsão estatuária. O acompanhante era portador de fisionomia sublinhadamente orgulhosa, e as nossas intenções visavam, através de novo ângulo, a banir-lhe a atitude arrogante, embora no íntimo e a cada passo ele se contradissesse a si mesmo, tão modestos se externavam os seus propósitos e tão humano o tratamento que dispensava aos interlocutores. Em outras palavras, queríamos ter o ensejo de observá-lo em coerência com a sua natureza, conseguindo-o de tal forma que a figura obtida se viesse a instalar em nossa lembrança, com preferência sobre qualquer outra; assim guardarmos dele a efígie de que era merecedor, o semblante a preponderar de futuro, quando a ele regressássemos movido que fôssemos por uma referência qualquer ao seu nome. Às pessoas a quem dedicamos afeto, e que sempre se mostraram desavindas com os próprios vultos, desajustadas nas conchas onde irremediavelmente habitam, aplicamos o método para o fim de lhes reservar, em nossa memória, a estampa condizente e melhor, espécie de prestigiado artifício diante de todas aquelas que tais vultos nos ofereceram ao longo dos episódios. A que pretendíamos alcançar de S..., era das mais dificultosas, porque dos ângulos consentidos em rotineira convivência, nenhum servia para o flagrante que desejávamos; todas as localizações, quer de nossos olhos, quer do objeto em apreço, sendo unânimes em exibir o desordenado de seu conspecto; daí a resolução de conduzi-lo a algum lugar onde as variações de nossa mira se pudessem exercer sem detrimento da naturalidade, advindo-nos então a idéia da Fortaleza de..., recanto de três séculos, que para ele seria instrutivo mercê de sua predileção pela história da arquitetura militar; na velha edificação existe, abaixo do nível do solo, o compartimento que uma só abertura torna acessível, cuja função ignorávamos, competindo a ele, tão conhecedor do assunto, esclarecer se se tratava ou de paiol, ou de depósito de mantimento; assim, em viagem ao esquecido reduto, seria satisfeita a nossa curiosidade no tocante ao observador e à coisa observável; ele atendeu ao convite depois de nos haver alertado que o misterioso compartimento era o que sobrevivia da pequena cisterna, elemento comum nos castros daquele tipo, tanto mais necessário quanto havia, na época da construção, a possibilidade de duradouro assédio, que realmente se verificou antes da rendição do baluarte; além disso, a excursão ao local ser-lhe-ia de muito proveito, em virtude da verificação que de há tempos ele tencionava fazer e que se referia ao muro que se defronta com a foz do rio..., no qual as pedras utilizadas eram de natureza diferente das que foram empregadas nas outras paredes; em nosso passeio, ele pretendia perquirir, ainda, a qualidade daquele material diverso, que supunha ser de menor resistência que o dos demais frontões, dado que o mesmo fora usado para receber carga inferior de artilharia, porquanto esta era esperada de pequenas embarcações a se moverem demasiadamente na agitação das águas; além de a alcantilada penedia, onde se implantara a Fortaleza de..., ser em si mesma um excelente anteparo às mais sérias investidas; o interesse das investigações abrangia também a zona que fornecera as mencionadas pedras, suspeitando ele que devia existir ali próximo a pedreira abastecedora, de fácil disponibilidade, mesmo porque o plano de levantamento da obra desaconselhava a extração no próprio recinto da fortaleza; à seriedade dos intuitos unimos, de nossa parte, a intenção, não isenta de algum remorso, de transpormo-nos à ordem figurativa; mas o fito que almejávamos, a face condigna de S..., resultava em empreendimento a favorecê-lo, de importância equivalente à de suas pesquisas; o qual remontava à sobrevivência do ser em nós, à estampa que unicamente ao depositário compete escolher, jamais coincidindo o rosto que alguém nos proporciona, sob evidente cuidado de fazê-lo perpétuo em nossa recordação, com aquele que efetivamente nos perpassa à mera pronúncia do nome; essas considerações, em reforço da consciência, chegavam a afastar do episódio em mira qualquer acento de comicidade, antes, nos predispunham à elevada unção, de vez que íamos envolver os seus propósitos com a paisagem de nosso afeto, como os pais que intervêm no brinquedo das crianças, fantasiando divertir-se nele, para melhor gravar-lhes a sorridente fisionomia, a doce e ingênua figura que resistirá aos desperdícios do tempo; as coisas ocorreram segundo nossas previsões, nenhum artifício foi necessário à boa execução do intento; e para maior esplendor do retábulo, tivemos a ajuda da extensão marítima que nas redondezas do Forte se mancha de variedades deslumbradoras; selecionamos aquela que se estira em flocos de espuma, esplêndido cenário a emoldurar doravante o rosto humanamente flexível de S...; a pretexto de esquadrinhar as pedras que de nosso posto desciam em chanfradura até o mar, sugerimos a S... colher alguns fragmentos para ulterior estudo, e enquanto de joelhos ele quebrava o que mais lhe convinha, a nossa atenção era toda para os gestos cuja humildade surgia em correspondência com a sua natureza, enchendo a sacola de migalhas, que em vida já enchera, não de pedras, mas de compreensões solícitas, a alma dos companheiros; ele representava, naquela posição, o resumo de todos os procedimentos, a suma facial de todas as suas ações, o devoto que nunca, a ninguém, recriminara, sem no entanto

haver recebido o mútuo tratamento, a reciprocidade, porque
o respectivo semblante, à guisa de presença malévola, desfigurava
o conteúdo das expansões, incutindo-lhes uma desenvoltura que
aos outros parecia falsa e irônica, sendo, não obstante, a da bondade invisível; agora, ele se restaurava nele mesmo, sentíamos
a ausência, junto a nós, de todos os que privavam de suas relações, que deveriam ali estar para reconhecimento de um vulto
que, entornando-se do próprio nome de S..., significava a alegoria do piedoso abandono, as mãos nas asperezas da terra e
indiferente às pompas do sol sobre as águas; as grandes cenas de
que somos testemunha ou participante, não se revigoram com
a idéia que temos, na mesma ocasião, de que tais entrechos ficarão
para sempre marcados em nossa lembrança; mas se esses acontecimentos foram por nós procurados, impossível nos seria evi-
tar-lhes o pensamento de que perdurarão conosco, tanto mais
que para tal fim despendemos a atividade; de volta, mal ouvía-
mos o resultado de suas verificações que, em verdade, era bem
menor que aquele por nós obtido no tocante a ele, que entretanto não lhe comunicávamos: a justa identificação de seu rosto.

7 — Além das seduções pessoais de P. S..., um interesse
de outra ordem contribuía para estreitar a convivência, qual
fosse o de unirmos à terna acessibilidade de sua efígie a idéia,
ao vê-lo, de que ele era possuidor, como ocorre aliás com muitos
seres humanos, de reduzido cabedal de gestos, embora as variações inumeráveis que o mundo lhes manifesta, mereçam deles
uma quantidade equivalente de reações; os nossos olhos dirigíamos para o rosto de P. S..., envolvendo-o com a pura consideração de termos aquela fisionomia em inferioridade com relação
à imensa cópia de motivos que se expõem perante ele, e sem
granjearem em troca as mutações que lhes deviam corresponder
nesse corpo, que assimila os fatos da ótica e prolonga nestes o privilégio visual da existência. As generalizações faciais são desper-
cebidas por nós se vemos as imagens na plenitude de suas características ou na representação de algum pretexto que não abrange
um universal valor; no intuito de apreender um exemplar de
uniforme externação, escolhemos o semblante de P. S...., na
qualidade de forma que atendia à multiplicidade exterior dos
sucessos, de maneira a ratificarmos, diante do mesmo gesto, a
correspondência que ele mantinha com respeito a dois ou mais
acontecimentos de ponderável intensidade. As gradações dos fatos
que repercutem em nós, requerem, de nosso miradouro, as nuanças
que seriam de desejar; as convulsões de P. S..., sempre que em
casa alguém falecia, se expunham no mesmo grau como se se
tratasse ainda do primeiro morto, de sorte a melhor dizermos

que ele não sofria propriamente em face da perda de seus íntimos, porém em holocausto à circunstância mesma do morrer, que, vez por outra, e sem consideração particular às figuras dos parentes, se hospedava em seu domicílio; o sutil ensejo de nossa mente seria no sentido de, ao surpreendermos do átrio da residência a efígie em prantos de P. S..., atinarmos de logo que o falecimento envolvera a tal de suas irmãs; e se não fora o comentário que nessas ocasiões veicula o nome da pessoa desaparecida, a identificação, não contando com a vista sobre o semblante posto no ataúde, se impossibilitaria, mercê da desindividualizada insistência com que ele expandia as lágrimas: choro e desalento sem atenderem à proporção do amor, segundo a medida de nossos instrumentos de recepção. Mas, a explicitude de outras aparições costuma recompor em termos faciais os motivos que permaneceram incompletos quando de sua original ocorrência diante de nós; além disso, o fenômeno das transferências nos entrega, após o intervalo da distância, um painel que passa a nos oferecer a cena que ainda há pouco presenciamos e que tanto se ressentira com intrometimentos de outra natureza. Muitas vezes, nas trasladações, o significado que no episódio de início se interrompera ou fora insuficientemente expressado em linhas fisionômicas, se recupera no entrecho que vislumbramos em seguida a intermitências variáveis; ele vindo a fortalecer-se em figuras que, ou coincidindo com a motivação, ou exercendo um mister de outra qualidade, a transmitem com superior desenvoltura; indicando-nos, por essa forma, que nem sempre o bom êxito da representação é alcançado pelos atores previamente inscritos, desde que, em recinto sem arranjos, longe do palco onde estão os espectadores a fim de verem o programado desempenho, protagonistas fortuitos se encarregam de satisfazer melhor as intenções do autor, os quais, sem sabê-lo, entram na peça e dela se retiram, em óbvia e mágica exibição. Tal aconteceu quando de nosso regresso do cais onde, em companhia de algumas pessoas, estivemos a fim de receber P. S..., que de torna viagem fazia jus a comparecimento muito mais concorrido; pois que eram inúmeros os rostos de suas relações, fortemente acrescidas nos últimos anos em face da situação política que galgara e da qual descera, de súbito, nas vésperas do desembarque; desfavor que não lhe tocara ainda o conhecimento, e que só lhe chegou depois de surpreender o ambiente vazio dos correligionários, tendo apenas dois ou três residuais amigos, de remota época; mas que ele enfrentou sem demonstrar diretamente a menor decepção, dirigindo-se a nós com a frieza imparcial como se houvesse preferido que ninguém aparecesse, o que lhe daria, de certo, a impressão de que um engano de horário produzira a lacuna das presenças; em breve, a cerimônia com que nos tratou, fez-se substituir, ante a ausência de fotógrafos que pudessem registrar tão poucas figuras, por exagerado contentamento que não era o de nos rever, e sim o de escapar de impiedosa objetiva; sob a atmos-

fera das íntimas expansões, a que nunca estivemos afeito, mesmo
durante a camaradagem no convívio da escola, caminhamos juntos
aos navios que descarregavam, sem pressa de atingirmos o portão,
de vez que P. S... esperava ainda que a multidão dos prosélitos
surgisse em frente, proporcionando-lhe uma felicidade superior
à que devera ter tido, mas não tivera, no momento de transpor
a prancha do barco; satisfação esta que se comporia da atenção
dupla que os recém-chegados, palpitantes e obsequiosos, lhe
manifestariam, uma por o haverem alcançado a tempo, outra
por se desculparem da inconcebível demora; o portão recusava-se
a favorecê-lo à medida que nos aproximávamos, enquanto seres
dispersos, lentos ou imóveis até o instante, saíam dentre guindastes
e volumes de mercadoria, perfazendo a aglomeração de amigos
a tender o olhar para o vapor em cujo convés uma venturosa efígie acenava com as mãos o desejo de num só amplexo abraçar
a todos os presentes; por iniciativa de P. S..., que, na esperança
de receber a homenagem, nos detinha a cada metro, ele próprio
se valeu do pretexto para mais retardar-se, procurando reconhecer
no vulto do convés alguém cujo nome ele improvisara; incluímo-
-nos fisionomicamente no grupo da novel recepção, vindo o nosso
companheiro a prestigiar, aos olhos de algum observador, o entrecho que ele, P. S..., estimara para si, em renúncia que não era
de sua vontade mas do desempenho que, à revelia, ele apresentava
na sucessão dos painéis, auferida por nós desde a ocasião do desembarque; como estes possuíam por núcleo a motivação de alguém
descido de bordo, e como se o retábulo inicial não dera a cênica
perfeição de que nos imbuíramos, a exemplo do freqüentador
de teatro que compra o bilhete na convicção de assistir com atores
experimentados uma excelente peça, e, ao se ver logrado, retira-se,
e de volta à casa surpreende-se com o anúncio do mesmo espetáculo em outro recinto e entregue a consagrados figurantes,
a ele corre em busca do prazer que não encontrara anteriormente,
pusemo-nos a recolher do novo episódio a significação da chegada
ao porto, substabelecendo, na figura que agradecia aos entusias-
mos, o próprio rosto de P. S..., desta vez sob as manifestações,
sob os protestos de boa-vinda correspondentes à sua personalidade.

8 — O repertório do acaso atende aos reclamos da argúcia,
avocando a si o mister de nos expor entrechos muito adequados
à imaginação, às vezes antecedendo-se a esta na elaboração de
nossos propósitos; torna-se então desnecessária a produção da
mente, desde que as coisas da visibilidade são, de comum, tão
pródigas e tão homologadoras de nossas tendências, que nos
dispensamos de situar o painel em foco nos devaneios que de
ordinário utilizamos. Acresce que a representação única, pelo
perfeito delineamento, pode bastar ao nosso intuito em relação

ao seu protagonista, como o autor que, consciente da grandeza da obra, não aventura em outra exibir os seus dons, e com tal acerto estimara que os pósteros vissem, no intencional silêncio, o posfácio aos leitores a fim de que retornem sempre à ímpar fatura; se as situações em ato não se reconstituem toda vez que as pretendemos em nova exibição, aos recursos da memória acudimos, tão assegurado estamos de seu êxito em virtude dos treinamentos a que se submetem em nós, dos ensaios de fixação que nos obriga à certeza do reaparecimento em nosso íntimo belvedere. A observação inquieta e medrosa de perder ricos encontros, preside os descobrimentos que os olhos efetuam, os quais se dissolvem quando os componentes da casualidade levam o ritmo de dispersão a um índice que não podemos acompanhar sem o exício da própria cena que nos interessa; porém de nossa parte existem meios, se a tanto se presta o retábulo, de demover o grupo da desarticulação receada, que acontece se o conjunto se desfaz diante de nós, como também se a nossa efígie o abandona, sem deixar no posto de mira alguém que nos substitua na posse fisionômica. O painel do desembarque tinha condições a favorecerem a sua permanência em nós, e ao olhá-lo o fazíamos com o ânimo de retê-lo na lembrança, premunindo-nos de um texto para futura reedição em nossa mente; sem nos descuidarmos dos favores momentâneos que a fortuidade nos concedia, e com a intenção de preservar todos os acidentes do episódio, insistimos em P. S... permanecer conosco no ponto em que nos localizamos, sob o pretexto enganoso de que surgira uma figura de nosso particular conhecimento, e sendo assim, a boa ética estava a nos impedir que fôssemos sem antes abraçá-la; por força de tão persuasória desculpa, ele aquiesceu em ficar no interior do painel, à similitude do ator cuja indisposição de representar não chega a ferir a correção do desempenho, enquanto os nossos olhos repousavam num e noutro ponto; às vezes, valendo-nos das breves confusões que nessas horas se desenham, recuávamos do observatório; e então, a perspectiva geral, com o vulto diluído de P. S..., vinha a estampar-se em nós que depois volvíamos aos elementos singulares; a nossa preocupação era equivalente à que fruímos na releitura dos versos cujo volume fechamos e abrimos tanto quanto o necessário à retentiva da memória; a tolerância de P. S... se extinguira ante o retardamento da abordagem, que ele muito preferira acontecesse na sua recém-vinda, se porventura tivessem enchido o porto as saudações afetuosas de seus partidários; mercê do temperamento impulsivo, perante um estorvo daquela ordem, continuamos a captar o entrecho com a liberalidade de um autor que consente, quando bem fácil lhe seria removê-las, continuem em seu trabalho as imperfeições nele contidas, as quais não influirão na glória que lhe venha a caber; durante o assentimento nosso em gravar o vulto irreprimível, uma transmutação de significado, originando-se do painel e tendo por núcleo a efígie impetuosa de P. S..., propiciava ao episódio um desenvolvi-

mento semelhante ao segundo capítulo de uma história; e que
encerra, com referência ao primeiro, a conexão não pelo surdimento
de outras personagens, mas pela reangulação em que as
mesmas passam a ser entrevistas; desviando os olhos do corpo
que já alcançava as mãos dos amigos em terra, para a figura turbulenta
de P. S..., presenciamos, pela substituição do ator que
regulava os ritmos e as formas do painel, o advento de outro
episódio, constituído das mesmas faces, inclusive daquela que
transpunha a prancha do navio; tal face, a exemplo de um intérprete
secundário que, parecendo nunca salientar-se do setor em
que obscuramente se encontra, a si atrai de súbito a atenção
de todos ao apanhar no solo o objeto deixado cair pelo vulto
primacial da cena, veio, à guisa de intromissão inesperada, a
surgir em direção ao local de P. S..., para, em compensação
à perda do papel que este não desempenhara, fazê-lo sobressair
no trono da mais recente urdidura, com esse gesto de aproximar-se
dele e que tanto distingue a figura a quem se tenta chegar.
Na fusão de dois retábulos, pode aparecer um elemento que, por
instante quase imperceptível, se eleva entre os demais a fim de
nos expor a nuança transitória que simultaneamente possui algo
do primeiro e do segundo aspecto, como o traço de união sutil
a ligar ambos os entrechos; no ajuntamento que perante nós se
revestiu de dupla significação, ao ser que em abraços se dirigia
para o recanto de P. S..., coube a missão de nessa hora nos revelar
um tanto do que fora no painel do concorrido desembarque,
e um tanto do que passara a ser no entrecho da imagem descontente
do sucesso anterior; a incontida amistosidade não foi bastante
para atingir o corpo de P. S..., de maneira que o seu portador,
perseverando agora em secundário mister em comparação
com o do último episódio, se eximiu de captar as simpatias de
nosso companheiro, em cujo aspecto já vislumbrávamos a inquietação,
em fortes caracteres, da desventura que se não remediara
com a recepção auferida por outrem, mas que fisionomicamente
em nós lhe pertencera.

Capítulo 4

1 – *A ilustração figurativa do gênero.* 2 – *As gradações do gênero.* 3 – *A morte genérica.* 4 – *O lugar.* 5 – *A distância e o gênero* – *O mar e a similitude.* 6 – *O retrato.* 7 – *O artifício para a conversão ao gênero.* 8 – *A morte genérica.*

1 – O vulto anônimo, que à beira do local assistiu o acontecimento, pode voltar à consideração dos protagonistas; e de modo mais tênue, à das outras testemunhas se, ao relembrarem o sucesso, incluem nele aquela figura sem nome e que se deixou palidamente fixar por seus contornos genéricos; como se diluída fosse, para a nitidez do evento, a individualidade desse momentâneo transeunte. Nos painéis do cotidiano, umas faces se dissolvem para o fim de que outras realcem o assunto de que estão recobertas, mudos comparecentes sobre os quais se entorna a significação em ato; e que os observadores desatentos costumam suprimir, quando em todos os fatos do belvedere há sempre a efígie silenciosa que às vezes ou é um ente humano ou ainda um objeto inanimado; é um ser propício ao esquecimento, mas a perscrutação aguda e a recordação dos atores podem trazer da obscuridade o rosto deliquescente, e afirmar, a propósito da ocorrência, inclusive com o intuito de evidenciá-la, que ela se verificou no instante preciso em que, a alguns passos de distância, se encontrava a mulher ou a cesta abandonada. A primeira desfruta, longe daquele recinto, os gozos de seu nome, possui oportunidades em que a sua fisionomia se eleva, chegando a ser também o alvo de atenções; a segunda, igualmente é passível de centralizar o interesse ótico de algum circunstante, e, quando nova, deve ter atraído, com exclusividade de posição, a delicadeza do respectivo manipulador ou de seu adquirente. Contudo, ambas ali se vêem destituídas das particularidades, de todos os relevos que alhures constituem ou constituíram os marcos de sua existência,

as íntimas conjunturas que o nome reveste ou o vulto rememora; enquanto ali se incumbem da própria participação, do discreto desempenho, necessários ao entrecho como elementos indicativos de uma realização, os rostos a meio apagados atingem, no plano fisionômico, a contextura que é a ilustração figurativa do gênero, feita dos desmaiados contornos, que se elastecem à medida de um maior envolvimento. O vulto, que à margem do episódio é tomado como simples alusão, mera referência ao descritivo do fato principal, ali se estabelece na qualidade de representação do gênero, do ser enorme e vago a se tornar visível na figura de alguém assim isento de seu nome; o qual ser, para isso a colhe indistintamente, fazendo-se notar aos nossos olhos através desse rosto desvanecido, que, entrementes, vem a ganhar em abstração o que perde em presença ostensória. A predominância do gênero na fisionomia secundária se efetiva pela disponibilidade extrema com que todos os seres daquela ordem se prestam a ladear o núcleo do acontecimento, cada um dos humildes figurantes permitindo-se ceder a outrem sua posição fortuita, manifestando a existência de uma faculdade substitutiva que é o processo mesmo com que o gênero atua na prática de nossas visões. A mulher que a ocasionalidade situou junto ao episódio, significa a aparência do ser genérico, a visualidade de uma condição que lhe sobra em detrimento de todas as outras, o vulto que se despira de suas contingências para conservar tão-só a vinculação à tessitura que jamais se extingue, que se esconde de certa maneira, mas de outro ângulo se deixa entrever à feição de presença obstinada. Nos logradouros abundantemente freqüentados, considerando-se o evento de um único episódio, há múltiplos olhares cujas impressões atinentes a ele jamais coincidem, havendo para cada qual uma estampa diversa; indo ao ponto de o rosto, que a nós se afigura a personagem substancial do argumento, aparecer à lupa de outrem como o semblante, quase extinto, do gênero em que se envolve. E este, sem nunca abdicar de sua presença, se insinua por entre a multidão dos espectadores, negando-se momentaneamente a uns e assentindo em mostrar-se, na matéria do mesmo vulto, a outros que em concomitância lhe endereçam a objetiva, tornando o palco do desempenho assim repleto de variações. Quando um assunto se desenvolve, a nossa atenção converge para o trecho que consideramos o cerne do motivo, mas outro espectador, com os olhos voltados para a mesma cena pode vislumbrar uma significação diversa, porquanto o centro de seu episódio não corresponde integralmente ao de nossa leitura; daí resultar muitas vezes que os participantes primordiais de uma nominação sejam na outra meros acólitos, apenas coadjuvantes para o efeito cênico do acaso. Dessa forma, as fisionomias estão simultaneamente dentro e fora de seu gênero, quer o onomástico, sendo de nós conhecido, recaia sobre a figura que nos absorve, quer sendo ele em nós de todo ignorado; então, o evento nos faculta a cogitação de poder ela ser substituída por outro semblante, sem que o sucesso decorrente se altere com a mudança dos atores. Nos fatos a que se associam as pessoas de nossas relações, a idéia de que elas cedam a outros semblantes o papel de que se desincumbem, jamais acontece impor-se em nossa mente, de tal modo ficamos articulado ao episódio que as inscreve, não como o faria o azar em outros vultos, porém como a predestinação delineada para os entes de nosso convívio, a qual não admitiremos viesse a atingir outro corpo, senão aquele mesmo de cujo repertório já nós havíamos assenhoreado. Enquanto identificados, os vultos de nosso caderno se retiram de seu gênero; mas, enquanto fungíveis, as imagens, para nós despidas de nomes, perseveram no bojo deste, alimentadas em todas as conjunturas pelo exercício da substituição, pela faculdade de serem, nas mesmas contingências, quer como participantes primaciais, quer como protagonistas de segunda ordem, permutáveis em sua posição por outros existentes ali mesmo ou em alguma parte. Os assuntos visualizáveis, sem as perturbações trazidas por nosso conhecimento, são atributos onde todas as fisionomias equivalentes podem encerrar-se; são fatos abertos que todos os rostos congêneres têm ocasião de penetrar e percorrer, fortuita solidariedade exercida sob contornos genéricos, permitindo-nos reputar o cotidiano difundido sobre a terra, de ordinário nas ruas, nas avenidas, como continente em cujos seios se processam inumeráveis repetições. Os motivos de nossa localidade, a esta mesma hora, se consentem alhures encarnar em torvelinhos onde ressoam vozes, e onde se praticam ainda, em figuras do mesmo gênero, situações em ato que não possuem territórios exclusivos; por isso mesmo são comuns a todos os agrupamentos faciais, algumas vezes acessíveis a olhos perscrutadores, na maioria dos casos expostas à visão de ninguém, à semelhança de riquezas encobertas.

2 — Conosco também ocorre a perda do gênero em muitas conjunturas, de nada valendo as premeditações em busca do grande ser: os esforços no momento se inutilizam ou porque uma preocupação imprevista de todo nos ofusca das fisionomias ocasionais, ou porque, sendo exíguo o ambiente da cidade, e já duradouro o domicílio, é bastante avultado o número dos rostos que em nós se articulam aos seus nomes; se a cada passo encontramos uma dessas figuras, o gênero se recolhe ao esconderijo, negando-se a aparecer numa situação em ato, desde que há à nossa vista o vulto que o conhecimento nosso tornou incomunicável ao grande ser. Contudo, de regresso à casa, verificamos que se o gênero ocultou de nós a evidência de sua visualização, por outro lado ele se fez presente em nós, suscitando-nos a idéia de sua faculdade substitutiva, graças ao cortejo de todos os sem-

blantes que passaram por nós, sem que nenhum fosse individualizado, seres genéricos que com outros podiam permutar sua posição, sem desvirtuamento do passeio; o qual se constituiu de nosso próprio vulto que ao longo do caminho foi ladeado por muitos outros, mas de nenhum deles apreendemos o nome nem nos recordamos das particularidades do conspecto. No plano figurativo, a seqüência de nosso trânsito se desenrolou, enquanto aquisição do ser genérico, numa rua de todas as cidades, num logradouro que não era privatido de nenhum centro urbano; e dentre todos os acontecimentos em que a entidade genérica se insinua, outro não existe que se ofereça tanto, e no qual se realize tão abundantemente a disponibilidade facial, a mercê perpétua das substituições. Em outra data da deambulação, certa efígie, desertando da generalidade, veio a expor-se ao exame de nosso belvedere, para nos desacomodar de um devaneio até ali mais forte que curiosidade; cena que nos avassalou de surpresa, consentindo-nos alcançar da rua as combinações fisionômicas que com freqüência sucediam em redor do vendedor ambulante: puros retábulos sem delineamento de história, tão-somente feitos de semblantes que não variavam, as efígies da momentânea platéia sempre as mesmas, enquanto penetradas de concentração pouco respeitosa; assim sendo, tais espectadores representavam o genérico, e o elemento nodular do episódio, isto é, o mercador de quinquilharias, a face que nenhum mistério tinha a nos revelar; diariamente o espetáculo se refazia de minuto a minuto, renovando-se sem cessar, mas dentro da ordem fisionômica era um permanente retábulo, ali posto como a simbólica da contigüidade entre o indivíduo e o gênero, o segundo envolvendo o relevo com que o primeiro assoma ao nosso olhar. A partir do primeiro contato, tentamos reduzir a extensão fisionômica de que o genérico ali se revestia, e para isso principiamos a investigar de muito próximo algumas figuras de comparecentes, a fim de que pudéssemos lobrigar uma possível freqüentação desses assinalados rostos, os quais se transfeririam de gênero para o lugar marcante que até o momento era exclusivo do negociador de bagatelas. Foi por ocasião desse intento que uma idéia absorvedora, sem qualquer relação com o fato em mira, deixando-nos alheio às coisas que tanto nos interessavam, nos obrigou a marginar a reunião sem revermos as efígies atraentes resguardadas do genérico; hoje, ao verificarmos, no aposento, a acontecida deambulação, resta-nos a certeza de que o sucesso se verificou parcialmente, desde que a entidade maior e infiltradora esteve intacta em torno de nós, e que uma relação de natureza figurativa nos ligou aos vultos que cercavam o comerciante de miudezas: eles e nós igualmente passíveis de sermos, enquanto acidentais transeuntes, substituídos sem que o episódio da tenda na rua sofresse a menor perturbação no teor de seu significado. As intromissões do gênero se processam com sutilezas, e permanentemente ele reside junto à face que lhe foge, aguardando a ocasião de, ao menor esvaimento da ostentação individual, infundir-se no ponto ocupado por esta; é um ser imenso e vigilante, prestes a restabelecer-se sobre as fisionomias que o abandonaram, tal como sucedeu no caso do vendedor ambulante que, escapando da última vez à fixação de nossos olhos, imergiu também no recesso da generalidade. A pequena aglomeração, em cujo centro gesticulava a única figura detentora de nome, veio a ser em todas as parcelas a representação, em escala reduzida, de como o ente abrangedor atua na multiplicidade de suas matérias, que são o repertório universal e visível da existência; cada uma proporcionando curtas estadas no primeiro plano do relevo, e domicílios eternos no plano vago e indistinto das coisas permutáveis, onde rege a lei das substituições; é um ser incomensurável, cujo seio se elastece a toda hora, ritmando-se em graus de ausência, desde o das imagens a meio entrevistas, ao sorvermos alguma idéia estranha ao nosso desejo de análise e de aquisição, até os do anonimato e da morte que resultam irrecorríveis na ordem da comum evidência, mas restauráveis com os recursos da ordem fisionômica, em nós.

3 — Se em presença de alguma lupa nos desincumbimos de tal forma que posteriormente o observador, à lembrança do fato, revela que o mesmo se verificou no recinto onde se encontrava alguém ao lado da porta, coincidindo sermos a figura desse alguém, a consideração dedicada ao nosso rosto se confunde com uma referência no tocante ao genérico; dessarte, podemos inferir que o ser enorme, concentrando-se por momento em nosso rosto, desce para comparecer ao episódio e cooperar no motivo, em união com os vultos da individualidade. Sem configuração alegórica, o ente genérico se introduz diretamente no retábulo, e pondo-se em contigüidade discreta ao núcleo do acontecimento, aí instala a sua articulação ao assunto em pauta; faz prevalecer por nosso intermédio uma ponta de sua ubiqüidade, prestes a de um instante a outro acrescer o significado de sua posição, agora reservada, e dentre em pouco extremamente elastecida. Apenas a dilatação do genérico, em plena sala da ocorrência, alcançará, além de nosso próprio rosto, que este, após o evento, retirar-se-á, as figuras restantes que por sua vez, terminada a função em que se encarnaram, voltam como atores a seus camarins, à disponibilidade que o genérico lhes desfruta, e que se exerce de preferência durante a rotina do cotidiano, afastados de olhos reconhecedores e desse modo mais acessíveis aos engenhos da permutabilidade. Os seres que circulam despercebidos, deixando apenas os vagos contornos, a réstia de sua passagem, os semblantes que se acomodam à beira do painel, tornando-se relembráveis unicamente como sombras indicativas, os que, enfim, recebem

a outorga do grande ser genérico para desempenhá-la substitutivamente, perdem em importância efêmera o que adquirem em integração virtual, no obscurecimento das pessoas que se descobrem dos nomes para viverem em sua ordem figurativa. Inúmeras delas, por favorecimento das circunstâncias que as modelaram sem o brilho das saliências, testemunham o anonimato de seus rostos, ora tentando corrigi-lo, o que as desmerece em humildade, ora permitindo que a modéstia se mantenha incólume, o que lhes aumenta a grandeza da simplicidade; não raro, uma fisionomia posta com assiduidade em uso do genérico, e que haja comparecido à decorrência de algum episódio, registra o indeterminado de sua presença, presença que ela própria supunha indiscutível; retificação que se opera quando, por exemplo, ao ouvir, dos componentes do entrecho, a narração do mesmo fato em que ela também figurou, se surpreende com pormenores que seriam atinentes ao seu vulto, mas que o narrador não consegue identificá-lo, esquecido do nome e do rosto. Esse alguém que talvez se honrara por sua inclusão no acontecimento, objeto ainda de tantos comentários, vê-se excluído da cena pelos intérpretes mais importantes; o valor de sua alma se manifesta se, em vez de alegar ser ele o protagonista olvidado, se encerra em silêncio, consentindo que o papel permaneça vazio de seu nome e ocupado por outrem. Muitos se esforçam por sair do gênero, mas as tentativas se defrontam com a fluidez que se insinua por todas as partes, com a vigilante presença do ser enorme que em um recanto se localiza para devolver a imagem saliente ao plano em que, nessa hora de significação fugaz, se ajustam, longe de nossos olhos, todas as fisionomias que não vemos; nesses vãos empreendimentos, a ubiqüidade do ser genérico espreita a ocasião de infiltrar-se no semblante que agora gesticula na alegria de ser o núcleo das atenções, como se estas não fossem variáveis e freqüentemente negativas em relação ao desejo que possuem as pessoas de fazerem de sua atração o objeto de geral contentamento. Diversos dos espectadores se fatigam rapidamente diante da figura em ressalto, e antes que ela finalize o tema da sedução, muitos olhos dirigidos à sua meta se acham todavia impregnados de um pensamento estranho àquele meio; dessa forma, tais circunstantes atuam ao contrário do ensejo da efígie centralizadora: os olhos cansados a avistam, porém sem lhe homologar a distinção com que se presume, os quais se orientam para ela como fariam a um vulto inanimado, necessitam de um pouso visual qualquer para sobre ele recair o olhar imóvel da absorção; assim, o rosto em gesticulação, em vez de suscitar o interesse exclusivo dos comparecentes, promove-lhes o encontro com a ubiqüidade do ser genérico. Conhecemos a S... que em nenhum instante se resignou a habitar o gênero; na improbabilidade de uma profissão que invariavelmente recolhesse as vistas de todos os presentes, se fez orador para quaisquer conjunturas: mas, como estas não impõem uma continuidade absoluta, ele preenchia

CAPÍTULO 4

os intervalos com interferências tanto mais inoportunas quanto o recinto de suas atividades não podia cabê-lo senão como um vulto passível de esquecimento; o anúncio constante da fisionomia não fora contudo suficientemente exagerado para subtraí-lo ao invólucro do genérico; as razões de ele se tornar, a partir de certa época, um vulto substituível por outro, eram de seu entendimento, e a impossibilidade de removê-las induziu-o à maledicência e à cólera. As ações que visam a influenciar nem sempre obedecem aos fins a que se promoveram, às vezes sucedendo contagiar o objeto de modo inteiramente oposto ao almejado, o que em última instância revela a escassa ortodoxia das irradiações; pretendendo criar para si um conjunto de espectantes de todo submisso, ele contaminou as faces da convivência segundo a sua própria ilustração, de tal maneira que o local se desprovira de platéia, vindo a ser um proscênio armado para a assistência de pessoa nenhuma; para o costumeiro domínio, o gênero utilizou-se de um de seus processos: o de apagar a figura de exceção, compelindo os restantes a adotarem os mesmos aspectos onde não mais era compreendida a saliência; passaram a confundir-se, e, conseqüentemente, a serem permutáveis, os gritantes afirmadores de suas fisionomias. O gênero se externa em gradações que se intercalam da indistinção absoluta ao abrandamento da nitidez com que um vulto se deixa abstrair diante de nós; as vias do alheamento se comparam às de um nome que irremediavelmente se desfez do objeto a ponto de, após a decorrência de muitos anos, ao avistarmos a lousa em que ele permanece gravado ainda, não atinarmos com qualquer alusão aos atributos do perecido ser, e termos apenas, da conjunção das letras, o teor abstrato e vazio de uma sonância. A nossa conduta através do cotidiano oscila entre as extremidades do acontecer genérico, encontramos a cada passo formas representativas do ser imenso e nuançado; sendo-nos possível então determo-nos na escolha daquelas que mais se ajustam à nossa peculiaridade contemplativa, à nossa inclinação pelas coisas que não podem sobreviver pelo reaparecimento do próprio vulto, mas por efeito de uma outorga em outra face; muitas vezes numa que em vida jamais se relacionou com ele, e nem sequer se ladearam no mesmo recinto, fraternizando-se todavia agora no seio do genérico. As visitações a cemitérios antigos, pela variedade de inscrições no tempo, nos importam de maneira particular; umas carcomidas e em coincidência com a maior duração na morte, outras totalmente legíveis e em consonância com a estada recente na diluição, todas elas simbolizadoras do seio continuadamente aberto e onde os rostos se ofuscam à medida que nele penetram mais. Na cidade desconhecida, é profunda a incógnita dos nomes que a piedade, sem autoria para nós, gravou nas sepulturas; mas uma linha de conexão, que é a generalidade mesma, nos sugere dizer ainda que esses nomes recaíram outrora sobre figuras que, por sua vez, observaram outras se desunirem para

sempre de cobertas referenciais, que, por sua vez também, e assim
até o começo de todos os inícios, testemunharam o fluir incessante do gênero. Quanto mais no interior da entidade imensa,
bem longe de nos ser possível evocar os rostos nela inclusos,
mais perto nos avizinhamos da naturalidade genérica, do acontecer
que o nosso olhar modera ao fazer sobressair um ato de aparição: é, nas ruínas de uma inscrição que, entre os muitos aspectos do esvaimento, preferimos achar a presença do ser genérico;
da leitura, as proposições e os termos nos escapam, mas dentre
os vestígios do que antes fora nome, cuja clareza tinha o intuito
vão e comovente de perpetuar-se, traduzimos agora o recanto
em que habita — de tal maneira nivelado a outros corpos, um
dos quais o daquele que em sua memória mandou cinzelar a
campa — a figura que morreu e nos olhos levou consigo os seus
contemporâneos. Os restos do nome que lhe sobram, sobrevivem sem nada esclarecer de sua existência, de seus afazeres, de
suas amizades, de seus afetos, nenhum resquício sobeja de sorte
a nos induzir a indagar de alguém a propósito do ocupante daquele
logradouro, a colher de algum arquivo a informação que fosse preciosa para, em último preito ao rosto individualizado e restituído,
deter momentaneamente a fluição do genérico; mas, todas as
fontes de pesquisa perseveram em absoluto silêncio, em mudez
que se agravará ainda, quer por força do tempo, quer por súbita
e irreligiosa destruição, até a hora em que o genérico — vindo a
completar, desde aquele indício de presença já de muito remoto,
a função envolvedora — o faça integralmente participar de sua
teia, que a ninguém e a nenhuma coisa excetua.

4 — Certa vez, uma aparição retomada nos deixou a sensação de estranheza quanto à sua realidade visível; sensação talvez
ocasionada por misterioso confronto, oculto à nossa consciência,
veloz como a luz, entre esse rosto diante de nós e ele mesmo
vislumbrado em sonho alguns dias antes; no momento em que
nos foi dado conferir as duas edições, sentimos o quanto surgiu
despótica a fisionomia que nos oferecera o sonho, tão absorvente
e exclusiva, que a outra, a do aparecimento em vigília, retrocedeu a plano atenuado, para relevo daquela que, em última instância, era a verdadeiramente ilusória. Assim nos aconteceu
quando, ao passar pelo Jardim..., após termo-lo, dias antes, presenciado oniricamente, nos deparamos com algo imprevisível,
diferente da versão idealizada, sobretudo no tocante ao seu ar de
presença, que a nossa sensibilidade, ainda sob a atuação da anterior
quimera, não se predispunha a encontrar. Essa operação, que
fez com que o sonho nos governasse a vigília, volveu a atuar com
certa perduração, despertando-nos sempre que no trajeto preen-

chíamos os olhos com os canteiros e as flores do Jardim ...,
recuados em tom menor sob a ingerência da passada fantasia,
do rosto que até o instante relutava em se impor às retificações
oriundas da lógica e da praça rotineira. Tratava-se de dois
aspectos de um mesmo recinto, dos quais o da idealidade, ao
aparecer, consigo trazia o enlevamento, e nesse particular transcendia o sítio proporcionado pela visão direta; ao fixar-se em
linhas inquestionáveis, este nos apontava o reconhecimento de
haver sido a sua estampa em nossa memória a causa de poder
traduzir-se vantajosamente em termos de noturna liberdade.
Muito depois, quando da estrutura do sonho nada restar, o
Jardim ... valerá como local que, pela insistência da posição,
pelas marcas da conjuntura mesma de ser aberto, indica que preciosas ocorrências se sucederam, inclusive a oportunidade de
um sonho agora sem restauração possível; facultando-nos ainda
a lembrança de algo em certa época existente, mas sem substância hoje, parecendo amarfanhado invólucro sobre cuja respectiva utilização desistimos de atinar. Considerado quanto ao
prisma da diluição do tempo, o lugar consome os conteúdos
em gradativo ou brusco aluimento, transformando as coisas em
vestígios de sua sobrevivência própria, em sinais que informam
a respeito da entidade que ele fora quando em vida das conexões pretéritas; indo, em cometimentos fatais, congregando aos
resquícios deléveis diferentes seres, como objetos ajustáveis sob
a capa de um conceito genérico, as desigualdades primitivas se
esvaecendo em convergência ao ser maior e suscetível de perpétua duração. O logradouro, tal como existia anteriormente,
em puro estado de aceitação e de acolhimento — à guisa de túmulo
vago, sem a determinação, ainda, de quem vai a receber — se
conserva em sua maneira de ser, sempre transferindo a novas figuras
a ocasião de se submergirem na persistente voragem. A indicação
de faces que desapareceram sobre a terra, é ordinariamente obtida
pelas referências que lhes sobrepomos, pelas alusões cada vez
mais dissolvidas, à falta de perseverança no aspecto que representava, em era remota, o estímulo à estável designação, agora,
em solidariedade última, reduzida ela também a cinzas e em breve
à ausência total. Ao rosto assim oculto, nada diremos porque
não receberá com exclusividade as coisas que lhe dirigimos; nem
tampouco o haveremos de chamar, porque, indistintamente,
os seres submersos no nada são atingidos pelo nome que pertence
a um apenas; em absoluta fraternidade, ninguém se ergue para
nos atender, dado que todas as fisionomias identificadas num
rosto são o que sobra das variações ancestrais. O Jardim ..., que
em real visibilidade não correspondia à versão que dele obtivéramos em sonho, e que em vez de apagar, por adulterada, a perspectiva do devaneio, passou a privilegiar-se da circunstância mesma
de havê-la propiciado, esboçava o natural pendor dos recintos:
qual seja o de facultar, a quem o contempla, o conhecimento
daquilo que, nas épocas passadas, era também a permanente

admoestação: a fragilidde dos ocupantes e o atributo de o local impor regulamentos assim impiedosos em relação às figuras que nele se estabelecem. Uma incerteza que ele nos veicula, um duvidoso ar de sua aparência, um equívoco originário de sua razão de ser, nos desvela a ponta do inevitável e enorme obscurecimento; tal como reconhecemos no Jardim... a propriedade de nos trazer à mente o mesmo Jardim... sonhado e de precária vida, no íntimo nos manifestamos gratos aos nossos olhos que nos permitem alcançar, na paisagem, a inexistência vindoura, e sobretudo nos premunir, diante de cada ambiência, de forma que nossa pessoa se acomode antecipadamente à incurável diluição. Local falível, o Jardim..., como se encontra, aguarda apenas a data de unir-se ao Jardim do sonho, desde que a partir do instante em que faltam os olhos, todos os vultos, todas as atitudes assumidas, se nivelam também, e os logradouros grandes e os acanhados se recolhem ao ponto da irrecorrível ausência; o que fora vestígio, quando da visual dedicação, se alia à perda de tudo quanto foi capaz de iludir e de causar o esquecimento de sua precariedade. A firmeza do local, não excedendo a duração de nossa vida, não é de molde a parecer eterna; e conquanto ele exiba termos convincentes de estabilidade, nele descortinamos, nos acidentes que o recheiam, os indícios da situação oposta, isto é, os sinais de falecimento, da unificação de todos em nossa morte.

5 — Além do contágio, existem, como elementos propiciadores do genérico, as eliminações impostas pela distância, que de ordinário favorecem as posições comuns com que os rostos afastados de nós se situam em indiscriminação; eles geram a impossibilidade de lhes sobrepormos um revestimento de nomes singulares, tão esquivos nos parecem em sua fluidez, suscitando-nos todavia o ensejo de os ambientar numa única designação, vaga e indistinta à feição deles próprios. Perspectiva é esse nome, e dentro de tal cobertura o ser genérico se propaga a caminho do horizonte, até por último confundir-se com ele; os acentos peculiares fenecendo em gradações como se fossem atraídos por algum apelo endereçado de muito longe e cujo chamamento se dirigisse aos aspectos dos puros contornos, que não hesitariam em atendê-lo, compelidos apenas a se desnudarem de dísticos marcantes. O trajeto que a face percorre de nosso olhar ao fim do panorama, está repleto de particularidades desistidas, que dessa forma se adiantam e se extinguem infalivelmente, para que, ao penetrarem no vestíbulo do genérico, possam unir as aparências, a de uma incorporando-se à de outra como a névoa se incorpora à montanha. O barco se movimenta ao horizonte e na viagem ele perde

pouco a pouco a nitidez da figura, impregnando-se das águas que representam as mãos primeiras com que o genérico de longe acolhe os vultos destinados ao seu amplexo, fazendo-o à guisa de preparação a que o hóspede se submete no átrio do desaparecimento; quando do regresso, às águas ele devolve os termos da similitude, progressivamente recompondo-se-lhe a individualidade, esta voltando à nossa vista como se estivesse incólume da estada no incomensurável ser. Aconteceu porém que ao desviarmos os olhos, vislumbramos uma série de embarcações do mesmo tipo da recém-chegada, que era o gênero ainda, exposto desta vez sob modalidade diversa, revestido de uma de suas imediatas nuanças, obediente às leis do recinto e da contigüidade, aos princípios que ele próprio a si estabelece por serem limitadas, com relação aos nossos poderes, as amostras de suas aparições. Como alguém que regulamenta o convívio segundo as conveniências das pessoas a quem recebe, a imensidade do gênero dispõe, para as conjunturas de nossa existência visual, as suas representações que perduram o tempo que lhes permite o nosso belvedre, que, de todos os órgãos de percepção, é o que, apesar das inconstâncias, nos conduz mais profundamente ao seio da perspectiva. Foi por volubilidade que afastamos a vista daquele objeto que procedia da ausência, e o genérico, com o regime de se nos descortinar, mesmo valendo-se de nossas instáveis contemplações, fez-se repetir mais perto de nós, através dos inúmeros barcos que sobre a areia se punham no mesmo nível de consideração, uns permutáveis pelos outros como vultos que expressam uma substância que independe de seus atributos. Quando, perdido de nossa ótica, o baixel gradualmente se integrou na figura do mar, o genérico se apresentou diante de nós graças à eterna conformação da ausência, âmago fatal que a cada hora experimentamos com o belvedere e que por último nos abrangerá de todo; quando, de volta, o barco se manteve nas cercanias de outros barcos, o genérico veio, de modo dessemelhante, a expressar a sua presença que, sendo ubíqua, se aprimorou em se nos ostentar sob o mesmo aspecto fisionômico de que ainda há pouco se cobrira. Ao utilizar-se, para tanto, da mesma figura – o barco – a entidade insinuante e imensa aplicou a si própria um estilo que é natural de seu ser genérico: o de estender-se pelas aparências comuns, através das faces que entre si detêm similitude de contornos; na preferência que dera à reunião dos barcos, ele ressaltou mais ainda o oportuno intrometimento, ao emanar-se de rostos que surgiram do mesmo padrão, todos eles análogos como o terreno mais propício ao sistema das substituições. De maneira tocante se nos oferece o gênero toda vez que no conjunto de seus veículos se torna evidente que a exclusão de uma das partes não altera a natureza figurativa do grupo; como também nenhuma adulteração nele se operou quando o barco recém-vindo, recompondo-se de seus pormenores, tão efêmeros no intervalo de duas aparições do grande ser, se uniu ao painel das embarcações na praia. Ambas as presenças pertenciam à mesma substância, todavia eram tão diversos os dois modos de apresentação, que, não obstante se efetuarem aproximadamente, nenhum ponto, do primeiro entrecho em que ela se externara, se incluiu no outro como participante do teor comum; as águas de nossa consideração anterior, a fusão progressiva entre elas e o vulto que as sulcava, tudo enfim que fora da primeira cena, transferiu ao rosto da segunda a prerrogativa de, por novos meios, revelar a constância do genérico. Para a apreensão do enorme ser no objeto de nosso olhar, nos esquecemos de atender a tudo aquilo que não esteja impregnado do genérico; por isso nos dispensamos de observar na proa de cada uma das embarcações os dizeres designativos de suas identidades, que estes eram estranhos à fisionomia de nosso atual interesse; se porventura eles fossem admitidos à margem das aparências comuns, teríamos então, em outro setor, as minúcias descobertas que soem afastar-nos das envolturas cujos começos se localizam na ausência e se alongam até os nossos olhos. Sob inúmeras feições divisamos o acontecer do genérico, favorecendo-nos nesses contatos a própria condição de termos em discerníveis fragmentos a perspectiva onde liberalmente ele se instala — a exemplo do autor que, indulgente em excesso, confecciona a obra segundo a receptibilidade dos leitores — de maneira a se deixar visível não através do todo, na plenitude da extensão, mas, sem nada perder, na parcela que ora representa uma paisagem ampla, ora uma simples figura, mas repleta de virtualidade.

6 — As variações de meios que o gênero emprega para se nos manifestar, significam, em última instância, vestíbulos abertos ao território da absoluta ausência; esta possui — ao contrário daquelas que podemos configurar à vista de certos rostos, e então estabelecemo-las como invisibilidades qualitativas à base dos semblantes que as propuseram — uma uniformidade sem discrepâncias que é a própria do não-ser; situação diante da qual se inutiliza qualquer esforço que porventura tentemos para reservar, nesse sorvedouro indistinto, um acomodamento igual ao do cotidiano de nosso vulto. É o nível imutável do desaparecimento, da cessação completa de todas as óticas, é a plenitude mesma do genérico ao repousar de suas exibições em nós, quando finalmente esses vestíbulos se fecharem de todo, e os painéis se unificarem à maneira de uma contigüidade sem divisões, já que não nos avizinhamos dela para vê-la com a claridade de nossa lâmpada; o ser genérico sobrevive aos rostos que de algum modo o representaram, ele nada perde no íntimo por virtude de cerração de nossos olhos, porque nesse instante nos recolheremos ao seu domicílio que vem a ser também o nosso, nos incorporaremos ao seu âmago que será o nosso também, fundindo-nos com a

eterna entidade que tantas vezes se nos acercou à feição de prenúncio de nossa participação nela. Enquanto o miradouro incidir nas anunciações do não-ser, de uma consideração diferente revestir-se-á o ângulo com que as havemos de abordar, um ângulo que focaliza apenas o suceder das expansões genéricas; em analogia com as mudanças que sofrem as palavras, incólumes na grafia mas diversas nos vários textos em que surgem, no espetáculo de nossas visões assistimos os corpos se transmutarem, permanecendo todavia eles mesmos, quando a silenciosa e incontida significação do não-ser vem, como a luz mais viva, a assomar nos semblantes presentes. Cada figura que avistamos é algo em si mesma, no entanto permanece em todos os momentos como a face suscetível à cobertura do genérico; inclusive, na ocasião em que a perscrutamos com o olhar, desde que um acidente qualquer pode demovê-la da observação, e o próprio ato de tê-la em nosso belvedere não deve prolongar-se por muito tempo; em verdade, a permanência em nós exige, a fim de que a sua estampa se liberte do gênero, a duração muito breve, porque além do cansaço de que sofre a visão, há as evasões da mente que, embora se originem de algum tema impresso no observado rosto, propendem a direções que o não tocam, este ficando em conseqüência à margem de nosso interesse, em conjuntura que pertence à perspectiva do genérico. Assim como as curtas orações propiciam uma castidade mais pura do pensamento, os rápidos instantâneos sobre a efígie bem aproximada de nós, principalmente se essa recepção é a de um ser inesperado, nos facultam a melhor acolher, sem a sombra dominadora do genérico, o indivíduo que nos atrai somente para ele, consentindo que se ausente de nós ambos aquele ente — o não-ser — que tem em nós um prestante colaborador. O retrato da pessoa querida que hoje e para sempre está longe de nosso olhar, porém da qual nos fica a estampa de muito equiparável ao modelo e tão apaziguadora da estima quanto à sua sobrevivência, o retrato, que se impossibilita de seguidamente se expor diante de nós, fazendo-se por isso mais perto de onde o seu original se situa agora, esconde-se entre as folhas do álbum que sôfrega e inopinadamente abrimos, sem outras injunções que não sejam as da exclusiva saudade. Depois de seu falecimento, adveio-nos a idéia de que as maiores recordações referentes à pessoa amada se prendiam ao seu vulto como representação do genérico, rememoravam unicamente as várias gradações com que o desaparecido o expressara; o incômodo dessa descoberta nos conduzia à natural tristeza, tanto insuportável quanto surdia cada vez mais difusa em nossa lembrança a face causadora, a ponto de nos parecer que um agente obstinado promovia em nós o diluto ofuscamento. Porque eram extensas as memorações que nos remetiam ao vulto, escapavam-nos os pormenores de sua aparência, e o alívio a nos valer consistia na visão súbita do retrato; assim, nos era dado revê-lo por interposta figura como anteriormente nunca o fizéramos, e dessa forma chegamos à evidência de que se haviam perdido as oportunidades, que na convivência conosco ele tantas vezes nos oferecera, de considerar, a exemplo de agora, mas por via direta, as particularidades que se ungiam ao seu nome, as minúcias do rosto, isentas do genérico. Os impulsos de tal natureza visam a alcançar a interrupção daquelas envolvências que levam a nos exonerar da posse de uma figura definida, mas eles se tornam inúteis como são frustrados os intentos de nos desobrigarmos da morte; eles são debalde, mesmo porque a apreensão que nos é concedida — a folha do álbum exposta à nossa visão — possui a durabilidade que não nos contenta, pois existe, ao lado de todo semblante, o ser imenso que, ativando a vigília, surge no momento para avocar a si o endereço de nossa contemplação.

7 — Ao descobrirmos que o sentimento, ocasionado em nós pela extinção de alguém, que em vida muito nos merecera, se compõe fundamentalmente do pesar de não havermos, durante o convívio, olhado a figura desse alguém como hoje olhamos o seu retrato, prevendo, pelo mesmo motivo, futuras insatisfações, nos premunimos de atenciosos cuidados a fim de que o vulto, que almejaríamos eterno em sua nitidez, se edite tal e qual em nossa memória quando ocorrer o seu desaparecimento. Nos instantes de despedida, o nosso olhar se demora significativamente sobre a face que pode volver a ser vista, mas que também pode penetrar no território genérico; e aí, mesmo quando ingressarmos por nossa vez, nenhuma possibilidade teremos de nos encontrarmos ambos e, como se fora na terra, restabelecermos, de nossa parte, o objeto preferido que o cotidiano nos proporcionou tão avaramente. Diante da ameaça que cerca o rosto da estima, excedemo-nos nos métodos de gravar-lhe a figura, sendo que os exageros da sensibilidade nos molestam posteriormente, mas na ocasião todos os redutos de nosso íntimo soem justificá-los; além disso, quando afastado do logradouro das efusões, não vemos o corpo, agora no exílio da ausência, quando em nós começa o esforço mental para reconstituir a face oculta, esforço que lembra o do fotógrafo que na câmara escura tenta em líquido impróprio aviventar as réstias de sua confecção, é com resignado desprazer que concluímos serem incoincidentes o intuito e a capacidade de fazê-lo concreto. As tentativas para conservarmos na mente o que há pouco minutos era o relevo distinto e posto em nosso belvedere, nos fatigam e nos levam à beira da insanidade; depois, abandonamos o intento para nos determos naquilo que corresponde realmente aos nossos recursos normais: a restauração dos contornos genéricos que, à falta de estimulante, como seja, a sua presença num álbum, tenderá pouco a pouco a esgar-

çar-se mais ainda, restando-lhe por último a deserta fixidez do nome. Em virtude de tantas experiências acumuladas, todas elas nos induzindo a não mais tentar os vãos esforços, nos indagamos se tal tendência irresistível, que paira sobre as coisas, não deve merecer de nós a preocupação também profunda e continuada; nenhuma exceção prevalece na corrente que envolve a tudo e a todos, e as pequenas claridades por nós adquiridas e de tão breve alcance, se incluirão mais tarde, quando morrermos, na tumba do intestemunhável e da ausência completa. Como preparação pessoal ao fim genérico, olharíamos os rostos venerados com o ânimo de perdê-los, sem curiosidade por seus tons que a ninguém é possível imitar, por seus gestos que a ninguém é dado reproduzir, por seu ar que a nenhuma outra face recobre; foi assim que intentamos ver a figura de Z...; na modificação a que nos propusemos, havia muito das mudanças de objetiva que se operam sempre que uma irremediável decepção nos determina a considerar o antigo ser como alguém que, se transformando em si mesmo, exige outra lente para a nova conduta. Nenhuma particularidade recente incidia no vulto de Z..., mas pela circunstância de nos determos constantemente à vista de dons, que eram exclusividade de seu repertório, preferimos adotar nele o generalizador processo, cuja aplicação se prenunciava difícil porque as relações de amizade, de todo alheias à nossa resolução, não deviam ressentir-se do menor abalo; daí os melindrosos estratagemas para que ele não lobrigasse, nos meios que seriam idênticos às atitudes de longos anos, as intenções diferentes, senão opostas, exeqüíveis através de nosso costumeiro olhar. Para a obtenção da efígie de Z..., enquanto partícipe do gênero, impunha-se a necessidade de um método que nos conduzisse ao desapego dos sentimentos; de tal modo que a víssemos sem desejá-la, que os encontros se dessem rotineiramente e eivados de seca monotonia, que na ocasião de nos afastarmos nenhuma despedida houvesse, que, por fim, tudo ocorresse sem interferências estranhas à face, em conjunturas onde só prevalecessem os elementos e valores do semblante. Como o processo se destinava a conseguir, em nós mesmo, um estado de indiferença, de atenção neutra pelo objeto, e acontecendo que uma eventualidade dessa ordem resulta da superposição de extremos, em mistura de química emocional, em que uma impressão anulasse, com a sua presença, a respectiva antítese, procuramos, em exercícios da mente, nos dissuadir de quanto Z... nos oferecera de honroso nas ações, de agradável nas atitudes; tais recursos experimentávamos preliminarmente, ao fazermos recair nele, em concomitância com o nosso miradouro, a idéia de que a figura visível se enodoara em sucessos indecorosos, em procedimentos reprováveis e na proporção de sua conduta honesta. As imaginações improvisadas e impostas à face presente, interrompem em nosso espírito a regularidade do afeto, e à maneira da cólera que alguém desencadeia contra a pessoa de sua dedicação, alcançávamos da fisionomia de Z...

o retraimento, em nós, de seu habitual aspecto, a fuga da constante facial que, sem resíduos posteriores de ódio, tinha a perduração de nosso intencional cometimento. Após a introdução do agente neutralizador, ao sentirmos a disponibilidade em que a efígie se punha, sobrevinha-nos uma sensação desestimuladora, o sofrimento aberto em nós, e que se traduzia em termos de súbita piedade, para depois colorir-se com as manchas do remorso, ao mesmo tempo que a antiga amizade, recuperando o posto na fisionomia de Z..., vinha a expulsar o desamor efêmero. Frustrara-se o propósito de repelir o bom afeto com a sua substituição pelos rigores da antipatia, porquanto, se momentaneamente uma entidade cedia à outra o terreno das expansões, enfim não se operava o fenômeno da indiferença a respeito do rosto em foco; objetivo malogrado em virtude do sistema de sucessão, no qual um sentimento anterior recupera, após o ato de desaparecer, a prerrogativa de retomar a sua atuação.

8 — Desiludido das conseqüências desse proceder, no entanto encontramos, em visitações à figura de Z..., nas ocasiões precisas em que os nossos olhos contemplavam o rosto em plena estampa de seu costume, a atmosfera necessária que bem nos podia oferecer a ilustração do corpo fisionomicamente considerado do ângulo genérico: da efígie que, depois de muitos instantes de presença palpável, nos exibia as relações com o desaparecimento, como a figura condenada a morrer em dia certo se apresenta a nós já a meio diluída na cerração de sua última véspera. Olhá-la com o ânimo de perdê-la: tal atitude, que viria a acomodar todo o nosso espírito às fatais condições do acontecer genérico, em adaptação tanto mais oportuna quanto a sensibilidade se não resigna ao diluimento pela morte, atingia, em nossa maneira ordinária de ver, sem efusão ou surpresa de qualquer espécie, no corpo amigo, as mesmas aparências das horas passadas; reunidas às de agora, compunham uma constante de contornos genéricos, nítidos sem dúvida: aquela que, imutavelmente, se insinuava em nossa lembrança, que era a de Z... sem a particularidade de um momento, a de Z... nivelado em si mesmo, tal como o conhecemos, despido de qualquer participação incomum, o semblante que em sua existência, em nós, permanecia em generalidade, invariavelmente reconhecível no curso da duração. Esse vulto passou a suscitar em nós o entendimento de sua diluição desde o minuto em que, estando em ausência, sentimos que no último encontro, apesar de longas horas de aproximação, não havíamos gravado inteiramente a figura, que alguma coisa a ela pertencente nos restava inobtenível à recordação, insistindo em escapar aos esforços às vezes extenuantes de nossa mente. Recorríamos de novo à casa de Z..., sentávamo-nos bem defronte

de seu rosto, permitindo à lente um duradouro apanhado; mas, logo depois da despedida, quando os nossos olhos se retiravam dele, a omissão que tentáramos suprir, desaparecera apenas durante aqueles minutos de saturação, revindo sem demora a retomar nossa tortura. Acontecendo que pela idade e pelas condições de saúde, bem pouco tínhamos que esperar de sua vida, à idéia de lhe perdermos o vulto, acrescentava-se a de perdê-lo para todo o sempre, quando nos seria vedado recorrer a ele, como recorremos às notas escritas toda vez que as digressões do pensamento se inclinam à abstração desordenada, e assim alcançamos detê-la, graças à mera consulta à fixidez de um esquema; realmente, as tentativas de recomposição da figura, à falta de estimulantes como a própria fisionomia ou a sua repetição em retrato, nos conduzem a fragmentações, a dissolvências que, afetando a unidade do vulto, mais se parecem a caprichos de nossa intelecção. Em última instância, os esvaimentos da efígie em nós são atuações naturais do gênero, que em si mesmo é uma abstração que se nutre também das positivações fervorosas com que os semblantes afirmam e reafirmam a sua presença, na vã credulidade de se fazerem imorredouros. Adstrito a uma só perpetuidade, aquela que se traduz na participação no gênero, a imagem de Z..., no-la oferece sob a forma de retrair-se às nossas buscas, de em breve tempo, quando a morte a extinguir, substabelecer numa das folhas de nosso álbum o ponto de referência a que vamos apelar, se nos acudir a vontade de revê-la fora do gênero. O retrato sobrevive ao modelo, porém esse privilégio de ser envolver-se-á um dia também no bojo do genérico, assim quando, por motivo de nossa própria morte, imergirão com ela todos os vultos de nosso conhecimento, inclusive a estampa zelosamente guardada; os quais atingirão o índice mais puro do gênero, aquele que se eterniza sob a condição de o nosso olhar obscurecer-se para sempre, a noite recaindo em todos os semblantes que eram observáveis por nós enquanto luz criadora de suas presenças. O genérico se alimenta dos olhos que se abrem e da mesma forma se abastece dos olhos que se fecham, em todos os casos avocando o ser da existência, o comparecer e o participar de nossas visualizações; mas, com o ocorrer de nossa morte, a integração do gênero irá completar-se, e as circunstâncias e os sucessos anteriores, tudo enfim que preencheu os quadros de nossa ótica, tem a feição de continuado preparativo, de antecipações, entremostradas a nós mesmo, daquilo em que fatalmente nos vamos transformar: a restituição, ao genérico, de uma luz que proviera dele, e que durante o exercício de sua claridade e sem que o houvéssemos pressentido, muito se apagou como se estivera à mercê de uma sombra que a condicionasse. Se, ao desaparecermos, as faces se extinguirão conosco, reciprocamente o nosso vulto falece quando um olhar, que nos acompanhou, se obscurece por sua vez, levando consigo, para nos devolver jamais, a nossa figura que em vida parecera incólume de tão profunda solidariedade.

Capítulo 5

1 – *O painel do enterro de Z... 2 – A adesão ao gênero.
3 – O ator recém-saído da cena – O exercício da outorga.*

1 – O falecimento de Z... se verificou alguns meses após, com geral consternação das pessoas de sua intimidade, que se reuniram no cemitério com as efígies lacrimosas; todos os presentes imbuídos de tristeza que era parcial, porque não abrangia a própria conjuntura de serem, daquele momento em diante, desprovidos de seus conspectos no olhar do recém-morto. Na morte de alguém, chora-se o vulto perecido, quando os sobreviventes são merecedores das mesmas lágrimas, como fisionomias que perderam o longo repertório acumulado na lembrança de quem agora nenhuma visão possui para alimentá-lo, supri-lo de novos painéis; nos quais eles, os remanescentes, pudessem favorecer-se, inclusive de impressão melhor que as havidas até aquele instante. Nas assembléias do campo-santo, os rostos comparecentes são figuras mortas para quem se extinguiu de todo; uma omissão existe de ordem facial, que é a de uns olhos que os observaram por muitos anos, que recolheram de cada um o teor da respectiva imagem que, sendo condicionada figurativamente à ótica de uma testemunha, ofuscando-se esta, sucumbe na mesma hora o cabedal de modos, de feições, de gestos que o portador preservava tanto; finamo-nos em cada ser que na morte fenece, e se há formas eucarísticas de presença, nas quais a figura invocada existe de maneira completa no pequeno vulto de uma hóstia, há também formas eucarísticas da ausência, nas quais a nossa figura se absorve de todo na hóstia de um consumido olhar. Os rostos que no funeral estiveram, haviam morrido em Z..., e no centro daquela aglomeração de mortos configuramos o nosso comparecimento à guisa de investidura antecipada, e ali, perante as alamedas de túmulos, todos os semblantes se desobrigaram, em nós, das injunções que

as faziam viver; em conseqüência, se permitiram participar, de modo fisionômico, no painel da morte comum, todos solidários no tema do não mais ser visto. Entre os figurantes do episódio, distinguíamos velhas personagens que expunham, nas vestes pretas e remotas, os sudários de sua significação, seres fúnebres da família de Z..., que nunca se visitavam, e que entretanto mantinham o culto da consangüinidade sob um aspecto vindo de muitas gerações, e que constituía, na cidade do R..., o costume de várias casas: o de se reverem unicamente por ocasião de enterros de pessoas da família. A gravidade lutuosa trazia-lhes a unção que era prevalecente em virtude da perda do morto, e ainda, em nós, por motivo de se compenetrarem de que se havia desfeito, com os olhos recém-extintos, um dos testemunhos que incidiram em seus vultos durante cenas de igual natureza; e assim, quando da vez de Z..., vieram, como sempre, tarjados de si mesmos, a assistirem mais um ato de sua desvisualização. Aos nossos olhos, nenhum dos semblantes componentes do antigo lar, se sobressaía do conjunto posto reservadamente à margem da campa, à feição de entidade indissolúvel, absorvendo as expressões fisionômicas de cada ser isolado, que para tanto se desfazia de si mesmo, auxiliando a compor, com o sacrifício das minudências, o entrecho da adesão silenciosa. Ver o grupo era olhar *de per si* cada um dos elementos, no entanto o nosso miradouro se detinha sobre o circunspecto agregado, em véspera de outra morte porque os circunstantes eram todos de longa idade; ali, na figura nojosa do retraído coro, multiplamente condenado ao desaparecer — sendo que a derradeira eliminação já se dera na pessoa de Z..., e a seguinte estava prestes a consumar-se — víamos, no próximo enterro de parente, a figura de Z... sucumbir-se de novo, e desta vez mais penetrantemente ainda, no seio do genérico. Em breve ninguém existirá para depor acerca dos acontecimentos que envolveram o estranho aglomerado, nas diversas ocasiões em que os seus membros, convocados pela morte de um deles, vieram a participar da cerimônia oferecida; nos preitos futuros e consagrados a motivo equivalente, será cada vez menor o número dos circunstantes, até o momento em que se contemplará ao pé da sepultura, aberta para receber a última face, aquele que, mais que os outros — por ter-lhes sobrevivido — em grau maior e virtualmente morrera antes. No grande painel do enterramento, coordenadas fisionômicas teciam a presença do genérico, linhas de uma unicidade exposta de várias maneiras, salientando-se todavia aquela que se configurava na direção de todos os olhos para o núcleo do triste retábulo; na ordem facial, as similitudes de aspecto proporcionam o advento do gênero e com impregnação, de tal modo completa, que podemos seccionar indistintamente o quadro de sua exibição, cada parcela conservando em si o sentido da cena geral; e induzindo-nos a entreter cogitações que se ajustam ao integral panorama, tudo em regime de consideração que corresponde a um processo mesmo do gênero. A sua ubiqüidade se exerce onde nenhum acidente perturba a unidade participante, coexistindo com o tema que se desenvolve em feição visível que tanto é peculiar, na hora, ao assunto em agenda como ao conspecto — nas mesmas faces e nas mesmas gesticulações — do ser abrangedor, do gênero, que se insinua ao mais leve pretexto que o venha a sugerir.

2 — À semelhança de círculos concêntricos, o ser genérico recobre o texto que se traduz nas fisionomias postas no cotidiano; as quais nunca se apercebem que além do entrecho imediato que as preocupa ou não, seja um argumento de sua voluntariedade, seja um episódio que desempenham sem o saber, paira, expondo-se nas aparências dessas mesmas figuras, a presença da entidade genérica. No desempenho fisionômico, as peças se executam em dois sentidos concomitantes para um só observador, que de seu lugar na platéia pode estabelecer variações de assunto: ora, seguindo as cenas de um continuado enredo, e à certa altura abandonando-o para ver, estampada na correlação dos intérpretes, a presença do ser maior; ora, descobrindo desde o início a obstinação generalizadora, até o instante em que o motivo de menos amplitude, fazendo o espectador descer às suas peripécias, lhe move o olhar para os atraentes desígnios. Na concorrência do duplo significado, o ser genérico, pela própria ubiqüidade de seu sistema, possui a possibilidade infinita de restauração; enquanto o painel de assunto fornecido pelo acaso, em virtude de ser um precioso acontecimento que a mesma fortuna tem dificuldade de recompor, quase que só é reconstituível por efeito de nossa memória. Dado que nos certificamos dessa raridade, quanto a uma história curta e visível, para que ela se efetui, em amplos desembaraços, munimo-nos de estratagemas e precauções; e quantas vezes em plena leitura de alguma teia figurativa, sem que um apelo surgido de longe nos venha a despertar, demovemo-nos de seu interesse para nos infiltrarmos na contemplação do envolvedor motivo, presente, como o primeiro, nas figuras expostas ao nosso olhar. Não pouco, fixamos a vista na face de alguém que se considerando atentamente observado, cuida favorecer-nos com os melhores gestos de seu repertório, todavia o nosso belvedere vê no rosto desse alguém, expressadas pelos mesmos gestos, as feições do gênero sem relação alguma com os propósitos do portador, que, via de regra, no íntimo reclama de nosso abstraimento, sem entretanto suspeitar que assim o erguemos a uma significação de mais largo teor. Quase sempre quando nos encontrávamos, A... estendia as mãos e depois deixava-as cair, em atitude que para ele era a do contentamento inesperado, acrescido da lamentação de não nos ter com maior freqüência; no

entanto para nós, o seu corpo traduzia o abandono resignado com que a figura se amolda a uma tendência de que é impossível escapar, ao invólucro que se positiva inevitavelmente; o costumeiro gesto de A..., de tal sorte se fundia no gênero que as suas palavras de estranheza não eram suficientes para nos levar à retificação de nosso juízo que, ao ver-se, dessa forma, exonerado da vigência, por atração abrupta de suas queixas, apenas se transferia para a significação que A... adotara, aceitando-a depois do ato de havermo-la inadmitido. Privamo-nos às vezes das efusões do afeto para, em seu lugar, às expensas das mesmas atitudes preenchermos os nossos olhos com participações no gênero; elas se cumprem à revelia dos atores, como uma das revelações mais agudas da disponibilidade dos gestos que avocamos, ciosos de que eles expõem um sentido peculiar, que todavia se ajusta à versão que lhes extraímos, literal também, mas de natureza mais profunda. No episódio do cemitério, as atitudes dos circunstantes vinham a coincidir com a ubiqüidade do gênero, não que todos procedessem no mesmo plano representativo, mas em modalidades sob graus diversos; as quais se dispunham em convergência ao grupo dos seres mais enlutados que os outros, como em painel histórico todos os figurantes se localizam em função do nódulo central da tela, da personagem que assim reproduz o privilégio com que, no ato meritório, dirigia com as atitudes o coro dos fâmulos. De nosso ponto de mira que, discretamente e antes do final da cerimônia, escolhemos para melhor apanhar a perspectiva do genérico, pudemos com vagoroso olhar percorrer todas as disposições do episódio, do quadro que, pela compreensiva nitidez, se dispensava de denominação, tendo de logo a certeza de que nenhum elemento escapava à atração daqueles rostos, ilustrativos da morte em comum. Relações imponderáveis surgiam, aglutinando em torno deles as figuras disseminadas, ao mesmo tempo que uma harmonia, oriunda das equivalências de significação, de natureza claramente plástica, facilitava em nós a recepção do genérico: tal no retábulo de santos caprichosa ou toscamente distribuídos, a respeitável veneração impede-nos de considerar as deficiências ou os exageros da factura; essas relações se nutriam de contornos generalizantes, cada efígie escondendo de nós as minúcias da individualidade e vindo a ser manchas esbatidas, em conexão de formas com aquele núcleo que se desfazia a cada enterro e que estava, por tantos motivos, mais aproximado do semblante de Z... Em termos fisionômicos, era o gênero que se exibia através dos meios que a nossa visibilidade acusa, em episódio contíguo às zonas da ausência; por isso mesmo composto sob o influxo, sob o contágio, menos das coisas que ali estão como sendo fixidez da presença, que da nominalidade da morte impregnada em cada uma. Apreender a paisagem com o ânimo de perdê-la é um objetivo que alcançamos incomumente, a não ser em ocasiões como a do funeral de Z..., quando a tristeza suscita em nossos olhos acomodações especiais para o acolhimento do genérico; este se tem revelado até agora o único habilitado a nos oferecer efígies que, não obstante serem de nosso conhecimento, aparecem, em nós, isentadas de seus nomes, incutindo-nos apenas feições sem caracteres, volumes permutáveis por outros volumes, tal como sucede na vigência do enorme ser. A maioria dos rostos presentes às exéquias de Z... era de nosso convívio, e, a despeito dos inúmeros pontos de relacionamento, olhávamos como se todos nos fossem desconhecidos, os liames do momento atual se prendendo aos vultos que, libertos dos cabedais da pessoa, se reduziam tão-só à condição de seres da paisagem funérea, de imagens vindas para compor, adstritas a uma qualidade anônima igual à que conduz o artista a estampar na tela, em vez dos entes de sua contigüidade real, as figuras, sem assinalações peculiares, que o capricho lhe delineia na hora exata da confecção. Nenhum pretexto existe para que ele exponha um vulto de mulher em lugar de um rosto de homem, sendo absoluta, na hora, a liberdade de escolher, conquanto que no local preciso um preenchimento seja efetuado, a fim de que a significação já aparecida em alguma parte do entrecho, possa expandir-se sem outra especificidade de preferência que aquela que recai em conteúdo de ordem genérica. Na aplicação do gênero, os indivíduos disputam em equilíbrio de condições a prerrogativa de figurar na cena em elaboração: dessarte, ocorre, nas conjunturas do cotidiano, onde a cada passo, sem que o saibamos, compareçemos para participar de arranjos figurativos aos olhos de alguém; como na maioria dos casos, tais cenas se formam no belvedere de quem não priva de nossas relações, nada existindo em nós que possa gritantemente interromper o assunto em pauta, sendo, portanto, completa a disponibilidade em que incorremos; o nosso vulto insere-se na tela como faria outra face qualquer, e a faculdade de substituição, inerente ao próprio aparecer, converte a nossa presença em ato de participação no genérico. No quadro do enterramento, a ubiqüidade do ser enorme extinguiu de nossa contemplação todas as minúcias que, somadas em cada um, figuravam as individualidades de tantos protagonistas, os nomes de que todos eram zelosos; permitindo-lhes apenas a consideração dos contornos gerais, que tanto eram deles como de outros que em seus lugares porventura estivessem. Os braços caíam ao longo do corpo e as cabeças se baixavam em direção ao túmulo de Z..., as imagens presentes representando atitudes facilmente previsíveis, que são as comuns nas ocasiões de enterro; e que significam, do ângulo do observador, à nossa maneira, um momentâneo ressalto do genérico entre condutas anteriores e posteriores a esse agrupamento à base da tristeza; as quais atitudes assumem, em cada um dos participantes, na qualidade de alguém que afirma e reafirma a personalidade, o principal motivo, senão único, a dominar em suas preocupações; à falta de consciência do genérico onde se incluem, os seres do tumulário ignoram o papel que fisionomicamente desempenham, aliás de modo perfeito, por força do sentido dominante da peça: o falecimento irrevogável de Z... enquanto vulto de peculiaridades; tanto assim que os olhos, deixando a perspectiva e indo aproximar-se de cada rosto, encontrariam, nos singulares gestos que despontassem, a aparência ainda consentânea com o título envolvedor: o enterro. Sob a contaminação do gênero, as particularidades se acomodam a ele, impregnam-se de sua significação; valendo, para o episódio da mágoa, tanto o nervoso amarrotar dos lenços como a árida mudez do rosto que, durante a solenidade, evitou oferecer ao núcleo dos parentes do extinto as expressões de pesar, sob o pretexto de que, sendo desconhecido dos membros da família, o ato de se dirigir a eles pudesse parecer aos circunstantes um comportamento de intimidade — o qual se elevaria, com isso, à tréfega consideração dos que viam no morto apenas o homem rico e ilustre — preferindo, para bem da humildade, manter-se incógnito e obscuro perante os que ali se achavam; seguindo desse modo uma linha de esvaecimento que se iniciara com a morte de Z..., apagando-se também com a omissão dessa luz exclusiva, sentindo-se melhor em permanecer na unidade da presença anônima. No noticiário do acontecimento que os vultos, então dispersados da cena genérica, lerão no dia seguinte, com a alegria de verem os seus nomes vinculados a Z..., que estende ainda a proveitosa benemerência, aquele ser, descuidoso de sua individualização, não se evidenciara, ninguém em parte alguma há-de estabelecer entre ele e o grande falecido uma relação qualquer de contato; assim sendo, enquanto os demais tiveram, em nós, a devolução das singularidades, o semblante insento das apreciações revive ainda, em nós, compenetrado de seu cunho genérico, à maneira do ator que, longe do proscênio, conserva entretanto, com a mesma fidelidade, o papel que aos olhos de outrem não tem mais razão de existir; com o nome oculto da lista dos comparecentes ao enterro, ele reserva, a nós unicamente, o espetáculo do protagonista que, em virtude mesmo da legitimidade entre o seu rosto e o motivo do desempenho, excede as fronteiras do tablado, surgindo-nos na manhã do dia subseqüente, substabelecido em alguma habitual configuração, para nos externar que, distante do cemitério, ele pertence ainda ao entrecho que o gênero nos havia propiciado. Todas as coisas sucedidas no ato do enterramento eram fenômenos naturais à exposição genérica, havendo umas que, se por acaso fôssemos compor, artificialmente, um episódio da mesma natureza, teríamos que abandonar como acidentes inoportunos; todavia, postas na cena real, se conduzem à guisa de coadjuvantes alentadores da ubiqüidade do gênero, à maneira das nuvens que estendem as montanhas mais alem de si mesmas; são contingências de outra ordem, mas que a elasticidade do assunto avoca numa técnica de incorporação mais sutil que a de nossos processos de fatura. Ao meio da cerimônia, alguém que desfrutara do convívio de Z... e que aproveitara a ocasião para fazer sobressair a velha familiaridade com o insigne morto, como tantas vezes já fizera com muitos de menos relevância social, promoveu um lance que não se libertou do improviso, e do qual fomos involuntariamente testemunha; mas que soubemos valorizar, não como manifestação de vaidade ferida, porém como um acontecer que, surgindo em termos fisionômicos, se legitimava perante o assunto em foco, envolvendo-se, de forma espontânea, na ordem figurativa; as nossas observações variam acerca do mesmo objeto, tomando este, em sucessivas considerações, tantos aspectos quantas sejam as modalidades da mira; de onde a existência, em relação ao enterro de Z..., e particularmente no tocante ao malogro do afetado amigo, de conjunturas apanhadas de ângulos diversos, dos quais um nos permitiu sondar as reações das mentes, enquanto outro nos veio a proporcionar o simples enlaçamento fisionômico que se mantinha mercê de uma lógica facial: a tendência de todos os vultos positivarem a significação do episódio do cemitério; se, por um lado, perscrutamos o constrangimento de A. T... ao ver cumprir-se o projeto de atrair a atenção para os dizeres da coroa que trouxera aquele alguém, por outro assentimos em veiculá-lo à ordem fisionômica do enterro, exatamente na composição que nos interessava: a do genérico em plena desenvoltura de suas dispersões, surgindo para configurar-se nas pedras da alameda, nas árvores em alinhamento, no chão uniforme e nos rostos orientados para o mesmo ponto; e ainda no gesto contrafeito e mal reprimido, quando o inseguro lenço fez cairem quase todas as flores aos nossos pés, como se alguém, responsável pela confecção do entrecho, ali estivesse para deter uma expansão menos adequada, não repreendendo à vista de todos o destoante intérprete; mas tornando compatível com o assunto o evento inesperado e, se cabível, aproveitando todas as possibilidades que ele pudesse ter na conformação do sentido. A campa é uma entidade que exclui da aparência os objetos que não foram feitos para a sua índole, a idéia da veneração pelos mortos eliminando a presença de outros coparticipantes além dos próprios e tradicionais complementos que o amor e a piedade se esmeram em proteger, como se o rosto perecido se acalentasse ante os gestos de ternura, ante as delicadezas do olhar que o recebe como nunca o recebera no prazo da vida; diante do vestíbulo do gênero — o túmulo a que Z... se acolhera — a sôfrega personagem não se imbuíra mentalmente do que prevalece na imensa habitação, mas sim de termos notado a circunstância do insucesso, a se lhe transformar em afecção de natureza duradoura o que no plano figurativo estava em conformidade com o acontecer do enterramento; em virtude também de não haver transpirado o cometimento, em cujo auxílio utilizamos subterfúgios salvadores, o episódio sobreviveu na unidade de seu aspecto, e o extemporâneo ato, por efeito das sós fisionômicas, se converteu em mais uma expressão da ubiqüidade genérica; depois de efetuada a cerimônia, e de repetidas as condolências que no caso se revestiram de reciprocidades, desde que todos, com a exceção de um apenas, eram vitimados no mesmo nível, quando realmente a tristeza se insulara, em índice não profundo, no reduzido nódulo da família e em uma e outra face, retardamos o regresso; e sozinho, no começo da noite, em vão tentamos rever, no solo, entre flores caídas e restos inidentificáveis, o lenço que o falso propósito havia enrugado, mas ele também se encontrava invisível.

3 — Quando se extingue a cena que nos alimentou o interesse, e as figuras que a compuseram foram dispersadas além do recinto da exibição, a nossa curiosidade não se dissipa com ela; como se os olhos se condicionassem ao proceder de suas visões, o miradouro busca nos resquícios do episódio uma maneira de alcançar o painel ocorrido. Acontecendo, em geral, serem inúteis as tentativas de completa reconstituição, o olhar se ocupa em ver nos ex-participantes o jogo de atitudes que ora se parece com o passado desempenho, ora se inadapta a este, à guisa de apenas fragmentária ressurreição daquilo que no momento nos importa: o regresso das personagens ao invólucro do nome. Diante de nós, que assistimos a representação, por mais que o novo ambiente e os motivos da palestra afastem o ator, em nós, da idéia de haver sido outro alguém, de se ter incorporado à diversa designação, o retábulo anterior de algum modo recupera a antiga presença, à medida que vislumbramos na mesma face a disputa de um quadro desaparecido e de outro que possivelmente não encerrará, para nós, a ressonância do primeiro, mas que insiste em impor a prerrogativa de ser em nossa observação. A perseverança da cena que nos estimulou a prosseguir em seu encalço — e que tudo mostra ser o intento mal retribuído em virtude da irrepetibilidade das composições, tais como desejaríamos que volvessem, à semelhança de uma presença perpétua que, a simples reclamo nosso, nos restituísse a sua integridade — suscita no intérprete remanescente, que está diante de nós, e a quem buscamos para alívio de perda a que de logo não nos podemos resignar, a aparência que a rigor não é exclusiva de sua personalidade nem da peça que tão fortemente se amoldou a nosso espírito. Por viver em ambas e não ser radicalmente de nenhuma, o vulto procurado revela-se um surgimento que não pousou ainda em seu verdadeiro nome, algo equivalente a saltimbancos que passeiam nas ruas as próprias fisionomias sem comunicabilidade humana, sob o desajustamento de duas situações que se repelem; o qual se afigura tão chocante e constrangedor como aquele que porventura resultasse em pleno exercício da profissão, ao abandonar inopinadamente o trapézio e vir a sentar-se em companhia dos espectadores. Quando o entrecho, que aspiramos recompor, tem a significação nuclear do genérico, o sentimento de estranheza

que nos toca, ao encontrarmos longe dele algum dos participantes, se agrava perante o nosso convencimento de que esse vulto, ao recuperar o nome, se impossibilita, não obstante a versatilidade, de nos bem fornecer o episódio em que o seu rosto se permitiu impregnar do enorme ser, rosto cuja disponibilidade era feita das mais puras transparências. Como tal imagem inclui ainda, para nós, a remanescência da anterior participação, a sua atual conduta à beira do próprio nome, tentando penetrá-lo como no refúgio de um abrigo, nos incomoda por contrastar com o objeto de nossa preocupação, qual seja o de conservá-lo em termos do genérico, em ponto que é o diametralmente oposto à sua personalidade, numa ordem em que esta se dilui como condição precípua a fim de que o gênero impere em ubiqüidade. Pode acontecer que a personagem recém-vinda de episódio onde oferecera os mais espontâneos gestos, em desempenho que lhe repercutiu na alma como se a participação fora das que parecem fadadas à natureza mais profunda do ator, ao exibir-se em outro ambiente, sem nenhuma relação com o primeiro, manifeste uma tal impressão de constrangimento que é a do pudor de corromper, com as novas contigüidades, a sua figura que representa ainda o repositório da cena venerável. Os dois recintos se excluem, e o comparsa ungido de virtuoso papel se desacomoda no local onde é difícil desenvolver-se um painel semelhante, preferindo escapar à insólita presença; e longe das contaminações fazer-se condigno do retábulo que assim se prolonga no vulto de um de seus elementos, como que sobrevivido por outorga extremamente vulnerável às conjunturas adversas. D... experimentara, com excessivo rigor, a mudança de determinada cena, onde o genérico se expandira nas costumeiras infiltrações, para outra que estava isenta de qualquer enredo, mas cujos figurantes expressavam uma atmosfera que se não conciliava com o espírito de esvaecimento em que ele se envolvera; a qual era tecida de sedutoras individualizações, em conseqüência inadequada a externar, com o mesmo êxito, o sentido que no quadro anterior se encarnara com a presteza da luz. D... retornava do ponto onde conduzira a irmã que era a razão de ser de sua vida, cujo nome ele pronunciava com extrema ternura, a ponto de eximi-lo de locais que não fossem condizentes com a pureza fraterna, motivo por que as circunstâncias da conduta se achavam presas à possibilidade de a qualquer momento lhe surgir a memória da figura amada; ele queria mostrar-se, em todas as horas, digno de acolher aquele rosto, certo de não se deixar expor a uma impropriedade de atitude, a fim de que a pessoa da irmã a salvo estivesse, nele, de algum procedimento imerecedor. Adoração enferma que ele nutria sem ocultar, prestando-se assim a atender facialmente a estudos, que se resumiam na obtenção de seu rosto enquanto ser provido de gestos orientados por sembalnte que não era o dele mas de alguém que nunca víramos uma vez sequer. A principal finalidade das experiências a propósito da face de D..., consistia em confeccionarmos na mente a efígie de mulher que, nascida dos elementos apanhados nele, pudesse, quando o julgássemos oportuno, ser confrontada com a fisionomia real da irmã; o intento era tanto mais delicado e custoso quanto os elementos propiciados por D... diferiam dos resultantes de um estojo que nos dá a precisa forma do objeto; sendo símiles aos de um molde fabricado, como que, por variáveis e contínuas omissões, pois, em D... as preocupações quase exclusivas eram no intuito de evitar enlaces inadmissíveis à idéia da irmã, de sonegar a si próprio o que lhe parecia desfavorável ao angélico pensamento; é ocioso dizer que após a reunião de inúmeros, jamais conseguimos, em nós, a configuração do rosto que nos suscitasse a ir à residência de D... para medir o acerto de nossa obra, cuja desistência não devemos agora lamentar, que no convés do navio o divisamos: um ser absolutamente diverso de quantos havíamos suposto; de volta do embarque, tínhamos em nós ambos o vapor que, de muito longe, ao espargir o fumo, antecipava aos nossos olhos a confusão entre o seu vulto e a superfície das águas, assim como, vistos da embarcação, os nossos rostos estavam também ocultos ao olhar da navegante que de certo contemplava o casario, não como tal, mas porque nele se achava diluída a presença de D...; evolavam-se os nossos pensamentos, movidos pela reciprocidade do genérico; todas as considerações, em que nos situávamos, procediam de ali termos, ao lado, alguém que naquele instante se unira ao desaparecimento da cidade; e que, por privilégio que nem todos possuem em posição idêntica, ainda encontrava um corpo maior onde retardar a sua perda, e uns olhos de afeto para lhe acompanhar a gradação da ausência; pela avenida ao longo do cais, seguíamos os dois, ainda repletos da cena da largada; enquanto, em nós, a figura de D... assumia uma importância facial que nunca obtivera antes, porque em nossa convivência era inédita a feição com que o gênero o envolvia diante de nós que, de certa maneira, nos associávamos também à sua emanação; mas sem a prerrogativa de, como D..., gozar de uma contemplação que àquela hora se estendia do alto mar, aplicando-se nele através do vulto longínquo da cidade; participação do genérico feita em louvor de D..., e da qual nos prevalecíamos a modo de comparsa cujo desempenho na multidão não vai além de uma expressão numérica; a nossa imagem servindo remotamente para compor, em grau menor que o teto de um edifício, o receptáculo em via de desaparecer e que valeria aos olhos da viajante em virtude de nele transitar o rosto de há muito invisível de D...; além da recordação afetuosa, ele conduzia da irmã o objeto que no último instante esta lhe pedira que levasse para a residência: o pequeno volume cujo valor se prendia à circunstância de haver estado nas mãos em despedida, o qual se habilitava, dessa forma, a vir a ser a representação outorgada pela efígie ausente, que por isso alcançou de D... as solicitudes que ele destinaria à precedente portadora, se acaso agora estivesse sob a posse de seu olhar; por nossa insistência, ele acedeu a sentar-se no banco do jardim, onde em poucos minutos, com a aproximação de vários conhecidos, se estabeleceu ruidoso agrupamento, com a predominância facial dos recém-vindos; todos eles oriundos de uma rapaziada que ainda não se desfizera, tanto mais insistente em permanecer quanto as vozes rememoradoras pronunciavam os decorridos eventos, não obstante os vultos por si mesmos indicarem a natureza do recente episódio; de nosso silêncio, assistíamos a interpenetração de dois painéis, formações intranqüilas que dificultavam o nascimento de terceiro episódio que fosse liberto de tumulto, sem nenhuma relação com o conflito de rostos que a D... conferia uma infelicidade pior que a de haver perdido a presença da irmã; e a nós o dissabor de testemunhar, no entardecer do genérico, a intromissão abrupta de cena cuja qualidade, sobre ser inferior, era daquelas que não estimulam a participação no gênero; por se tratar de entrecho fomentador de individualizações, e os componentes surgirem em número maior, com exuberância de gestos em contrário à concentração tímida de nossas atitudes, o semblante de D... esboçava inquietações equivalentes às que vitimam a pessoa que, tendo grave motivo a comunicar, se vê inopinadamente proibida de fazê-lo; se bem que, em sua situação particular, desejasse ele apenas comprimir ao peito, longe de olhares desrespeitosos, o pequeno embrulho que a irmã lhe dera; pressentindo que iam a demorar-se os boêmios, estendemos a eles o obséquio das atenções, o que em troca nos propiciaria a possibilidade de colhermos de suas figuras um argumento novo que em nós os isentasse das respectivas procedências, em prejuízo embora do relevo fisionômico de D... que ficaria à margem do núcleo da cena, envolvido portanto em grau do genérico, que se dilata e se retrai conforme o pouso de nossa retina; no episódio que porventura se compusesse, a participação de D... não seria de molde a nos chocar em virtude de seu papel anterior, antes seria o mesmo desempenho em gradação diminuta, a exemplo das peças em que a personagem do início, parecendo erguer até o final a obsessão do relevo, o cede a outrem, continuando todavia, por todo o desenrolar, como um figurante de segunda ordem, mas sem perder o dístico de seu nome; contudo, como alguém que se rebela a compactuar em entrecho descondizente com o assunto de sua inclinação, a fisionomia de D..., à similitude de ator enlouquecido em pleno tablado, tomou, de profanadas mãos — que haviam inadvertidamente, e sem desprimoroso intuito, perturbado a vigência de uma outorga — o objeto da adoração, e se retirou sem nos oferecer desculpas.

Capítulo 6

1 – *A formalidade em si mesma.* 2 – *A perseverança litúrgica.* 3 – *As limitações do olhar.* 4 – *A plenitude do gênero – O episódio dos monges.* 5 – *A morte genérica.* 6 – *A autopreservação.*

1 – Na ordem fisionômica, o exercício do contágio faculta ao rosto contagiante a possibilidade de transferir à outra figura a sobrevivência do episódio de que ele participou; e o semblante contagiado, sem sequer haver conhecido a existência do painel em outorga, passa, em virtude de substabelecimento, a constituir a facial representação. Quando o entrecho comunicável encerra a aparição do gênero, mais acessível ele se torna à propagação pela face que, descuidosa de outros misteres além dos que a mente lhe proporciona, comunga o motivo que se originou e se desenvolve fora de sua interferência; do qual ela se impregna com tanta desenvoltura que às vezes suspeitamos de sua inocência, a modo do mensageiro que, ao nos entregar a carta anunciadora de triste conjuntura, nos dá a impressão, em vista de pesaroso aspecto, de no caminho ter violado a correspondência; na ordem figurativa se verificou a indiscrição do carteiro, a notícia desagradável teve, entre a fonte e a receptibilidade de nossos olhos, a condizente configuração no rosto intermediário; a notícia nos surdindo, não como algo que experimentou o período de incógnita, mas como a incorporação continuada que de certa maneira um pouco nos alivia, nos desassusta, graças apenas à fortuita adequação. Nas contaminações do genérico, as fronteiras do lugar onde ele se figura, são devesas transponíveis, sebes vulneráveis às expansões do enorme ser; no ato de ele se fazer presente no rosto situado à longa distância, está implícito o atributo de aglutinar-se à revelia do terreno onde se efetivou, manifestando, por conseguinte, que o seu percurso se desenha onde quer que haja fisionomias para recebê-lo; daí as incidências tocantes ao se justapor o gené-

rico a vultos que nada indicaria pudessem solidarizar-se a ele, em lugar sobremodo estranho a essa existência ulterior. Onde os locais não interferem, os rostos são facilitados nos desempenhos, quando surge para abastecê-los a fluição da imensa entidade, vinda também de panorama, de recinto em que ela estacionou por acaso, substituível por outro qualquer, tão versátil se mostra o gênero, freqüentando sem escolha os sítios onde recai; assim aconteceu no episódio composto unicamente de semblantes que o interpretaram porque os seus valores intrínsecos eram ausentes de nossa consideração, apesar de conhecermos o motivo pelo qual os circunstantes se agruparam na Igreja de . . .; harmonioso consistório que, antes de se formar, já havia cada um de seus membros exposto aos demais a resolução que lhes convinha; de tal forma se anteciparam no estudo e nas discussões do pretexto, que o fato de se reunirem importava em simples coro de assentimentos, em mera formalidade de dizerem com as silenciosas presenças o que em palavras iria fazê-lo o diretor da pequena assembléia; no ato da deliberação, nenhuma atitude transpirou dos comparecentes, todos imóveis nas cadeiras e persuadidos do voto que pronunciaram somente com a estada ali de seus vultos; no entanto, sem atinarem que esse processo de manifestação, constituído sem outra postura que a da mudez solene, revelava uma espécie de conspiração havida, por meio da qual todos os sócios ficaram sabedores da própria unanimidade; dessa forma, a cerimônia do congresso nos proporcionou unicamente o seu conspecto, propiciando a nós, que éramos parte integrante, o esquecimento, na ocasião do protocolo, da matéria que ia ser decidida em termos de puro comparecimento; ao tornarmo-nos alheio ao assunto, e à medida que o representávamos fisionomicamente, conduzíamos o olhar para os recantos da cena, para as efígies de oragos que junto às paredes se conservavam também silenciosas; figurativamente elas deliberaram conosco, de suas esculturas vieram opinamentos veiculados por gestos semelhantes, e no conclave das aparências rígidas um painel se cristalizou: o da uniformidade fisionômica, perspectiva satisfatória ao advento do ser genérico; tanto mais propícia a ele quanto os individuais propósitos já se haviam descortinado em prévios entendimentos que foram, do mesmo modo, unificação de vontades, e a presença de todos nós era um ato de exclusiva aparição. As estátuas de santos, que o remodelamento nos altares trouxera provisoriamente para o recinto das sessões, tinham a imobilidade equivalente àquela com que se esculpiam os nossos corpos durante os poucos minutos da solenidade; depois, um visível alvoroço se estabeleceu entre os participantes em virtude de haver alguém descoberto, demasiadamente tarde, que a decisão feria uma norma de direito, o que tornava sem valor tudo quanto fora deliberado; tumulto que era concebível em razão do desacerto mental, e que se delineava também em termos figurativos; à vista de todos nós e insistindo no silencioso gesto com que aprovaram a medida em votação, havia as solidárias esculturas que de posições modestas se exibiam como testemunhas coerentes de nosso deplorável engano; a qualidade do erro exigia imediata retificação, e sem demora os presentes acederam em voltar à anterior postura, à circunspecta formalidade; e, com o mesmo silêncio e igual composição — cada um vindo a ocupar exatamente a mesma cadeira — todos os circunstantes, os confrades e as efígies nas peanhas, repetiram, com a mesma duração, o episódio de ainda há pouco, sob a diferença entretanto de terem sentenciado de maneira oposta à inicial resolução.

2 — Ao sairmos da sala das contradições, no meio de contendas sobre a responsabilidade do insucesso, que para nós não fora tal, de vez que onde falha a mente nos sobra algo fisionômico — o ocorrer do nome nem sempre coincidindo com o ocorrer do vulto — detivemo-nos sob os andaimes que no coro eram os únicos assistentes dos religiosos em liturgia; aí ficamos a olhar o prodigioso painel que, tal como agora, se repetia à puridade dos espectadores, mesmo quando nenhum sequer se encontrava para o reter com a unção dos olhos; liberta da condição de ser vista por belvederes humanos, a cerimônia em presença do grande altar não devia contudo ser estranha a uma sublimada retina, posto que, sendo uniformes os gestos no longo calendário do mosteiro, certamente existia um espectador para o qual eles não pareciam monótonos: um vidente cujo olhar se ajusta, sob terna recepção, à natureza mesma do compasso figurativo; com a distinção apenas de este se envolver de sentido peculiar, qual seja o de conduzir-se conforme as próprias exigências dessa testemunha que observa, ao mesmo tempo, a partir de todos os ângulos; por isso mesmo que nenhuma aparência se oculta ao constante olhar, as atitudes vindas de remotas eras se apresentam muito simples a fim de conterem a mais profunda gravidade; gestos que, permanecendo humanos e mais inteligíveis que as palavras, por si sós atraíram preliminarmente o respeito e depois a adesão de muitos ao seu contagiante significado, o qual nos impede de dispor deles, no entrelaçamento da ordem figurativa, com a solta desenvoltura que utilizamos em face de outros objetos; a nossa presença na Igreja de ..., como sempre nos acontece diante de rostos que involuntariamente se deixam representar, nenhuma intervenção ousou que pudesse afligir a conduta dos seres observados, sendo a peça em si mesma qualquer coisa que nos dispensa de profaná-la; o genérico estando, por várias considerações, inerente a esse inclinar de corpos que era o mesmo que queríamos contemplar, tão consentâneo com o nosso desejo como o da perspectiva obsequiosa que retribui ao pensamento, que ora nos

impressiona, a visão que de maneira precisa o encarna, ambos
despertos ao mesmo tempo. As equivalências faciais que antes
fizeram recolher a presença do genérico, em episódio a que a
comicidade não era alheia, transferiram a outro quadro a fluência de sua significação; e como o enorme ser também se propaga
em acentos gradativos, a sucessão, em nós, de seu aparecimento,
se processou, dessa vez, em concomitância com a hierarquia de
personagens, o gênero distribuindo os seus tons de acordo com
a natureza dos intérpretes: os do primeiro ato nos oferecendo
a disponibilidade de rostos que, sendo os mesmos, recobrem
contudo bases diversas, em plena posse do idioma em que ele
se exprime costumeiramente; e os do segundo ato nos levando
ao exercício mais agudo desse mesmo idioma, durante o qual
atingimos uma aproximação maior do imenso conceito. A linguagem das formas se faz compreender na leitura que independe de
qualquer aprendizado, e enquanto os olhos se alongam pelas páginas do texto, nos convencemos que relação igual à existente
entre as palavras e a idéia do escritor, une perante nós a figura
e o gênero que nela reponta, com a qual poderíamos estabelecer um faciário cujos termos se dispusessem em verseto único
e inseridor da infinidade sinonímica: nenhum vulto sonegando
ao genérico a possibilidade de ver-se escolhido para expressá-lo,
havendo tão-só as variações expostas pela presença de nosso corpo
que, não podendo por si mesmo conduzir a visão às coisas além
de nossa contigüidade, entretanto se sente satisfeito com os vocábulos reduzidos e à disposição de sua posse. Os anseios mais puros
da alma se abastecem dos restringidos elementos da vizinhança;
eles a toda hora se inoculam do grande ser cujos investimentos
se realizam em simplicidade, a mesma da luz em nosso belvedere,
que, pela própria circunstância de ser simples, é de muitos olhos
assiduamente ignorada; os respectivos portadores se fatigam a
colher, em zonas longínguas, o precioso patrimônio, bem próximo deles, como ao detento a grade da janela. Depois que os
monges — repetindo mais uma vez a composição de velho ritual,
que, diferentemente de muitos episódios que temos assistido, não
nos deu a impressão do final revolto com que os semblantes são
dispersados sem atenderem à ordem recente dos papéis — regres-
saram ao interior do mosteiro, voltamos à incontinência das
ruas da cidade onde, em companhia de S..., e graças a sua observação, pudemos verificar que em nosso vulto permanecia qualquer coisa que era da cena de ainda agora; comprovação que nos
encheu de contentamento porque, mesmo sob a forma de nuança
esmaecida, havíamos de algum modo participado do comovente
painel. Em verdade, soe ocorrer que a nossa fisionomia volve
com o retábulo onde o genérico se processou diante de nós; não
poucas têm sido as oportunidades, como esta, em que o nosso
testemunho, confundindo-se com o desempenho efetuado, faz
transparecer o evento a olhos perscrutadores; aconteceu que
defronte de S..., pela intimidade que há muito nos estreita,

prosseguimos, com o espontâneo dos gestos e as próprias omissões das frases, que têm nele, em S..., o reduto onde se completam e ecoam, o episódio precedente, como a tela arruinada que mãos habilidosas reconstituem tanto quanto possível; o qual sobreviveu em nosso aspecto e através de acentos assinaláveis ainda que, no olhar de S... atento aos resquícios, obtivéssemos uma solidariedade diferente da que articula ao ator a platéia; mas semelhante à que aglutina o intérprete, em via de substituição, ao figurante que irrevogável pretexto obriga a deixar a cena. Ignoramos se o rosto de S... — à feição do sucedâneo ator que nervosamente aspira o bom êxito do histrião, cujo papel ele vai continuar, isto em ânsia que traduz maior amor ao efeito da peça que à sua própria vaidade, tanto lhe seria positivo o insucesso de seu antecessor — alimentava, quanto às atitudes nossas, o pensamento de sozinho embevecer-se na perpetuidade do culto e de imaginar-se ele também na posição de elo da ubíqua e incorporadora cadeia.

3 — Se a visão obstinada faz perder o objeto, isto no sentido de que algo se mantém nele sob a condição de atuar em simples vislumbre — o grau de presença que no instante desperta a nossa curiosidade — preferimos o encontro daquelas figuras que nada exibem para o demorado interesse, e se permitem observar sem nos compelir à nitidez de algum pormenor; preferimos que se exponham sem sofreguidão, como se entre nós e a fisionomia houvesse uma superfície opaca aos elementos da individualização, e transparente aos setores que são comuns às efígies da mesma espécie. Como da repetição prolongada de um nome redunda se esvair a matéria que nele se contém, deixando-nos em troca a mera sonoridade, os nossos olhos, ao se demorarem num rosto da perspectiva, contemplam a própria diluição desse rosto; o privilégio de ver-se minuciosamente em nós é desfeito pela impregnação niveladora que, existindo nas faces que o ladeiam, estende no breve realce o estilo da uniforme consideração. As composições de cenas, em que o olhar remove a atenção das particularidades para se deter no painel como tal, no ritmo do conjunto em detrimento de cada figurante *de per si*, nos sugerem, depois de se realizarem, cogitações acerca dos intérpretes, das conjunturas de sua vida passada e dos desempenhos que continuarão a cumprir; os quais se encobrem de aspectos que, por inclinação natural de nossa mente, se assemelham ao episódio que testemunhamos, apesar de sabermos que os motivos ocasionais a que se expuseram, e os que estarão a vir, excederam e excedem todas as adivinhações; sendo portanto nesse sentido que podemos dizer de um ator que, em nós, ele não se libera integralmente do entre-

cho em que o divisamos a participar. A sobrevivência do retábulo em relação ao intérprete, se porventura coincide ser um vulto de nosso conhecimento, é às vezes tão incisiva em nós que nos surpreendemos depois a imaginá-lo em situações que em si mesmas se equiparam a um processo de ratificação de sua fisionomia, tal a insistência com que o colocamos em eventos derivados da cena poderosa e sob a contaminação do absorvente motivo. As representações imaginadas podem sofrer desvios que nem sempre enobrecem o rosto fisionomicamente passível de reparos; daí a impressão de timidez na figura que sente recaírem nela os olhos capazes de lhe extrair a significação que se esforçaria por evitar, tanto essa figura suspeita — pelo muito que em outras situações teve que corrigir — que o olhar de outrem pode apreender aparências incompatíveis com a censura que nele está inserta. Ao contentamento de ser visto junta-se o desfavorável de uma emenda que, se o perscrutador não nos comunica, será talvez porque o move alguma piedade; a incerteza de que os seus gestos correspondem, no olhar de alguém, aos que ele presume consentâneos consigo próprio, leva o semblante a uma infelicidade tanto maior se esse alguém é a retina em que pretende domiciliar-se; dissabor que lhe repercute no conspecto, tornando-o, dessa maneira, mais suscetível da temerosa possibilidade. Se as efígies não se conduzem como determinadas idéias que, pela alta distinção, desafiam no tempo interpretações malévolas, e quando por acaso se ergam algumas, a universal aceitação de seu valimento silencia a voz destoante, a autodefesa com relação à aparência do rosto não usufrui da mesma segurança, dado que as conexões de forma se positivam como legitimidades da ordem fisionômica, todas elas conseqüentes com a natureza essencial de serem objeto exclusivo dos olhos; como tal, a circunstância da presença não vem a se desmerecer se porventura o seu aspecto em nossa emotividade atua constrangedoramente, desde que existe a permissão irrevogável a fim de que o corpo, negativo em nossa mente, assuma, na ordem figurativa, um lugar pelo simples pretexto de expor-se à percepção de nossa lupa; e assim nenhuma incidência ocorre que nos leve a considerá-la transgressora de alguma lógica interna. As variedades do acontecer se manifestam em nosso olhar, no entanto, no seu entrelaçamento nenhum vulto nos traumatiza como o erro que se desnatura ante a verdade estatuída pelo consenso; nenhum rosto se deixa observar para no mesmo instante dizermos que o seu evento nos é de todo inaproveitável, e que a existência dos outros semblantes, que o marginam, repele o ato de sua consideração. Em nosso convívio com o genérico, se torna ainda mais inconcebível a exclusão de um dos elementos nos quais ele se incorpora, impossibilidade esta que deriva do fato de as minúcias fisionômicas se esconderem de nós, de serem as suas lacunas preenchidas pela envolvência dos contornos, assíduos operantes no sistema de nossa ótica. Decorrida a cena do genérico, reportamo-nos às vezes, mentalmente, aos pormenores das figuras recém-saídas do grande ser, como fazendo-as de modo tardio ressuscitar, à semelhança de rememoramentos que se constroem às custas, em sua maior parte, de nossas imaginações, subentendendo singularidades compatíveis com a norma fisionômica de todo o painel. Essas recuperações, falíveis sem dúvida, atingem a setores estranhos ao facial, entre eles, o do procedimento que as faces conduzem no tocante à vida, às versatilidades do afeto, demonstrando assim que o ângulo das particularidades figurativas representa o miradouro do qual descortinamos acontecimentos de outra natureza, repletos de individualizações; dos quais poderíamos também colher a ubiqüidade genérica se possuíssemos, com relação a eles, instrumentos com a acuidade acima da de nossos olhos que alcançam, no quadro de mero entrecho, o domicílio da enorme entidade.

4 — Na história da convivência, notamos os desacordos em painéis que bem mereciam das personagens o culto que fosse a linha mestra de coerências alusivas a eles, qualquer coisa que se comparasse a profundo respeito pela cena decorrida; entretanto, vimos a toda hora a presenciar, da parte dos antigos figurantes, o esquecimento completo do entrecho que era o programa para toda uma vida; fazendo-nos agora, ao recapitularmos o passado sucesso, convencer da precariedade de muitas composições e que por isso mesmo não devem ser vistas senão em sua ordem estritamente facial. Tudo que era de esperar-se dos prometimentos, se dilacera em graves contradições, parecendo-nos inconciliáveis o plano nominativo e o plano facial, sempre que um se desacompanha do ritmo do outro, como se o episódio se formasse de intérpretes, que após a comunhão estabelecida no palco, se desaviessem nos camarins, com as mesmas vestimentas da representação; o que daria ao espectador, que assim os lobrigasse e que antes houvesse assistido os desempenhos, uma impressão constrangedora, embora soubesse que as duas circunstâncias eram logicamente separáveis, dois mundos autônomos; no íntimo, porém, o espectador preferiria, tão forte lhe resta a sensação da ribalta, que além dos bastidores prosseguisse a unidade de significação; ou que, se tal resulta inteiramente impossível, a sua extinção se processasse em termos gradativos, de modo a não vulnerá-lo tanto; mesmo porque as figuras, não obstante livres do anterior encargo, conservam ainda as suas feições, e por conseqüência o episódio não se encontra ultimado de todo. Dilui-se o retábulo, porém os rostos que nele estiveram, nos proporcionam, toda vez que recaem em nossa vista, o retorno ao que eles próprios, no âmago de suas mentes, talvez olvidaram, como se nunca ali houvessem comparecido; fenômeno que nos induz

a crer numa fidelidade maior na pessoa que observa, do que na efígie que é observada. Quando vemos uma figura proceder agora em desabono da situação em que, em época passada, se desincumbiu a nosso contento, do episódio em que prometia, com a cumplicidade de todos os circunstantes, duradouro afeto, apesar dos inúmeros motivos que ela aduz para justificar a transmutação, nenhum é bastante forte para amortecer o sentimento de decepção que nos invade à lembrança do desmentido painel. Cada ordem de consideração possui instrumentos que lhe são exclusivos, materiais que, se se transferirem à outra, causam a ambas um tumulto de impropriedades e de desentendimentos, como processos de focalização cuja validez é preservada na medida que atendem tão só aos objetos inclusos em suas demarcações; os pretextos que coonestaram a maculação da antiga cena por um dos intérpretes, são inoperantes para nos persuadir do procurado acerto com que ele vem aos nossos olhos como se estes se nutrissem da mesma versatilidade. Quando a cena nos interessa por seu agudo significado, entre as defesas que utilizamos a fim de que ela se mantenha em nossa memória, sobressai-se a esquivança com que nos subtraímos do conhecimento nominal de seus atores; a qual tem em vista unicamente a teia das atitudes fisionômicas que sofrerá estranho intrometimento se depois da peça nos defrontarmos com eles em plena exibição extra-facial. Do episódio do mosteiro nenhuma possibilidade existe que nos viole a apreensão do genérico, sabido que os monges se destituem de suas individualidades; assim sendo, a nossa retração se reduz a impedir que uma indiscrição de terceiros — se acaso há alguém que prive de suas relações, de tal forma eles se desterram nos respectivos claustros — nos informe sobre a vida que pessoalizaram ou em que perseveram nos momentos alheios à comunidade das aparências. Poderemos em dias certos penetrar no recinto e rever fisionomicamente intacto o episódio que é o mesmo há centenas de anos, de tal modo que se alguém que o assistira em outro século, e em sua última visão, resuscitasse ali agora, teria a impressão que o extenso decorrer da morte fora, ao contrário, nitidamente breve, porquanto o entrecho lhe aparecia como se o tempo não atuara. A faculdade de substituição preside o painel em que o gênero se inclui a horas certas do calendário; daí as precauções em não fixarmos, dentre os vultos do episódio, um que viesse a atrair, em perda do ritmado conjunto, a direção de nossos olhos, afeita, naquele ambiente, a repousar na configuração do enorme ser. Acresce que a cena da Igreja de ... se conduz indiferentemente à platéia, e tanto faz o templo encher-se de vultos como despovoar-se deles: nos instantes programados, o entrecho repete da mesma forma as idênticas gesticulações, mostrando assim que o genérico se encarna também à revelia de olhos que o testemunhem e proclamem a modalidade com que ele se realiza; havendo, nessa maneira de expor-se diante da nave deserta, a exemplificação do estilo que ele adota no recesso mais profundo da ausência, quando os observadores se fazem substituir por túmulos isentos de qualquer vigília.

5 — Quer esteja vazia ou repleta, a nave é uma presença que alonga em nós o significado que nela se esculturа; manifestando-se, com essa disponibilidade, um dos atributos do gênero que pode esconder-se à visão preocupada estritamente com a nitidez das minúcias; mas que aos olhos imbuídos da ausência, olhos generalizadores, se expande além do entrecho onde foi vislumbrado, estendendo-se pelos caminhos que o vulto percorre depois de se nutrir da absorvente contemplação. Tal faculdade de envolvimento se prenuncia na própria nave cujos acidentes, por estranhos que sejam ao ritual, não interferem no cênico motivo, que, em relação a eles, a nave, embora contígua, é como se se localizasse na mais extrema distância; contudo, um despertar contagioso elimina em nós as incompatibilidades, e tudo se uniformiza na tessitura em que os objetos, esparsos ao redor, pronunciam as mesmas expressões, formando o coro dos vultos que anteriormente eram dissimilares e agora apresentam os aspectos e ritmos sinônimos. Considerada do ângulo em que as figuras restabelecem em nossa contemporaneidade um acontecer que pertence da mesma forma à sucessão dos dias e dos séculos — tal o painel dos monges na perpetuidade de seus gestos — a conjuntura da nave importa como ambiente em si mesmo, algo que permanece à revelia dos freqüentadores, que estes ora o preenchem, ora o abandonam de todo. Quando do primeiro caso — e então a nossa mira se desloca de entre os monges para o recinto da nave — os seres que testemunham a representação do gênero, recolhem do motivo exposto a unção facial que os leva a espargir por outros territórios, em atenuada gradação, as atitudes que o genérico fez acentuar, de maneira mais viva, por ocasião do episódio litúrgico; no segundo caso, ninguém resta para transportar consigo tão imensa outorga; porém, onde falta um olhar que a registre, ela assume propagações que dispensam a necessidade de figuras humanas para se constituir, inserindo-se no pleno deserto, onde só as coisas inanimadas a testemunham. Do aposento, a esta hora, nos reportamos ao cerimonial dos religiosos diante da nave erma da presença de qualquer; no momento, as coisas que não possuem olhar e que se avizinham do painel em exibição, avocam em nossa imaginativa — de fácil comprovação porque o vimos entregue apenas à ótica — uma importância de ordem facial bem maior que a dos objetos agora ao alcance de nosso tato; desde que nos nichos, nos bancos, nos mosaicos, o revestimento de participação os integra em modalidade de ser que é a do gênero por tantas eras afeito a surgir sem a coni-

vência de nosso olhar, sem a circunstância de existirmos; pensamento que nos incomoda ante o espetáculo de sabermo-nos menos duradouro, como veiculação da enorme entidade, que os vultos acessórios e despidos de belvedere. O gênero que se difunde em nós, propala-se também sem a cooperação de nossa fisionomia, que, peculiar entre as múltiplas que se engastam na terra, tem, no fato mesmo de sua singularidade, o recurso de perseveração que nos parece de poderosa influência; e que entretanto desistimos de contar ao compreendermos que, no plano da realidade, os móveis da residência, confundíveis com outros pela similitude de feições, hão contudo de sobreviver à imagem do possuidor; sobre eles o genérico se estenderá quando o possuidor morrer, restaurando mais uma vez a sua modalidade preferida de, com relação ao rosto em causa, expor-se independentemente dele; o genérico torna as coisas póstumas igualmente acessíveis à sua desenvoltura, pois que um olhar a menos a não mutilará com a interrupção acontecida, salvo no concernente ao não-ser desse mesmo olhar. Em ausência, as coisas da intimidade, que adquiriram o arranjo segundo as maneiras do possuidor — resultando por conseguinte o molde que faculta ao olhar de alguém a possibilidade de deduzir as aparências da extinta figura — serão fatalmente esparsas por iniciativas impiedosas, alheias ao sentido de perpetuação, transferindo-se a lugares estranhos, às vezes incompatíveis com a sua natureza e significado, desalentador processo de o gênero vir a abranger as efígies sobreviventes, mas que exprime, em instância final, o sistema de ele, o genérico, se perfazer em nosso perecível miradouro. Desprovidas do semblante a cujo molde se compuseram, as coisas do lar reproduzem, com a dispersão que tarde ou cedo se efetuará, o motivo do diluimento. Sucede que a nossa participação no gênero, quando ela se graduar na alta medida da morte, não se deixará presenciar por nosso próprio miradouro; então o gênero se confundirá, por fim, com a absoluta inexistência, com o não-ser em nós. No plano da imaginária interna, do atual pensamento, localizamos os que teriam tido conhecimento de nosso corpo, numa retenção que duraria precariamente, nos dias que lhes sobrassem; no entanto, como que influído pela interna imaginária, advém-nos o ensejo de preservar, no recinto que melhor nos abrigou, e enquanto podemos fazê-lo, a posição dos objetos assim como se encontram, todos dispostos na conformidade de nossa efígie.

6 — A exemplo da Igreja de ..., em cujo interior os nichos, os bancos, os mosaicos, assistem a cadência dos freqüentadores diante do gênero que em espetáculo a eles se oferece, e apesar dos desconcertos a que nos obriga a inconstância de nosso pouso,

CAPÍTULO 6

aspiramos, em idealidade, que o aposento nosso permaneça com todos os vultos em seus lugares; e, ainda em idealidade, adquirentes vindouros consintam a mesma distribuição dos móveis, dos apetrechos diários, a fim de que se lhes exponha o nosso contexto, transferindo-se para os novos donos a maneira do nosso comportamento. Então, aqueles vultos em presença silenciosa testemunharão, em ordem equiparável à dos monges, a ubiquidade genérica traduzir-se na continuação das mesmas atitudes, indiferente às personagens que venham a exercê-las, conquanto se reconstitua, na base de linhas uniformes, a cena de nossa intimidade, e ainda mais de acordo com o plano figurativo se a reconstituição se operar no desconhecimento dos novos intérpretes; que tal episódio se componha diante do olhar que nos tenha visto em idêntica situação, e que agora, ao espreitar o aposento que nos pertencera, se emocione por haver suposto que éramos nós que nos achávamos ao acesso de seus olhos, numa credulidade, efêmera sem dúvida, mas que de certo modo nos restituía do desaparecimento, salvando-nos da morte por mercê da linguagem fisionômica. As faces que, de forma imaginada, sobrevivem ao nosso esvaimento podem, em compensação ao muito que delas extraímos para a urdidura de entrechos, propiciar, aos que se recordam de nós, a restauração figurativa de nosso corpo, que possui, inerente a ele, a faculdade de fazer-se substituir; faculdade que se estimula ao aprofundarmo-nos na consideração do genérico, ser imenso que em relação a nós dispõe de ângulos inumeráveis; sendo que, de um dos mais longínquos, os seres da terra se lhe apresentam de todo despidos de particularidades, tornando-se, na visibilidade dessa unificadora ótica, radicalmente permutáveis um por outro; se porventura esse olhar se revestisse do acondicionamento humano, ele responderia, à nossa inquieta inconformidade, que nós, desde o começo de todas as coisas, nunca estivemos ou estamos definitivamente mortos. No decorrer do cotidiano, as necessidades nos impelem a êxodos frequentes, mas o local, que tantas vezes abandonamos, conserva no tocante a nós uma fidelidade que é a do estojo ao seu objeto; de tal forma que ao regressarmos à casa temos a impressão de que permanecera em nossa ausência a duplicata de nosso corpo; que nessa ocasião de nossa volta nos aglutinamos conosco, desfazendo-se o equívoco de que as nossas deslocações se processam com o acompanhamento absoluto de nossa imagem. Os fatos ocorridos durante o afastamento não atingem a figura que, entre as acomodações do mobiliário, nos espera a fim de conosco preencher o ato da unificação; como o ator que entre vários papéis vem a preferir um deles, dos inúmeros procedimentos — dos aspectos fisionômicos a que tais fatos nos obrigam — a nossa escolha recai no do vulto que intactamente se modela por meio das disposições dos móveis e apetrechos. Uma alteração qualquer imposta por alguém na composição que nós mesmo nos abstraímos de profanar, nos aborrece como o texto cuja autoria, sendo de outrem, nos querem atribuir, tão viva é a nossa sensibilidade facial que a mais leve mudança redunda vitimá-la; de onde o zelo sempre que nos retiramos, de fechar a porta a possíveis atentados, cuidadoso que somos da efígie de nosso isolamento. Se acaso a ausência implica longa demora, com que desvelos nos armamos para reconstituir no novo lugar a sede do rosto eleito, com que minuciosas precauções reerguemos o particular domicílio, em esforço nunca isento de contrariedades em virtude de as condições não nos permitirem que conosco venham todos os objetos da velha conjuntura; porém, como os hábitos se concluem vitoriosos nos mais incômodos recintos, o semblante em desconforto alcançará o seio de sua concha, os recentes materiais adquirem em breve uma contextura que é a mesma do antigo aposento, maneiras de ser, posições naturais ao nosso vulto, que nos devolvem, com o quarto que tão longe ficou, aquela nossa fisionomia cuja legitimidade tanto nos preocupa. Configuramos nossa ausência com os meios proveitosos e já comprovados, como no ano de..., ao transferirmo-nos para a cidade do R..., onde estivemos como hóspede em pensão; uma noite, ao entrarmos no aposento, encontramos a figura amiga de L... ali à espera, que declarou lhe ser inútil a informação do porteiro, porquanto a simples ordem do mobiliário lhe dera a convicção de ser realmente nosso o ambiente que ocupávamos, tanto era de seu conhecimento o que possuímos na outra cidade do R...; e no trabalho inclui-se o sentido que transcende à recuperação de nosso corpo sob nossas vistas: qual seja o do modelador que na câmara fúnebre, perante os comparecentes que em si mesmos dispensam a tarefa, desde que vêem ainda, entre círios, o rosto original, recolhe a máscara que será prestante a quem não o vislumbrou em vida, perpetuando pelos tempos afora o vulto que a nenhum chamado pode atender. As mortes voluntárias, se concomitantemente a elas não destroi o suicida o aposento em que deixa estampado os contornos de sua figura, se ressentem de êxito completo por motivo de haver descurado a extinção também das coisas que se cumpliciaram com ele na vida, os objetos da diária convivência, os intervalos entre os móveis que foram os pequenos caminhos de suas monologações, os livros que, amarfanhados pelo uso, atestam a natureza de sua mente, as roupas que, amontoadas em cadeiras, revelam o teor de sua sociabilidade: seres que, reunidos como ele os abandonou, nitidamente expõem a fisionomia que acreditava, com o último gesto, extinguir-se de todo; mas que permanece entre aqueles fiéis acompanhantes, num quadro de tal maneira ileso, que se alguém, ignorando o infausto acontecimento, entra no recinto para rever a pessoa que aí mora, supõe, como o fizera em outra estada, que ela há de ressurgir a qualquer instante, procedente de algum passeio.

Capítulo 7

1 — *A faculdade substitutiva.* 2 — *A prorrogação do gênero.*
3 — *Ser em outrem* — *A individualidade de B... em nós.* 4 — *O gênero e o recuo de nossa ótica.*

1 — Em termos fisionômicos, o gênero se processa à medida que os vultos de nossa visibilidade se deixam perceber em posições que no tempo, muitas vezes partindo de remotas eras, vêm sendo supridas de contínuos preenchimentos; posições que em si mesmas se revelam impassíveis aos pormenores de quantos as ocuparam, revestindo-se de debalde esforço a procurada permanência que cada um empreendeu através de ações particulares, de gestos inovadores, de atitudes que passaram sem ferir a incolumidade daquela representação, que não existe fora dos entes propagadores; e que mantém, em relação a eles, o alheamento a tudo que não seja do domínio da substituitividade. As pessoas se exaurem na vigência dos postos, no cotidiano das investiduras, e de nosso ponto de mira, que engloba apenas o genérico, as imagens ocupantes nutrem, tão só com suas fisionomias, o papel que lhes é perene, sob a condição mesma de ser provido por vultos que se sucedem, expondo-se iguais enquanto elementos de mera posição; eles se desnudam, no vestíbulo da sede onde trabalham, dos tons específicos, e se recobrem dos acentos que são os próprios de que se imbuíram, em idênticas circunstâncias, as figuras que os antecederam no cargo; durante as horas da despersonalização, podemos ver no atual titular a longa série de seus predecessores e sucedâneos a caminharem pelo mesmo corredor, surgirem à mesma porta, e exercerem na presença dos alunos — que por sua vez repetirão, na ordem facial, os mesmos gestos que agora se compõem à vista do professor — as atitudes que o tempo não consegue renovar. De algum ponto da perspectiva, as cenas da humanidade se reduzem à perseverança uniforme, como de

nosso ângulo cremos reproduzirem-se, sob a mesma forma, aglomerações de insetos que a agudeza mais atenta nos convenceria do contrário, mas que não interfere no plano figurativo, por estar em grau diferente e não casuístico a lupa que abrange os fungíveis, permutáveis acontecimentos; à falta de acesso àquele ponto de mira, podemos entretanto, de recintos costumeiros, descortinar inúmeros desses episódios em que os figurantes entre si trocam os lugares, cedem uns aos outros as colocações que a rotina lhes estabeleceu, sem que no exercício de tais mudanças o espaço genérico, que tantos conteúdos tem assimilado, venha a ressentir-se de qualquer alteração. Da mesa onde alguém se desincumbe do teor genérico, os vultos se aproximam trazendo de sua parte um quinhão do desempenho que é o de painel antigo do qual permanece também como a dominante do significado, a própria mesa que, sendo ocupada de momento por semblante que não aquele a que a função obriga, diante do olhar desconhecedor de algum comparecente, o vulto provisoriamente nela instalado aparecerá ao recém-vindo como o legítimo ocupante; engano que existirá em relação a outros setores, mas que na ordem figurativa manterá ileso o texto fisionômico; dessarte, o que fora um equívoco no plano da realidade complexa e tumultuária, assume, no idioma das coisas visíveis, o aspecto de pura autenticidade. No viver fisionômico há a disponibilidade que, à revelia de nós mesmo, distribui o nosso rosto por variadas representações, das quais bem poucas atingem o nosso conhecimento, e destas menor é o número das que coincidem com a recepção homologadora de quem nos observa; tal disponibilidade nos versatiliza a ponto de em um só entrecho o nosso vulto aparentar, para uns, simples pretexto rememorador, o fragmento de episódio inédito, algo inclusive que não podemos imaginar, e para outros a figura anônima de suas particularidades, mero ser participante do gênero. As impressões multiformes, se às vezes nos desagradam, em outras nos confortam parcialmente, sobretudo quando, ao surpreendermo-nos em gestos desfavoráveis ao modelo que de nós nos impusemos, nos sobra a possibilidade de que de algum ângulo obsequioso um olhar qualquer nos tenha distinguido de modo lisonjeiro. Nas participações do gênero, muitos olhos de certo conspiram em favor de singularidades que o objeto em observação sem dúvida suscita a quem vê sem contemplar; mas os desvirtuamentos que após o discorrer do painel os seus registradores nos vêm a relatar, não se nos afiguram bastante fortes para nos distrair da consideração genérica a respeito da mesma cena; sem que tenhamos necessidade de excluir do episódio as aparências que outras testemunhas nos revelam, aceitamos os eventos de tais minúcias porque estas, surgidas de lente mais aproximada ao vulto em apreço, não repelem o extenso invólucro que, alimentando-se dos próprios contornos, assimila em sua ubiquidade tudo quanto está presente com ele. A recepção do gênero através de nossos olhos se processa pela inconsideração dos aspectos menores, que ficam à margem do atendimento, emudecidos como valores recônditos, à maneira dos envelopes que o mensageiro sobrecarrega; os quais, não se destinando ao nosso endereço, nos passam pela vista sem incitarem a indiscrição, ao mesmo tempo que cooperam na configuração fisionômica do portador, o carteiro, e para tanto dispensamos o colorido e o número das coisas transportadas. A significação facial deriva do só efeito dos contornos, salientada geralmente pela posição que a face ocupa ao longo das perspectivas: como da vez em que, ao dirigirmo-nos à Repartição Pública de ..., testemunhamos a presença do chefe, que procurávamos, na fisionomia de um cavalheiro estranho ao ambiente; e cujas relações com o verdadeiro funcionário eram bastantes para consentirem que, na ausência do mesmo, ele se sentasse à mesa, cercado de outros indivíduos, de modo a nos oferecer a impressão de estar repleto de afazeres e a nos indicar não ser aquele o momento propício à nossa audiência; de volta à sala de espera, fomos informado, depois de cansativa demora — por alguém que, repetindo a nossa desenvoltura, penetrara no gabinete do chefe — que este se encontrava em confabulação com várias pessoas; no decorrer da palestra que juntos entabulamos, viemos a saber que a autoridade entrevista por nosso interlocutor, em cena semelhante à que observáramos, possuia vestimenta diversa da que expunha o corpo que lobrigaram nossos olhos; as retificações do equívoco ordinariamente não interessam à ordem fisionômica, tendo acontecido que nos retiramos os dois sem que nenhum de nós houvesse consertado o engano; mas, de nossa parte, como da outra, foi a mesma a convicção a propósito do motivo por que não pudemos ambos conferenciar com o vulto assoberbado de preocupações; ou melhor, com o ser em desempenho genérico, a manter a integridade do invólucro não obstante as figuras variadas que o preencheram; se porventura no dia seguinte, a personagem que assentiu conosco sobre a identidade de quem se negou aos encontros, nos esclarecesse que o vulto em causa era precisamente o que ele divisou debruçado na mesa, nem assim inutilizaríamos do painel, já em memória, a representação de que o nosso particular ator se desincumbiu, tão a contento da envoltura genérica.

2 — Quando uma face se recolhe ao domicílio, retornando do episódio em que o genérico foi a absorvente significação, ela ressurge com o relevo dos pormenores e a singularidade do nome; então podemos dizer que a grande entidade restituiu ao aposento a figura que, entre as paredes e a portas fechadas, melhor se dispõe — livre das interferências que fora se acumulam para incluir no largo seio o incauto rosto que transita na vizinhança de outros rostos, cuja contigüidade sempre faculta o domínio do gênero

— a observar as poucas fisionomias que lhe estão à mercê dos olhos; e com estas o seu próprio corpo, em mudança de paisagem que é profunda como a existente do mar à terra. A devolução que o genérico faz da pessoa à perspectiva das particularidades, representa um acontecer momentâneo; este se extingue tão logo o olhar se canse de fixar a coisa que uma inovação qualquer, muita vez a simples transferência de local, basta para despertar nele, belvedere, a curiosidade que amortecera; os olhos do vulto recém-chegado do infindo ser, do qual participara com toda a aparência do semblante, permaneceram inativos no tocante ao recente episódio, porque em geral a fisionomia nunca se autocontempla nos instantes do suceder genérico; assim que no aposento a sua visibilidade se entrega a um teor menor, a uma qualidade figurativa menos aglutinante, os objetos em redor — à semelhança de atores que, escondendo-se da platéia, aguardam o minuto de a ela se exibirem — dão ao miradouro recluso a oportunidade de ver a si próprio, sempre que o exame da vista recai, de maneira aguda, na cômoda entre-aberta ou na teia que a aranha envolve. Desapercebido do painel de que há pouco participara, durante o qual só tivera pensamentos para significações incompatíveis com a da uniformidade facial — maneira como então se mostrara o gênero — ele retorna a visões por enquanto desprovidas do genérico; e o seu olhar atua como se nada houvera em torno de sua face, aplicando ali e aqui idêntica modalidade de trazer as coisas ao repositório da retina. Ao figurante inconsciente do papel, as paisagens se produzem como se fossem textos articulados sob o mesmo estilo, ignorando que da cena genérica ao pouso da residência, ele deve ter, ao longo do percurso, aparecido em vários proscênios; cada um deles ocupado por peça distinta, merecendo portanto modos diferentes de olhar, como costuma acontecer em toda representação que por anúncio, às vezes restrito ao nome exposto no cartaz, obriga o espectador a modelar antecipadamente a forma com que há-de receber o próximo espetáculo; mas no caminho do aposento, o nosso olhar acompanhou esse alguém sem que ele nos visse, e desde o episódio do teatro onde, com muitas outras fisionomias, comungou os mesmos gestos de atenção e de aplauso, desde a saída em que a dispersão dos comparecentes foi para nós a dispersão também da cena genérica, intentamos segui-lo como se ele fosse um fragmento da cissiparidade, com o intuito de obtermos, nele, o escorço do espisódio ocorrido; sabendo que tal aspecto se diluiria gradativamene durante a retirada, começamos a perder o genérico à luz da primeira esquina, onde a sombra do vulto se estendeu ao solo como seta projetada; a alguns metros após, o gênero se esquivou ainda ante a atitude de cumprimentar a alguém, que era a de curvar-se pela gratidão a um favor antigo; e mais além o grande ser aumentou a distância entre nós, ao vislumbrarmos que um grupo de notívagos apontava para ele, cada qual dos componentes ansioso por enxergar a figura que tantas atenções merecia;

neste rápido painel, anotamos a sinópse da cena do teatro, apenas com a modificação de ao tablado transferir-se o rosto que antes pertencera à platéia; como o jogo das reciprocidades desvia a impressão do gênero que procede de uma das partes, a permuta de posição assumida pelo ser de volta ao aposento, não abrangeu o significado de que ele era o detentor esvanecente; ao contrário, o vestígio do genérico perdeu naquele instante o acento que ainda lhe restava; para nós, que lhe seguíamos os passos, só então a figura, saída do espetáculo, retirou-se dele, e o caminho que percorrera até aquele momento não era mais que o longo vestíbulo que o teatro houve na hora por estender de si mesmo, como tenda elástica a ele justaposta e em função da entornadura de seus assistentes; iguais ao vulto de nossa direta observação, os outros elementos da platéia, distribuídos pelas ruas da cidade, conduziam nos gestos as frações da teia uniforme, quando, preocupados com o desenvolver da peça, compunham no alinhamento das cadeiras uma grande e única fisionomia; se a nossa curiosidade tivesse recaído em outro vulto, sem a importância social daquele que escolhemos, talvez houvéssemos presenciado a gradação ininterrompida da face que abandona o território do genérico para recolher-se ao reduzido âmbito de si própria; e, quem sabe, talvez a intervenção discreta de nossos modelamentos junto à imagem que nos parecesse propícia para tanto, alcançasse a prorrogação do gênero em via de ausentar-se, fazendo-o permanecer na platéia ali sob as árvores, suscitando-lhes revivescimentos de atitudes como se fôssemos nós o saltimbanco que, cumprindo-lhe encerrar, ante a fadiga dos espectadores, o programa de variedades, consegue, à medida que outros lhe dão as costas, a presença de alguns, de sorte a contentar-se pelo êxito de ter, ainda diante de si, uma platéia.

3 — Agora, entre as paredes do aposento, o corpo se deixa restituir a si mesmo em cada gesto que efetiva, reconfigurando-se no meio da mobília que o recebe em continência favorável, afeita ao hóspede a ponto de tê-lo assim quando ele se acha ausente; de tal maneira que a conjuntura do contato entre ambos, exprime o coro cênico, despertado pelo figurante que abre a porta e no interior penetra. O espaço da rua servira-lhe de preparação ao investimento no familiar abrigo, tal como de costume os móveis o vêem chegar; os gestos descondizentes com eles se diluíram em etapas no vencido percurso, nos instantes de acomodar-se para o painel exposto diariamente; o que porventura resta ainda do imensurável ser, se despede em presença de coisas cuja fidelidade de aparência se manteve incólume, enquanto longe desse

regaço o vulto se distribuíra em inúmeras participações no genérico; o recinto onde a horas certas ele se recolhe, é a cena indeformável que conserva o morador quando ele se retira para a enquadração na peça elástica do gênero; é a cena que nenhum olhar vem a surpreender, o retábulo desprovido de observadores, que, se por acaso, numa vez apenas, o espreitássemos assim deserto, era como se percebêssemos nele ficando o morador, tanto o episódio é diuturno na obediência à própria configuração, entrecho que se repete sempre que voltamos a contemplá-lo; o seu ocupante veda à nossa vista a oportunidade de tê-lo em nova acepção, diferente do protagonista que se transfere de um significado a outro pela simples mudança do vestuário; defronte de sua residência nos colocamos por alguns minutos, alimentando os pressupostos de nossa mente com o retângulo de luz que se fixa na janela, com a variada sombra de seu rosto na parede iluminada; é descabido o desejo de ir até o aposento, bater-lhe à porta, e testemunhar com o belvedere o último desempenho que nessa noite nos pode oferecer ainda o intérprete versátil: a nossa aparição adulteraria a cena, e em tal conjuntura a desordem seria a mesma, quer parecêssemos um ator a mais e de inútil articulação com o teor do episódio, quer o violentássemos com a presença, com a platéia de nossos olhos, cujo ingresso a discrição proibia. Como o indivíduo ansioso por um espetáculo qualquer se dirige ao cinema e, em virtude do aviso de estar encerrada a venda de bilhetes, se resigna ao conhecimento da mesma obra em casa de diversão de qualidade inferior, abandonamos a janela quando a claridade foi extinta, e buscamos em nossa particular residência o painel que nos fora denegado. Em caminho, transportamo-nos mentalmente para a efígie daquele ator, como o intérprete incipiente imita as atitudes do primeiro histrião, que força maior impediu de comparecer ao palco; dessa forma, compusemos os gestos segundo os do rosto a essa hora no leito, os gestos peculiares e isentos da contaminação a que o genérico os submetera; para isso nos armáramos dos pensamentos que, conforme nos parecia, se avolumavam em suas cogitações, quando, sozinho, alguns problemas recônditos, que muito sabíamos, sem dúvida o preocupavam; ninguém, ao longo da calçada, crendo ver em nós a figura de B..., nos fez por engano parar; mas, não obstante a ausência de comprovação tão viva, levávamos a certeza de que nos transpuséramos para o invólucro daquele personagem que fisionomicamente havíamos retirado da cama e posto a transitar, sem nada que o constrangesse, pelas ruas desertas e apenas feridas de seus passos. A representação modesta, que assistimos em lugar da representação superior, proporciona-nos contudo a possibilidade que nos contenta, que não se encontraria no estrado da cênica perfeição: qual seja a de nos surpreendermos com o ator desconhecido e entretanto merecedor de bem maiores oportunidades, com a vocação que nos estimula a correr ao camarim e oferecer-lhe a nossa cooperação, dizendo-lhe quais os papéis

que na literatura dramática lhe serão mais propícios ao talento;
já agora nos dispensamos de recorrer a B... para o bom êxito
de seus próprios gestos, em virtude de sermos o rosto que o substituirá vantajosamente porque, inclusive, pode ajustá-los a conjunturas que não os desnorteiem quanto à oportunidade, a circunstâncias a que nunca se aventurariam senão graças ao substabelecimento deles em nós. A transposição facial de B... em nosso
corpo — através das ruas desimpedidas de deambulantes que
viessem a estranhar que, àquela hora, contrariando o seu costume,
ele, com o busto arqueado e a vista deposta unicamente no chão,
se expusesse ao testemunho das casas — fazia-se com a perda
de nossas peculiares atitudes, que então se subtraíam a fim de
que no percurso existisse apenas o semblante assim transposto
do leito, repleto de movimentos que não eram os do ser adormecido mas os de alguém em correta adequação com as artérias
da cidade; de instante a instante, focos de claridade permitiam
aos nossos olhos a sombra do corpo notívago, efêmeros espetáculos de homologação, nos quais víamos, a contento nosso, o
acerto do papel que desempenhávamos, como o ator experiente
julga a si mesmo no ensaio perante as cadeiras vazias de espectadores, muita vez seguro de que não repetirá para a platéia o desembaraço com que agora se harmoniza à representação; enquanto
nos investíamos na figura de B..., a sensação advinda era de
certo equivalente à que teríamos diante de seu retrato, de sua
efígie imóvel e obediente a nossos exames, em plena entrega das
minúcias, imagem inconfundível e distante do acontecer genérico;
os respectivos elementos despertariam em nós agudezas fragmentárias, cada ponto do rosto nos oferecendo particular interesse,
tanto mais atraente quanto o ser retratado era alguém de nosso
amor; e como tal nos dissuadia de encontrar, no repertório de
outras figuras, aspectos idênticos, que nos viriam minorar o ensejo
daquela posse exclusiva.

4 — Mas a convicção, de que um corpo se priva do genérico,
origina-se do desvirtuamento dos olhos, da colocação inadequada
em que se encontram para reter, na mesma perspectiva, os semblantes que dela escapam; isto mercê da interferência, entre nós
e o objeto, de vedações que entretanto se desvalorizam por mero
recuo de nosso posto de observação, tomado em ângulo que nos
chegue a restituir os vultos que se esconderam de nosso olhar.
Quando distinguimos no rosto recém-saído do teatro o ser devolvido aos seus pormenores, é que a nossa visão resulta igualmente
ineficaz em prosseguir fora do proscênio o ator em direção ao
camarim, pretendendo auscultar-lhe ainda os gestos que o novo
lugar não comporta de todo. O gênero se dilui com a dispersão

dos elementos que o desempenhavam, e essa dispersão se salienta como impossibilitadora do ser enorme, em virtude da constância de nosso ponto de mira que, disposto sobre a mesma paisagem, presencia, até a sua consumação, o desarticulamento do episódio, o desconcerto com que os figurantes desertam do retábulo, sôfregos às vezes em se desunirem do tema que por instantes adotaram; no entanto, se os nossos olhos possuíssem maior faculdade de envolvimento, se tivessem desenvolturas capazes de seguir a todos os retirantes, simultaneamente pelas ruas e avenidas que escolhessem, o genérico manteria o seu significado, o entrecho da platéia apenas transferiria a outros ambientes o mesmo teor de representação; assim, o que fora motivo de um quadro, continua em novas cenas, e portanto ao nosso miradouro se desenvolveria a peça de várias seqüências, tornando-se mais perdurável à nossa retina a captação em vultos do grande ser. As comunidades de aspectos, de modos de existência, conduzem os seres humanos a uma uniformidade que nos foge à verificação porque redundam muito limitados os instrumentos de nossa ótica; mas do ponto de consideração da ordem facial, a similitude de aparências se transforma em identidade fisionômica; à maneira da perspectiva que só descortinamos de todo se ascendermos à escarpa de não livre trânsito, é de análogo ponto de consideração que devemos, após renunciarmos às atrações dos pormenores, nos debruçar a fim de recolhermos o que seria a peça incomensurável do gênero; dessa posição abrangeríamos os vultos em seus aposentos, cada um articulado às extensões da respectiva imagem, porém todos em função representativa do genérico, entre as quais se interporiam os pequenos misteres que, vistos da porta, nos pareceram da peculiaridade do habitante, e que entretanto, enquadrados pela visão ubíqua, pertencem ao panorama que o envolvente observatório proporcionara; como a contextura cênica se condiciona pela menor ou maior distância entre ela e nós, a nitidez do ser genérico está na razão direta de nosso afastamento, com o qual não contam as minúcias fixadas no objeto, que se eliminam de nossa visibilidade em proveito da expansão do gênero que tem, nos contornos das figuras, a zona propícia por onde se dilatar. Os aposentos se aglutinam enquanto os hóspedes se despegam de seus nomes, e o processo da uniformidade figurativa, que prevaleceu por ocasião do teatro, prevalece ainda na unificação de estilo diverso, mas substancialmente o mesmo com referência ao significado, como o dia se distribui em termos fisionômicos através de inumeráveis acidentes, que não utilizamos para identificá-lo, tão absorvido que estamos com a claridade comprovadora do sol. Durante o transvertimento do corpo de B..., modo por meio do qual alcançamos o que nos impedira a porta do aposento, isto é, o rosto, cuja singularidade o genérico nos restituíra, a nossa conduta ao longo do passeio manifestava então o esquecimento em que ficara o mirante presumido e restaurador do gênero; entrementes, ela desempenhava agora o seu papel sem a vinculação com a entidade imensa que se ausentara por deslocamento de nossa consideração, que é um intérprete em constância com o genérico significado. Perante este, as coisas todas são sinônimas, com a condição apenas de serem apreciadas do ponto do unificador recuo, as contrariedades se resolvendo, no plano da paisagem, por omissão construtiva, de vez que se capitulam entre as efemeridades do pormenor; quando, em seguida à plenitude genérica, descemos a olhar os semblantes que nela não vimos, porquanto somente os contornos participavam da contemplação, os vultos da proximidade recebem de nós o dístico do significado em que estiveram sem atuar; e deles podemos adiantar que se nutriram também do infinito bojo, como ausências que foram positivas na acepção que do comparecimento instituimos. Sobre eles estendemos o miradouro afeito à paisagem genérica, à semelhança de quem, depois de longa vida no mar, lastima a lacuna, em sua atual convivência, de coisas que o acompanharam nas expedições, de efígies que em terra o transplantassem de algum modo ao ato da navegação, e de repente se regozija à descoberta de que umas, sendo de antigo uso, compartilharam, com ele, da existência marítima, e no entanto repousavam incógnitas como se não houveram sido do panorama relembrado. O investimento, em nós, do rosto que em profundidade conhecemos, ao cúmulo de, como no caso de B..., assumirmos todo o conteúdo do nome, enquanto o nosso se afasta a fim de que ele venha, sem estorvos, nos impregnar os gestos, firma, em nossos sentimentos, a inclinação duradoura pelo vulto que encarnamos; a qual, através do tempo, voltará, como o resíduo mais denso da memória, a estabelecer entre nós ambos a consangüinidade feita de facial compreensão. Ante qualquer referência à personalidade de B..., nos acode à lembrança o episódio noturno em que ele, fisionomicamente saído do quarto, deambulou tal como quisemos que deambulasse; por muitos motivos superior mesmo às atitudes que ele nos daria se as projetasse independentes de nós, sujeitas a entraves, a interrupções, a desvios inconciliáveis com a idéia que nos convinha de seu rosto, com o breve trecho de seu repertório, para nós, entre vários, o preferível pela obliqüidade do busto que tanto se lhe ajustava à natureza intrínseca. Adotamos naquela noite a postura que era a síntese de todas as aparências de B..., a cabeça inclinada para o solo, os passos lentos, as mãos nos bolsos, e com esse conspecto extraíramos da imagem, então em seu aposento, a configuração que era a alegoria dela própria, de todas as coisas internas e externas que lhe compunham a personalidade; tão admiravelmente construída que, se não fora deserta a rua, passeantes haveria que, sem que os desenganássemos, e isto em defesa de nossa própria investidura, deixariam saudações a quem, a rigor, não as podia receber. A lente de nossa consideração, à medida que adjudicávamos a figura de B..., descera a uma superfície de onde o gênero nos parecia afastado; e antes que nos mudássemos do observatório para outro mais alto e acessível ao grande ser, cuidamos, tanto quanto possível, de nos livrar de nós mesmo, para maior integração no vulto que tresnoitávamos, em exercício de permuta exequível aos olhos de ninguém; mas que em nós se radicava em tons legítimos e coonestados pelos pensamentos que não eram os nossos, mas os de B..., porquanto os conhecíamos inúmeros por força da intimidade que nos unia a ambos, pensamentos que ele não sonegaria a desoras, na mesma rua em que se situava a nossa efígie. Quando, afinal, despertamos do desempenho, em virtude de havermos chegado à porta de nossa casa, que, não obstante estar aberta, não nos decidimos a penetrar sob o invólucro de B..., os gestos emprestados se extinguiram menos por nosso desejo do que por não serem as mesmas as cogitações que de repente substituíram as que eram do semblante recolhido ao seu quarto antes de nós. A luz de nossa moradia clareou o retângulo da janela e na parede os nossos movimentos se tornaram visíveis a quem os quisesse apreciar à revelia de nós; assim, enquanto os móveis tinham conosco relações equivalentes às do estojo com o respectivo objeto, verificamos mais uma vez que o gênero, procedendo agora em rostos desunidos espacialmente por longos intervalos, viera também a preencher o nosso recinto sob a forma do painel que em linhas gerais repetia a cena que hora antes se desenvolvera no aposento de B... Os nossos olhos cedem-nos à mente as empresas fisionômicas difíceis de serem visualizadas por eles; e como se ela fosse instrumento de mais aguda precisão, e de mobilidade correspondente à destreza com que os corpos ocasionais se tumultuam nas avenidas, nas praças, costumamos recorrer a temas de conhecidas figuras, induzindo-as a transitar por circunstâncias que o seu próprio teor nos sugere, atento que somos à facial disponibilidade, trazendo-as dessa maneira a uma adequação mais favorável a suas propensões; outras vezes incluindo-as em conjunturas a que os gestos convidam, a despeito da impropriedade de cenas em que elas insistem em permanecer; dessas retificações episódicas, exclusivamente confeccionadas para o nosso ângulo, resulta em seu proveito, em nós, a compensação pelo que ao nosso olhar tais semblantes outrora nos ofereceram de constrangedor. Raramente o azar corrige, segundo a nossa vontade, o desconcerto que engloba o rosto na cena que traumatiza a nós que o vemos e a ele que se deixa vislumbrar; ainda mais raramente o recurso de nossas intervenções vem a positivar-se, e quando o seja, a lembrança dolorida permanece contudo a nos molestar; porém, em nossos devaneios existe alerta a faculdade de seleção que contempla cada qual sob a conjuntura que lhe é propícia, no ambiente onde os seus gestos se não contrafaçam; tudo enfim se compondo em termos de correspondências, como se as nossas imaginações, suprindo os intermitentes intervalos, se dessem a estabelecer, entre o lugar e a efígie que nele se conduz, uma conexão mais íntima, uma coerência de estar mais estreita que as porventura visíveis no cotidiano do belvedere. Com o sacrifício do genérico, mais a fundo penetramos no texto figurativo do vulto que pretendemos levar a uma urdidura que ele jamais experimentou: à teia harmônica sobrevinda como se fôra de sua fábrica, porque a fisionomia tem em nós o desembaraço que não excede as fronteiras que lhe impomos; ao contrário de seu acontecer perante os nossos olhos, quando as disponibilidades aumentam na razão das vizinhanças múltiplas, das faces que a impregnam de contágios irremovíveis, das contingências que a afastam de um episódio em proveito de outro, sucedendo às vezes ao rosto solicitado abandonar a meio o desempenho de sua representação.

Capítulo 8

1 — *A escultura em carne* — *Ilegitimidade da fisionomia.*
2 — *Os testemunhos da criação artística* — *Referência a Spinoza.*
3 — *A exceção no gênero.* 4 — *As figurações contíguas.* 5 — *Imitação do Julgamento Último.*

1 — Dada a apreensão total que obtivéramos dos componentes de seu espírito, a ponto de mantermos entre ele e nós uma familiaridade verdadeiramente doméstica, de tal maneira freqüentávamos a alma de A... que, assimilando-lhe a essência e conhecendo-lhe as possibilidades de desenvoltura, verificávamos o quanto era inadequada a forma que a recobria: a figura austera demais para lágrimas ocorrentes, os braços imóveis para os tocantes apelos; em zona tão reduzida, por nós penetrada com absoluto desimpedimento, experimentando a vida íntima de A..., como se fora a nossa própria, transladávamos a nós a tortura inconsciente nele mesmo, consistindo na dificuldade de exprimir-se através da desobsequiosa face. Mais penoso lhe devia parecer, como acontecia conosco que apenas o freqüentávamos, o substitutivo por ele utilizado para compor as feições, substitutivo feito de gestos inoportunos, mal condizentes com o teor do painel em que figurava, comumente com a importância de principal ator; daí os conseqüentes fracassos que atingiam o episódio inteiro, embora fossem exímios os demais participantes. Preferíamos que ele atuasse à maneira do vulto que foge incontinenti, logo ao início do comovedor retábulo, embora deixando os comparecentes atônitos com a inesperada atitude; nesta se revela, por parte do intérprete desistente, o pudor de ir mais longe, o respeito por um motivo cuja grandeza se lhe entornará dos recursos restritos. Quando transitávamos pelo espírito de A..., despíamo-nos do pessoal envoltório, e a nossa efígie no instante em que lhe transpunha a fronteira, sofria modificações internas e radicais, vindo a ser a alma de A..., em duplicata e curiosa dessa outra vida,

dos novos misteres que o tímido semblante nos convidava a iniciar. Um dos graves transtornos oferecidos pela configuração de A..., nos momentos em que, sem ele o sentir, o nosso âmago identificava-se com o seu, residia na impossibilidade de trazer à tona da imagem a singular tristeza existente em recanto do espírito; esta originara-se, talvez, de dissabor acontecido há muitos anos e, pela insistência da memória, avolumava-se gradativamente até ocupar todas as dimensões de sua sensibilidade; talvez por nunca vir à luz, a sensação perdurada, encontrando propício ambiente à conservação, lá permanecia para reavivar-se ao menor aceno da lembrança, ente oculto que vislumbrávamos por meios indiretos, por insinuações reticentes que só a duradoura intimidade nos fez acessíveis; inúteis se tornavam as tentativas para lhe minorar o padecimento — o que apenas de sua alma poderia ele obter — e os insucessos de nossas dúcteis intervenções se geravam sobretudo dos escassos elementos que ele nos fornecia, ante os quais se diluíam os estratagemas como processos cuja delicadeza não aferia com a rigidez do rosto; jamais conseguimos alcançar, para exteriorização daquela amargura, que as pálpebras se entreabrissem e os olhos se imobilizassem, sem se prender a objeto nenhum, absortos no espaço, os lábios inertes e a respiração compassada; no entanto, o vulto de A..., posto em nossa imaginação, ao inverso da figura visível, era facilmente adaptável às preocupações que ele possuía e, como se lhe fosse a efígie real, manifestava legitimamente as cavidades de sua aflição; perante essa dualidade, quando a fisionomia própria de A... e a reconstruída por nossa mente, à base de sua alma e da substância de suas idéias, disputavam, dentro de nós, a posse exclusiva do nome, concluíamos afinal que nem sempre o rosto que o indivíduo conduz é o que lhe corresponde à qualidade íntima: os gestos, os traços, a total configuração revela a cada passo o inoportuno e o desconexo entre o ser afetivo e a concha que o recobre. Por tudo isso, devemos dizer, a propósito daquele ente, que a efígie por nós imaginada, a partir das vozes, da mudez, dos elementos colhidos ao contato, era bem mais consentânea com ele que o rosto assim como surgia diariamente aos nossos olhos; o nome de A... revestia, em verdade fisionômica, em vez de seu corpo palpável, o semblante que sem poder sair de dentro de nós, se ostentava contudo a face autêntica de seu dono, todavia impossibilitada de ir além de nós, de percorrer os recintos de seu hábito; e dessa forma repor em cada canto as atitudes que anteriormente a outra lhes negara, iniciando assim uma série extensa de retificações, como o ser que adquire comunicabilidades adormecidas até então, e em cada reencontro se desdobra em apagar os constrangedores equívocos. Tais verificações se enclausuram em nós, sendo com pesaroso testemunho que presenciamos, hoje, a repetição de painéis em que A... se deixa imerecidamente vitimar pelos olhos que o vêem em versão imprópria, e extraem conclusões que o verdadeiro e fisionômico original não sugeriria.

2 — Sob a orientação da mente, se retraem circunstâncias que se dariam se postas externamente ao nosso olhar; dentre as conjunturas que não podemos obter por intermédio da fisionomia mentalizada, avulta a da permanência no ser genérico: daí a convicção de que nos abstraímos do gênero, nos isolamos dele sempre que a nossa idéia, assumindo um teor figurativo, percorre os itinerários que a rigor nos pertencem à visão. Pela impossibilidade de estendermos a mente, como efetivariam os olhos, de um recanto a outro do painel, pois que a investidura no rosto de alguém nos impede de o abandonar, sob pena de destruirmos a devaneadora incorporação, mesmo quando tal iniciativa fosse em proveito de suas expansões faciais, os surgimentos do genérico se privam de nós quando na posse de A... ou de qualquer, o guiamos à procura da autenticidade de gestos. Em plano que não escapa à ordem figurativa, o pensamento — como entidade que se debruça em si mesma, expondo-se ao seu possuidor à feição de monólogo intransferível, a ponto de perseverar na significação de ser exclusivo e incomunicável na forma que é diferente para cada pessoa — a ela tende a imitar, ao estabelecer a idéia que já outros conceberam, e acredita, ao primeiro lance, ser ela original; esta suposição não é mais que a resultante da maneira com que o pensamento efetuou tal exercício, esta, sim, inédita. Outras vezes, o juízo, que formulamos, não nos contenta por parecer de pouca intensidade; entretanto, se ao redigi-lo imaginamos que ele se efetua pela palavra de tal escritor, cujo mérito intelectual de há muito participa de nossa admiração, a idéia em foco se enobrece perante nós mesmo por haver, em rápido momento, se aproximado da fonte que, em face de tantos motivos, excede a qualidade da que se situa dentro de nós. Se o escritor, em cujo amparo nos fortalecemos, é um ser de nosso convívio, uma figura que se nos expõe à visibilidade, de modo a vermos mentalmente o gesto compenetrado com que ele pronuncia a sentença que a nossa mão delineia, de mais valor se nos apresenta a idéia anteriormente debilitada; como se tornam freqüentes essas coonestações faciais, ao relermos as folhas preenchidas, verificamos que elas se justapõem a rostos que invocamos no instante de serem escritas; sendo a releitura um álbum visível apenas para nós, e a cujas páginas se agregam, sem no entanto disputarem conosco a responsabilidade da confecção, certos vultos, inclusive certos episódios, que apontaram em nosso pleno labor, e que ali permaneceram como entre-atos irremovíveis. A conservação dos manuscritos que algumas pessoas guardam com desvelo, inclui também, mas inacessível a elas e aos observadores, uma série de figuras que desapareceu com o manipulador de tantas frases; mal subentendendo os visitantes do arquivo, da biblioteca, que muitas linhas se interromperam à aproximação de alguém que aí intercalou o seu vulto: anotação silenciosa que ninguém mais poderá ver, nem mesmo o sobrevivente que fez parar, com a efígie à porta, a mão atenta ao só reclamo das idéias.

Esse vulto da fortuidade já padecera, antes, de morte de igual natureza, quando sucedeu apagar-se nos olhos que o viram em inúmeras ocasiões, vindo a perecer, simultaneamente com eles, o muito com que se deixou vislumbrar; como nas páginas do manuscrito, o intercalado semblante desapareceu com os olhos do autor que conduziu ao túmulo a efígie a ele familiar e, com esta, a faculdade inteira de um dia recuperá-la através de releitura. A incomunicabilidade dos painéis existentes em nossa alma, se compensa todavia com a própria introspecção em que ela se configura; os entrechos interiorizados em nós, as fisionomias que vieram a suspender o nosso trabalho, são de ordem reconstituível em termos sem dúvida vagos, mas que podem inserir-se como valores de recepção, na qualidade de vultos e episódios da imaginária interna. A vida insulada proporciona especial perduração na lembrança dos curiosos de sua existência, por serem reduzidos os dados que ela oferece à reconstituição dos vindouros: à semelhança dos que possuímos em relação ao filósofo que foi um polidor de lentes, os quais nos levam a deduzir o comportamento de sua face por ocasião da morte de J. W...: a aflição comedida pela idéia de eternidade, mas oriunda da intuição de que a ausência do amigo estava àquela hora afetando a outros de maneira ainda mais dolorosa, por não se premunirem estes de igual compreensão com respeito aos modos infinitos; forma presumida de sofrer, menos em virtude do objeto da mágoa do que em face da existência de muitos olhos a se umedecerem pelo mesmo motivo, espécie de solidariedade mais aos espectadores do que ao vulto central do episódio.

3 — Com freqüência, abandonamos a coisa contemplada, fazendo-a substituir pelos rostos que a vêem; então eles, que constituem a platéia, alcançam nivelamento sinonímico, originário da circunstância de todos se equivalerem enquanto captadores do mesmo objeto; os rostos, por peculiar interesse, nos induzem a isolá-los da fonte alimentadora, a tê-los como algo em si, cuja conformação, ao avizinhar-se da nossa, que assiste ao unificador conclave, nos proporciona um painel que a fundo representa a comum sociabilidade de nossa ótica. Se os olhos se desviam da cena para se deterem na uniformidade dos espectadores, é que uma substância mais caroável disputa ao simples objeto da contemplação a incidência do miradouro; ela consegue vencê-lo, no sentido de o afastarmos da consideração, embora resulte imprescindível — a exemplo da lâmpada que se nos mantém despercebida enquanto, valendo-nos de sua claridade, nos permitimos reter os vultos que estão diante de nós — que as pupilas de quantos se acham presentes, continuem ocupadas pelo pretexto, pelo

CAPÍTULO 8

objeto, que nos atraiu a todos. De nosso lugar, apreendemos o ser genérico fisionomicamente estabelecido graças ao episódio que no palco o regula; e desde que desviamos o olhar para o ser genérico, o entrecho ocasionador, a peça que no tablado desenvolve o argumento, recua de nossa apreciação, imergindo em reduto que não atingimos senão por interpostas figuras, em cujos depoimentos confiamos. Na obtenção através de terceiros, muito perdemos de coisas singulares pela inexistência, nos reconstituidores, de uma ótica vivaz e nítida, de uma faculdade de reprodução equivalente àqueles olhos desejáveis; extravio semelhante assistimos agora nos gestos, nas frases que os atores em cena veiculam para a uniformidade dos espectadores; entretanto intentamos captar nos rostos da platéia o desfecho do drama que eles presenciam com sôfrega atenção; o ser genérico, parecendo atender às injunções de nossos propósitos, oferece-nos ainda a aparência de sua ampla face, desta vez tecida de olhos que se magnetizam ao compasso dos bustos ofegantes; do observatório, concluímos, em termos de figuração, que o gênero reduziu um tanto o seu aspecto, se fez menor em visualidade, como, ao penetrarmos no aposento, depois de colhermos a larga manhã, temo-la ainda, simplificada, na vazadura da janela; repartida em vários trechos, movemos o olhar de um a outro, e todos os fragmentos nos respondem que o genérico está sobre eles; e da cissiparidade ambiente a nossa vista regressa ao inteiro episódio, as repartições visuais consentindo que retornemos à sua unificação; nas deambulações do olhar, o genérico se conduz como se a nossa receptora presença fosse, ao modo da branda claridade, inofensiva aos arranjos que os vultos mesmos se entredistribuem em homologação aos nossos intentos preconcebidos. Dessa forma, inferimos que a conclusão da peça se estendeu por tempo superior ao necessário, que o término do enredo teve variações de acento, porque o genérico se transmutou da imobilizadora intensidade à amena expectativa, e por último ao riso satisfeito de todos os lábios; a reconciliação reuniu as boas personagens e o humano entendimento diluiu os desajustes que compuseram a história, que evitamos em proveito das manifestações faciais em função dela, porém consubstanciadoras de efeitos independentes, isoláveis em sua ordem fisionômica. Aproveitando ainda o teor figurativo dos assistentes, antes que a luz e a desacomodação nos viessem a comunicar que o pano descera na cena extinta, nos transladamos em pensamento para o corpo de um daqueles semblantes; ao fazê-lo, sacrificamos antecipadamente o genérico que, por curto momento, nos suspendeu o aspecto, com que então se expunha; a transferência para o rosto que selecionamos — uma figura qualquer entre as muitas que se encontravam no recinto — se operou sem dificuldades, tão certa era a nossa previsão de que a atitude do gênero iria, em nós, retomar o seu curso logo que voltássemos ao motivo existente no tablado; mas, enquanto residimos na efêmera investidura, nos escapou o genérico, seme-

lhante a alguém que, distraído com a pessoal indumentária, perde
o flagrante que tanto estimara ver e que se mostrou exatamente
nessa ocasião; ao ruído das pessoas que se levantavam, surpreen-
demo-nos ainda no interior da rápida investidura, a de determo-nos
na efígie que isoláramos de todo o conjunto; em conseqüência,
um tumulto mais grave que em qualquer outro, mentalmente
nos coubera na cena da debandada, em virtude de nessas intros-
pecções jamais nos provermos ante os possíveis acidentes; como
se o genérico, zeloso da ubiqüidade, não nos oferecesse ao pensamento mais do que um relance através do qual obtemos — em
plano que, a rigor, não é o acolhido por nosso olhar externo —
a libertação, em nós, da imensa entidade. As incursões da mente,
nesses casos, se efetuam sem o consenso da externa visibilidade;
esta fugindo igualmente, quer do rosto em que nos inserimos,
quer dos olhos que no mesmo instante proventura nós obser-
vem; nunca se mencionando que o nosso corpo está vazio da
alma que o deixou a fim de envolver-se, em transmigração provisória, no semblante que a contigüidade propicia, à maneira do
instantâneo que o fotógrafo registra no desconhecimento dos
seres retratados, o qual sonegou à lente as preocupações íntimas
dos que lhe deram apenas as figuras.

4 — Quando a iconografia exterior vem a cooperar no trânsito de nossa mente, revela-se mais profunda a posse que adqui-
rimos do rosto cuja natureza muito conhecemos; tal sucedeu
na noite, após a sessão do teatro, em que na calçada deserta encarnamos, à revelia de B..., a sua efígie; por ocasião de tais investiduras, não nos escapa a idéia, aliás pesarosa, de nos vermos
carecedor de testemunho direto, de elementos que o passado
remoto consumiu, e que entretanto configuravam uma pessoa
que a admiração nos estimula a representar; em conseqüência,
sentimo-nos impossibilitado de tê-la satisfatoriamente, em nós,
resignando-nos unicamente com o domínio de certos dados,
bem poucos para substituirmo-nos por ela, como o fazemos em
relação a algum vulto de nosso convívio. A contemporaneidade
que nos pertence, e nos cerca por toda a vida como o dilatado
meio que é também a prisão elástica de nosso corpo, traduz,
com respeito às contemporaneidades que se foram, um museu
de sugestões, de valores presumidos, de esboços a serem restau-
rados, e dedicamos muitos momentos a obter, por seu intermédio,
a fisionomia que a legenda nos convidou a imitar; ou pela sedução
da legenda, ou pela inclinação de nosso próprio ser, que misterio-
samente se supõe contíguo ao vulto de que restam apenas as
palavras, buscamos, entre as coisas fornecidas pelo fantástico
acervo, os dons estruturais daquela fisionomia, os panejamentos

que cobriam os seus gestos, de modo a nos aproximarmos tanto quanto possível da fonte emissora das belas frases; na pesquisa, de certo que não nos descuidamos de atuais modelos, que nos proporcionam fáceis investiduras, integrações mais acessíveis à alma; mas o próprio merecimento da atual contemporaneidade se oculta à nossa preocupação, à guisa de texto de literatura que, como tal, se estiola em virtude de nos atermos à semântica das palavras, alimentando assim um interesse que visa a articularmo-nos mais ainda com o autor de páginas excelentes, embora ao preço de alhear-se de nós a substância artística. Tentamos em vários sentidos encontrar os elementos que nos possam transferir de nossa contemporaneidade para a do modelo que o tempo dissociou de nós, quando intuimos ser ele de nossa proximidade fisionômica; aparentamos, segundo presença antiga, um acontecer de alguém, cujas ruas que percorria desapareceram como seus passos, e de tudo quanto fôra sobrevive apenas o nome, mas suficientemente pródigo para nos induzir a captar-lhe o rosto. O programa não nos parece irrealizável, existindo em seu favor o sermos já, algum tanto, o matiz tão perto do vulto em causa; e dessa forma valemo-nos da prerrogativa da contigüidade fisionômica, da contingência de estarmos na série de figuras livres do tempo e situadas na ordem que o painel do Juízo Final nos suscita; havendo de nossa parte a auto-orientação dos gestos, a pertinência da conduta no tocante aos dados que possuímos, ora em expressões colhidas de seus lábios, ora em aspectos provenientes de alguma estampa, ora em testemunhas que viram e gravaram o arranjo que o seu corpo dispusera entre as paredes do aposento. As efígies de nossa contemporaneidade representam, em relação a essa procura do modelo, os objetos que a toda hora nos dão as similitudes de que nos ressentimos, e ante o contato de nossos olhos, aproveitamo-lhes as atitudes que nos faltam ao acervo; temos, portanto, à vista de nós mesmo, as sugestões estimuladoras que nos atraem a determo-nos perante elas, sem lhes comunicarmos o valor de que se encontram ungidas; isto por força de escrúpulo que as defende de transmutações, que ocorreriam em suas faces se elas soubessem da semelhança; posto assim em presença do rico museu, o nosso olhar recolhe, depois de tanto anos, e impregnados de diferentes conjunturas, a verônica meio úmida ainda do precioso original. Tão férteis são as amostras do cotidiano, tão freqüentes as buscas em livros de reprodução pictórica, em imagens de pessoas de nossa convivência, a ponto de nos dirigirmos com facilidade aos recantos desse museu onde elas se colocam, que a fixação em uma delas costuma transferir-se para outra existente em reduto dentro de nós; em conseqüência de tão assíduas substituições, sendo a escolha variável na medida em que a preferência se esmera na cristalização do modelo, nos acode a idéia de ser a prática dessa escultura o preenchimento constante de vazios; e o museu de nossa contemporaneidade a perspectiva que, repleta das coisas que almejamos, de tão solícita nos leva ao pensamento de que nenhuma extinção pela morte foi bastante para nos impedir de encontrar as figurações vizinhas do remoto e cativante rosto. Se houvéssemos nascido há dois séculos, a contemporaneidade correspondente à luz de nossos olhos nos teria propiciado uma coleção equivalente à que nos satisfaz agora, tanto se repetem, no acontecer fisionômico, resistindo às variações de indumentária, as linhas de que carecemos para a composição do elevado modelo, as quais existiram antes que este as agrupasse sob a coberta de seu nome. Os elementos que o olhar seleciona dentre os inúmeros de nossa contemporaneidade, e que talvez se instituíram o objeto de idêntica preocupação, se porventura um olhar parecido com o nosso os perscrutou com igual intuito, representam uma constante figurativa, à base de contornos genéricos na plena repetição das nominalidades; nessa ordem, ela se perpetuará como a dizer que a morte sobrevinda não se efetua de todo, havendo, para consolação e dispersas ao longo dos caminhos, as aparências fragmentárias do desaparecido corpo; e então, a idéia da morte se confunde com a do desmembramento, o nosso desejo de reunir num só vulto os aspectos atualmente esparsos, tem a significação, que transcende ao fato de assim devolvermos ao nome a posse de seu conteúdo: qual seja ela a de tornarmos a morte aparencialmente inoperante; em outras palavras, a de obtermos, com a junção de atitudes que se espargiram depois do perecimento, a ressurreição, em nós, da figura que nos pareceu a mais consentânea com o nosso próprio ser.

5 — Sendo inexaurível o manancial que a presença nos oferece — o elástico museu que se locomove conosco — a reconstituição que temos em mira pode nos resultar em mister por toda a existência; nunca a amostra de condizente gesto nos agrada inteiramente, a possibilidade de melhor contribuição nos induz a esperar de outra figura o acesso mais aproximado da efígie que pretendemos. Igual à prática do pintor impressionista, que a recompunha sempre que a luz ao seu belvedere se alterava, o ser escultórico de nossas preocupações se refaz em nós ao aparecimento de novo aspecto; e cada vez que a tanto nos decidimos, se atenua a idéia de alcançarmos definitivamente o modelo que aspiramos; contudo, nem por isso é menor o interesse com que detemos o que surge para a configuração do retrato, indo ele justapor-se à obra em fatura, apesar de imbuído, que estamos, da efemeridade de sua atuação; o qual, a despeito de ser substituível, de encerrar-se em posição provisória, se conserva no decorrer do aproveitamento, à guisa de substância que não exclui de si mesma a eventualidade de extinguir-se de nossa contem-

plação. Enquanto se alia ao primitivo molde, o semblante encontrado e atingido pela cobertura do buscado nome — referência contínua à unidade facial, à fixação, em nós, do ser que a morte repartiu através de figuras em permanente contemporaneidade — nele habitará como o hóspede que adere, de súbito, ao recinto onde lhe foi dado permanecer. Em cooperação com o nosso olhar, as incursões da mente visam a obter, do vulto que nos levará à posse do antigo rosto, o aspecto mais adequado ao ser de nossa imaginação, e elas se exercitam muitas vezes à custa de delicados esforços; principalmente quando a fisionomia, que nos atrai pela similitude com o original inesquecível, pode melhor satisfazer a nossa exigência com a maleabilidade que ela em si mesma nos sonega, mas que se efetuará em atitudes desde que nos insinuemos no curso de suas espontaneidades, tornando-as coincidentes com a idealização de nosso desejo. Ela então nos propina o teor facial que somente nós apreciamos, a harmonia que é menos de seu corpo que da imagem a que ela se destina, em nós; se acaso em nossa ausência, por efeito do hábito, o ser escultórico exibir a olhos estranhos a atitude que nos era exclusiva, é a entidade longínqua no tempo que, a meio outorgada no simples gesto, passeia incógnita entre desapercebidos transeuntes. À maneira do retrato que encerra dupla anonímia, a do ser retratado e a do autor da fatura, o gesto que conseguimos gravar no rosto de alguém será suscetível de considerações, de pressupostos, mas inferência nenhuma descobrirá o segredo de sua composição; nem nos move, de nossa parte, qualquer intuito de imprimi-la de tal forma que o semblante parcialmente modelado suscite em agudo observador a revelação do mistério que de todo nos pertence. Se porventura esse alguém solicite do portador a razão de ser da atitude que a partir de certa data se vem manifestando em sua efígie, este responderá, quando muito, que a absorveu durante a convivência conosco; mas o motivo que se estendeu de nós ao gesto habilmente implantado, este continuará ignoto do mesmo indivíduo que o conduz a contento de nós ambos. Tendo acontecido que no mesmo logradouro encontramos algumas fisionomias que nos deram vários trechos da almejada configuração, a técnica de nosso trabalho exigiu que as mantivéssemos à distância uma da outra, isto em recurso paradoxal de confeccionamento; mas o único a permitir que a contribuição de todos não prejudicasse a de nossa mente que, longe das peças do favorável museu, esculpia, com os elementos da só lembrança, o corpo quase integral do ser de há muito desaparecido. Como o pesquisador que no arquivo anota os dados para uma obra futura, e depois no gabinete alonga em inúmeras páginas o que fora apenas mera indicação, dos fornecimentos da memória, e no reduto de nosso quarto, ampliamos, em gestos discorríveis, os pequenos textos que a nossa visão registrou, as esparsas atitudes que se positivam então por estarem em ausência; e por meio delas e graças à exaustiva perseverança, erguemos, tanto quanto possível, o rosto que nos parece aquele que nunca se vislumbrou completo ao nosso olhar. A infinidade de nuanças em que se fragmenta um vulto perecido, é o vínculo fisionômico a entrelaçar as contemporaneidades supostamente diversas; e se do observatório da abrangência total, que os nossos instrumentos não alcançam, nos fosse dado ver toda a perspectiva do tempo, com bastante acuidade para que ocultação nenhuma recaísse na simultaneidade dos homens, uma tela imensa, como a do Julgamento Último, preencheria o campo de nossos olhos, e nela as faces se poriam em combinação, os matizes se estendendo por figuras que as gerações interromperam; num recanto dessa paisagem, contemplaríamos o vulto que agora recompomos com a exigüidade de nossos meios, e, fisionomicamente contíguos a ele, os semblantes de que nos temos servido para efeito de sua reconstituição em nós.

Capítulo 9

1 – *A notícia da morte de T... 2 – O nosso vulto em outorga. 3 – O recolhimento das partes dispersas. 4 – A intuição de existência. 5 – A identidade mediante o abrigo. 6 – O retorno à individualização.*

1 – A figura de I..., um dos elementos com que contamos agora para a restauração do original desaparecido, era o efeito de um treinamento que não nos pareceu de todo eficaz; temendo que a comoção viesse a nos inutilizar o esforço, a dedicação se poliu de extremos cuidados no dia em que nos coube informar-lhe que o ser mais precioso de sua vida, a imagem de T..., falecera inesperadamente poucas horas antes; íamos nós mesmo, por coincidência irônica, desincumbirmo-nos de mister demasiadamente implacável e tanto mais rude quanto os gestos que ele nos exporia, eram de nós ignorados: não havíamos, em circunstâncias dolorosas como a presente, testemunhado a natureza de suas atitudes, de forma a antevermos, nos conhecidos acentos da face, a conduta que esta manifestaria ao receber a comunicação; a caminho da residência, escolhíamos as palavras anunciadoras, mas a própria agitação impedia-nos de selecioná-las, e dentre o tumulto das idéias um pensamento brotou que pertencia à legitimidade cênica; desde então os passos se moveram ao ritmo desse pensamento, que não era o repouso à confusão da sensibilidade, porém o sucesso que em sua ordem fisionômica se harmonizava com a cena a estabelecer-se; ele resultava no preâmbulo condizente com o significado funéreo, à maneira do rosto que se crendo inoportuno ao retábulo, por desconhecer o que se desenrola entre os figurantes, se aproxima com o busto recurvado, inspirando, ao observador que de certa distância presencia o entrecho da séria confidência, a convicção de que o recém-vindo, na breve estada, surgira para trazer ao conluio a sua parti-

cipação. O pensamento que nos acompanhou à casa de I..., incorporava-se figurativamente ao painel vindouro, no qual um vulto devia nos trazer o inédito de pungente gesticulação, e com ele destruir-se, sem dúvida, o trabalho de profunda e calculada diligência; o pensamento se perfazia da imaginação de àquela hora estar o ser descuidoso da tragédia, que íamos noticiar, envolvido pelo silêncio dele, o qual não se confundia com nenhum outro; silêncio que som algum perturbava, mudez que adere às coisas em redor, através da qual a visão distinguiria melhor a unidade que impregna todos os recantos da cena, cujo nódulo é a face de I... absorvida nos afazeres domésticos; a tudo indiferente que não fosse a composição do agasalho segundo a fisionomia daquele que, estando morto, não repousará no aposento que afetuosos gestos preparam sem saber do inútil que reveste as delicadas ocupações: naquele momento, o leito já se encontra disposto à feição de T..., o salão de estudo tem os objetos colocados conforme o semblante ausente, as minúcias da utilização diária esperam em vão a efígie que na véspera as praticou pela última vez; um acontecimento excepcional costuma retroagir aos instantes que o precederam, proporcionando a estes a valorização de aspecto que os demove de sua simples contigüidade no tempo, tornando as coisas, que neles figuraram, os atores já em pleno início do espetáculo; depois de fechado o pano, ao relembrarmo-nos de todas as seqüências, verificamos que eles eram indispensáveis ao prosseguimento do enredo, em virtude de os fatos posteriores terem vindo consubstanciar, com a significação concludente, às vezes sob a modalidade de mera homologação de presença, tais protagonistas de cênica anterioridade; a nossa lembrança do dia anterior, quando juntos saímos de sua residência, reproduzia com extraordinária lucidez as pequenas conjunturas da derradeira véspera, as menores ocorrências surdidas entre a biblioteca e o pórtico; tudo enfim que dizia respeito à face de T..., era fielmente reconstituído em nós como se, ao observarmos todos os escaninhos nessa véspera, um presságio miraculoso nos tivesse induzido a assestar aos olhos os instrumentos mais capazes; a cena anterior se compusera ao ritmo de presença descuidada, que somente agora nos era possível perceber, havendo-se posto em nossa recordação como painel cuja simplicidade rotineira nem parecia revelar qualquer aspecto que lhe fosse mais profundo; entretanto, ao andarmos, traduzíamos todo o conteúdo de seu texto, que se nos oferecia depois de nos reservar, para o descobrimento da qualidade recôndita, muitas horas até a ocasião de completa leitura, acessível mercê do fatal acontecimento, do segundo ato que entornou sobre o primeiro a cobertura da inelutável ratificação; para que esta se efetivasse no mesmo recinto, íamos nós ao encontro do insubstituível palco; a nossa incumbência era a dos removedores de cenários que, atendendo à circunstância de um episódio dever recair no logradouro que servira para cena já exposta, vêm a estabelecer uma conexão de significado entre dois motivos, fazendo-os aglutinar-se externa e internamente, ante os olhos compreensivos da platéia; como nenhum assistente iria testemunhar a correlação entre o retábulo da véspera e o que dentre em pouco se verificaria ao nosso olhar, tínhamos em nós a acumulação de dois misteres: um, que era o de sermos o agente unificador de ambos os episódios, e outro, o de recolhermos, para a nossa exclusiva apreciação, o resultado do interpenetramento de dois entrechos que, separados pela fração de um dia, se justapunham em cena maior, no afresco da casa de T... por ocasião de sua morte; em direção à entrada do domicílio, sobre o terreno que as chuvas amoleceram, víamos o desenho de seus pés gravados à revelia dele que, de certo, nunca o observou; e no entanto se nos mostrava como a sua presença restante, a sua fisionomia posta em virtualidade, articulando-se à grande cena em via de ocorrer e trazendo à unidade do recinto a acentuação incontestável da pessoa.

2 — Em seguida às pegadas na terra, a presença de T... reveio a nós nos recantos da casa, no jardim sem ninguém, no terraço deserto, em todos os pontos que possuíam a modalidade de seu corpo; percorremo-los sem encontrar o ser a quem íamos comunicar a morte, quando em todo o prédio estava fisionomicamente vivo o rosto que dele se ausentara, como era de costume todos os dias a horas certas; o destinatário da notícia não se achava presente, e enquanto decorriam os minutos, sob a espera de seu retorno, o nosso olhar, pousando nos objetos do recente espólio, recolhia o calor do vulto de T..., como nas telas de pouco ultimadas sentimos a vibração que é diversa da que registraremos meses após, isto em virtude da novidade primeira diante de nosso miradouro; uma cintilação presa ainda ao pintor que, no apartamento contíguo, lava das mãos as nódoas que sobraram do último emprego; ânimo visível é o da figura que ainda ontem, em continuação à cadência de há muitos anos iniciada e nunca interrompida, reativara, nas coisas do uso, a assinalação de seu rosto, ora explícita, em posição de que fora ele o localizador, ora em desgaste que contém em si o cunho iniludível de sua freqüentação; acontecendo que, daí a alguns instantes, chegaria a hora exata em que ele diariamente transpunha o portão, as coisas do domicílio passaram a ser para nós a muda expectação para o vulto que não deveria tardar; e que, pela própria circunstância de estar este bem perto, de vir a mostrar-se, de ser a caminho, representavam a antecipação da figura a receberem: assim, o ato de presença se elastece, efetuando-se, por intermédio de formas virtualizadas, em cena que não é de todo erma da face ainda em ausência; à medida que olhávamos as coisas na atitude de serem de logo

tocadas pelo semblante a surgir, do sentimento, que em nós se condensava, uma parcela incidia sobre os entes que, desavisados da morte do modelador, tinham as feições inutilmente abertas ao costumeiro contato; peculiar tristeza recobre as fisionomias que, dessa maneira paradas, se nunca vier alguém a removê-las de seus cantos, diluindo o painel da vã expectativa, se cristalizarão no gesto feito para determinado acolhimento, como se todas as impossibilidades pudessem um dia ceder uma ocasião ao retorno do ser desaparecido; como se as coisas inertes incluíssem em seu pesar a solicitação, ao nosso rosto, de proporcionarmos o comparecimento de T..., em virtude da incapacidade de as satisfazermos com a presença do mesmo vulto esperado, acudimos com o sucedâneo de nossa figura, dispondo o nosso corpo na conformidade da fisionomia que morrera; assim, de posse dos gestos habituais, das maneiras domésticas com que ele nucleava as cenas de sua habitação, despimo-nos de nós mesmo e fomos por largos momentos a efígie que de volta do trabalho recompunha, no aconchego dos móveis, a terna alegria de ver-se no interior da concha; no painel então estabelecido, a face que perecera ressuscitou em nós na meia luz da tarde e sob o teto do alpendre: de modo que nos pareceu tão certo, de acordo com o equivalente retábulo que se reproduzira com os mesmos tons, que se alguém da vizinhança dirigisse o olhar para o entrecho silencioso, longe estaria de conceber que o principal intérprete da cena, dela se ausentara; em vez do cotidiano vulto, a nossa efígie, impondo-se a si mesma a prática da outorga, viera, com tanta fidelidade, a prosseguir no desempenho da pontual significação; esse alguém relataria depois que, ou algo de fantástico sucedera, ou o instante preciso da morte se dera posteriormente à volta de T..., à sua morada; desse ângulo figurativo, nos coube a tarefa de, em termos fisionômicos, procrastinar a morte do ser cuja sobrevivência ia doravante diluir-se na memória de alguns e na irremediável dissociação dos objetos que lhe pertenceram: no desagregamento dos mudos participantes, a começar talvez no dia seguinte, na hora mesma de acomodar-se, entre os móveis ainda quentes de seus gestos, o corpo impossibilitado, na prisão do ataúde, de presidir mais uma vez as cenas do acontecer doméstico; ao vestirmo-nos da face de T..., a nossa mente transitava por idéias que sem dúvida as podia promover a efígie durante os prolongados momentos em que, sem a companhia de outrem, meditava perante o testemunho apenas de seus móveis; idéias que bem se prendiam às coisas desse mesmo lugar, talvez à alteração parcial ou completa do velho recinto, porquanto o seu pensamento, como de ordinário sucede nos vultos distraídos do próprio corpo, jamais conjecturara ser o invólucro do aposento a extensão agasalhadora de sua figura; e que a menor adulteração nele estabelecida importa em mutilar o teor cênico, no qual a fisionomia centralizadora, a essência do constante episódio, é solidária a todos os riscos que venham a acometer o plano do íntimo painel; regulamos, segundo a nossa sensibilidade, a natureza das coisas silenciosas e inânimes que tinham, exposta em suas aparências, a suma de todos os gestos de T...; gestos insistentemente formados desde a hora em que elas o abrigaram pela primeira vez, até a ocasião do último contato, sem que — e a convivência entre nós ambos fora bastante estreita para nos dissuadir dessa eventualidade — uma grata compreensão o fizesse olhar, com especial ternura, os móveis que, mesmo em ausência dele, nos traziam o conteúdo de sua presença, como o aviso que alguém deixa ao retirar-se e que nos detém à espera, convicto de que a figura não tardará, de acordo com os dizeres do próprio anúncio.

3 — Era noite quando interrompemos a incursão em T..., e nenhuma lâmpada clareava o retorno ao nosso pessoal investimento; e com ele a lembrança de que ali estávamos inclusive para ver em I... a conduta de seu rosto. Nós o esculturávamos consoante B. S..., o modelo que a morte destruíra e nos esforçávamos agora em unir os fragmentos que, dispersos na extensão da atual contemporaneidade, podiam de algum modo recompor o original primitivo; uma das partes residia na contribuição de I..., evidenciando-se na forma de rir, com esta a se apresentar pelos estímulos que unicamente nós sabíamos despertar, forma de rir que era diferente de quando ele se alegrava por motivo de outros contentamentos; daí um dos temores de vê-lo na infelicidade da morte de T..., desdita que resultava de muito superior aos recursos de preservá-lo de gestos opostos ao da esculturação. As coincidências do acaso vieram a nosso favor, dispensando-nos de assistir ao desconcerto da obra que, desde alguns anos, conservava o privilégio de não ser facilmente substituída por outra; incentivador de nossa imaginação parecia aquele trecho que, anexo aos demais, postos aqui e ali em figuras outras, era para nós, que o procurávamos com o ânimo de protegê-lo, a referência solícita por meio da qual púnhamos bem perto de nossa contemplação o modelo de B. S..., que a si reunia, em nós, fragmentos dispersos. Não poucas vezes pensamos em convidar os detentores da remota fisionomia para, em assembléia restauradora, termos à disposição, num empenho de simultaneidade, as parcelas que com tanto rigor havíamos selecionado; mas o impossível desse intento, dada a falta de pretexto que pudesse articular figuras sem a mais breve comunhão de espírito, nos desaconselhou de vê-las agrupadas sob o mesmo teto; em conseqüência, resignamo-nos, à custa de intervalos extensos, a ir ao encontro de cada uma à sua vez, e sempre que assim procedíamos era como se nos aproximássemos de B. S...; revelávamos, contudo, preferência pela visão de um de seus pormenores, pela minúcia que se

sobressaía do corpo inteiro, e no caso de I..., os nossos olhos se detinham no seu ar sorridente; dessarte, vislumbrávamos, de algum modo, o vulto do original, como no comum das interlocuções temos em foco o olhar de outrem e no entanto nos dirigimos à pessoa integral. A posse fisionômica se reduz a algo mais que a obtenção das aparências, pois estas são transmutáveis segundo as alterações da roupa; diante de uma figura não nos preocupamos a respeito da veste, seguro que estamos de no dia seguinte reavermos o semblante em si, com igual ou distinto indumento; de onde concluímos que sobre a mesma face recolhemos gradações de aparecer, cujo extremo mais visualizável se reporta à modificação prestes, a qual costuma produzir-se em termos de dispersão: tal ocorre ao fixarmos o genérico da roupagem, quando concomitantemente, e ligado a ela, anotamos o traje de todos quantos se vestem da mesma forma; se assim acontece no tocante aos seres com quem convivemos, o mesmo sucede em relação à nossa busca de B. S..., quando retemos uma parte que pertence a este, surgindo-nos sob a condição de fazer-se acompanhar infalivelmente de outras peças que não são exclusivas dele. Os portadores da almejada fisionomia, sem saberem da importância que nesse particular os prende a nós, sem adivinharem que passeiam nas ruas algo fora da coberta de seus nomes, remotando à época distante do agora em que habitam e crêem indissolúvel, se silenciam com a pseudo-autenticidade de sua presença, convictos de que revemos neles tão só os possuidores de empírica identidade; eles transcendem a esta quando os tomamos por outros que não eles, quando nos parece que outros são precisamente eles, as confusões do olhar nos persuadindo de conceber o rosto como algo sujeito aos nossos modelamentos; o exercício de nossa fábrica a nutrir-se tanto das equivocações como do que ele nos oferece de homologável pelo consenso unânime, e neste caso podemos nos valer de sua oferta sem lhes alterarmos as naturais feições. O vulto de I... adotara a forma de contentamento que à nossa vista representava o que devera ter a ancestral figura; e se ao mesmo tempo outro indivíduo observasse conosco o mesmo gesto de serena felicidade, ele o não anotaria diferentemente desta qualificação, apenas uma dissimilitude separara as considerações coincidentes: para esse interlocutor, que junto a nós registrava a mesma atitude, o gesto era do repertório intransferível de I..., enquanto ao nosso olhar ele, se libertando das paredes da sala, ia ao encontro de um ser ausente por antiga morte, como se esta não atingisse, senão unicamente dispersasse, as aparências que os nossos olhos salvam por fim, cometendo-as a recuperar o nome de B. S..., do polidor de lentes, cujas idéias, mais configuradoras que os próprios mas contraditórios retratos, nos sugerem um rosto sem consideração à infância, um original composto na medida e sobre a marca de seus pensamentos.

4 — A intimidade com as cogitações do paradigma, com as cogitações de B. S..., compreendendo a assimilação de seu motivo unificador e os teoremas que constituem a forma, que tanto se aplica a uma parte do sistema como ao conjunto, delineia em nós o vulto que as formulou, e ao imergirmos nas páginas de preferência, mais se autentica o rosto que as escreveu; a claridade que o cerca aumenta de molde a nos dar, além da figura do autor, os aspectos que o ladeiam, a tranqüilidade do aposento, as reações perante as conjunturas que, fora de casa, lhe transitam ao redor da pessoa. Apreciamos sobretudo a obra que, aberta ao acaso, nos proporciona a modalidade da concepção inteira; quando dizemos que o escritor possui estilo, a significação desse conceito envolve uma tese de cissiparidade: havendo, em relação ao livro, um fato equivalente ao de nosso contato com as frações dispersas do modelo, que, na impossibilidade de reuni-los num só corpo, temos, desde que nos encontramos com algum deles, a sensação de nos acharmos em presença da figura completa: tanto nos basta simples trecho do vulto para aferirmos a existência de seu ser total. As complementações, as compensações que a nossa mente faculta ante a visão do corpo de I..., são derivadas da intuição de existência: a mesma que nos acode à vista de qualquer coisa, de pequeno objeto em que a imensa entidade se outorga, e em cujo exercício as intercalações do tempo e do espaço se exoneram de seus desempenhos, inconsideradas que estão em virtude de se fazerem inconcebíveis à cena; as intervenções da mente, suprindo as lacunas com representações fisionomicamente legítimas como flagrantes da possibilidade, se concentram em nós, evidenciando o incontestável da parcela visível, a oportunidade de nos convencermos sobre o painel que em si contém mais do que em verdade ele nos propicia de maneira direta. Uma figura é sugestão de outra, a natureza, negando-se a nos apresentar a série infinita das aparências, resume-a nessa intuição que nos penetra, nessa posse imediata de todo o existente por meio de um rosto que se despe inteiramente de seu nome, simples objeto da visão: como se um atributo elástico fosse inerente à fisionomia de cada uma das coisas, tão espontâneo surge a nós, no reduzido aspecto de uma folha, o mundo com todos os seus pertences, a floresta inclusive. Se nos dispensamos do esforço de aglomerar, no mesmo recinto, os diversos detentores do ancestral modelo, e se o contato com a fração que nos seja mais acessível, nos isenta de ir mais longe à procura das demais parcelas, é porque na visibilidade de um fragmento se inclui, de maneira virtualizada, a presença dos aspectos restantes; pairando sobre o trecho diminuto, o nosso olhar recolhe qualquer coisa que se não ajusta exclusivamente ao atual representante e sim também àquele que agora se recompõe em integralizadora parte: o ar que emana do rosto, em frente de nós, sendo talvez o que transluzia do semblante original. Durante o convívio

com I..., o corpo desse ser amoldável, a despeito da aproximação, se punha em ausência a fim de que se localizasse, no foco de nossa objetiva, apenas o risonho gesto que fizemos transportar de era vetusta para o seio da atual contemporaneidade; no gozo desse mister, a visão atua à revelia da morte, tornando ressuscitáveis os traços figurativos que na véspera do enterro cremos que os vislumbráramos em último painel. Quando a figura encerra em si alguma outra figura que assim se preserva da desaparição, e vem, como a outra, a falecer também, temos, no tocante ao original, uma segunda morte, mas que não nos impossibilita de retomar no semblante de terceiro rosto o fio da aparência que, mais nítido que a lousa a lhe guardar os restos, perpetua, pelo tempo que nos sobeja para tanto, a memória da face primeira, tal e qual a assimilamos amorosamente em nós. Durante a fatura do original, conseguida com as propostas fisionômicas, advindas da leitura ou da legenda oral, à feição da que nos proporcionou a figuração de B. S..., fazemos coincidir, com o restabelecimento da imagem, o desejo de que a nossa mesma pessoa a reproduza; em vista da incapacidade de o nosso corpo contribuir, com a exatidão necessária, para a escultura que esculpimos, a idealização, que nos incita a vê-la realizada fora de nosso rosto, conduz assim para além de nós mesmo uma das cogitaões mais preciosas de nossa mente; com o transferir, com o renunciar em favor de alguém, articulações de cunho vário fomentam entre nós ambos — o nosso vulto e o ator privilegiado — a simpatia de várias ordens, quer sentimental, quer estética, sem esquecer a inclinação intelectiva com que o consideramos à margem da leitura ou da legenda oral: a tendência a vermos, no semblante parcialmente em outorga, uma espécie de suplementação ao livro ou à história estimuladora. Com referência à efígie de I..., ao riso que nela conseguimos estampar, a sua presença tinha para nós o valor também de uma folha a mais no volume de nosso constante manuseio: um e outro reunidos em nós, como na biblioteca em que pende junto às estantes, e com significado que excede o de simples ornamento, o retrato do autor cuja obra, com zelo resguardada, nele se prolonga. O conspecto obsequioso de B. S... fazia parte do clima fisionômico de nossa residência, que era uma habitação para dois hóspedes: um, o nosso corpo revestido do próprio nome, e o outro, ele que, embora situado fragmentariamente em diversos domicílios, tinha em o nosso o pouso onde deixar-se envolver; era como o vulto de muitas residências, no entanto mais se demoraria na casa que lhe parecera a mais consentânea com a exigência de seus hábitos. Se os portadores de sua face lhe restituíssem os trechos que a compõem, e em conseqüência ele ressuscitasse como fora em vida e perante o espelho se sentisse homologar, ao aparecer à porta de nosso albergue, familiar impressão evidenciar-lhe-ia que, por todos os instantes em que estivera ausente, a disposição íntima do quarto obedecera às conjunturas de seu rosto; e que o real ocupante possuía algo também de sua figura,

CAPÍTULO 9

por haver, na decorrência de tantos anos, conformado o respectivo corpo ao recinto que coubera a ele e a B. S. . .

5 — Em virtude da existência de logradouro comum a nós ambos, auferimos a aura de que uma similitude de ordem facial, em compensação àquela que íamos recolher na aparência de outrem, pairava ali sob o nosso teto; similitude exposta pelos cômodos do ambiente, pelos móveis simples que tanto nos servirão, como ao coparticipante do lar, por esses mesmos objetos afeitos a nós, coisas que ora se distanciam, ora se salientam da atenção; que também, se acaso entre elas surgisse o ancestral modelo, a imobilidade desses complementos ora despertaria a fixação de seu olhar, ora se ofuscaria de seus olhos, então exclusivamente preocupados com algum teorema sobre a eternidade do corpo; mais freqüentes lhe resultariam as obnubilações ao miradouro, dos objetos que o circundam, sendo a condição mesma de seu trabalho a presença obscurecida dos móveis nos devidos recantos; assim considerados, mais permissível se torna, no arranjo do ambiente segundo a efígie de B. S. . ., o uso da faculdade substitutiva, por meio da qual as coisas, embora de não barroco estilo, nem por isso se inserem, com inferior legitimidade, na cena em que uma figura inédita e os vultos ao redor consentem em ser ignorados por ele. A predominância do rosto nodular facilita, ao teor do painel, as pequenas composições, discretas aos seus olhos; e, o que poderia parecer anacrônico, se ajusta com fidelidade ao entrecho, cujo centro tanto se preencheria conosco, mais conforme que somos com os seres da humildade adjacente, como se faria ocupar pela figura que os anos, aparentemente desunindo, anteciparam aos móveis de nossa residência, que tão bem a recebem e ladeiam ainda hoje. Quando os entes da contigüidade recuam para a sombra do esvaimento, permitem que outro venha em nosso lugar a assumir a posição que era nossa, isto sem que o painel se desnature da nominação que lhe havíamos inoculado: tal a cena do homem absorto, em cujo olhar nenhum objeto reclama por si mesmo a atenção exclusiva de sua ótica, merecendo todas as coisas da visibilidade um idêntico teor de consideração; imitando nisso o amor que se distribui, sem preferência, ao longo das faces que têm em si e dentro de si os atributos que, inerentes à substância, nos envolvem a nós mesmo; nesse particular, esta nos torna suscetível de equivalermos, fisionomicamente, aos vultos da vizinhança, a essas imagens diluídas, com o nosso rosto semelhantemente excluso, entre as paredes do próprio quarto, isento de todas as retinas. A porta do domicílio está aberta à visitação ou à morada de um ser que — diferentemente dos vultos que se uniformizam enquanto perduram

no hotel, constituindo portanto uma igualdade efêmera – transita, após o intervalo de três séculos, da modesta pensão, em que se albergava, à atual reprodução desse mesmo abrigo, feita em virtude de conexões que o ente genérico entrelaça; para essa transferência de pouso, há a cooperação de um vulto – o nosso – que, sabedor dos hábitos e das maneiras do antigo residente, se propõe a ir, munido de sua outorga, em busca do novo agasalho; tão bem se desincumbe da missão, que, ao introduzir-se em nossa vivenda, se acomoda entre as exclusões de suas velhas coisas.

6 – Preferíamos suscitar no semblante de I... o gesto sorridente que lhe déramos quando a sua figura, descuidosa das intenções que nos moviam, se encontrava em nossa residência; aí ela estava liberta de aproximações adulteradoras que, vindas de fora, apagassem, na cena da recuperação, o trecho visível do corpo que almejávamos ter, nítido, diante dos olhos; as precauções que tomávamos não iam além das paredes do recinto, e acontecendo que a prática da modelação veio a se tornar independente de nós, bastando a pronúncia de certos nomes para que I... nos oferecesse o riso desejado, temíamos que a atitude preciosa, de todo isenta de nossa iniciativa, se manifestasse longe, em algum conclave a que não pudéssemos comparecer; então, ela colidiria sem dúvida com o desconhecimento dos circunstantes, nenhum capacitado a descobrir o seu teor, como a página hermética e entretanto legível, que circula entre os não iniciados que propósito algum demonstram de penetrar nos segredos. O receio se prende à eventualidade de surgir, ante os que não merecem vê-lo, o fragmento do rosto que o intervalo dos séculos nos impediu de testemunhar, e uma interpretação desconexa com a de nossa autoria, vir a malbaratar a obra a que nos dedicamos, que pertence a nós e a ninguém mais. Assim, afastado de nós, o rosto de I..., com o aspecto que lhe estampamos, arrisca-se a perder-se, não pela impossibilidade de reconstituir o semblante em outorga, porém mercê de nova significação desnaturar-lhe o motivo que lhe aglutinamos nessa escultura em carne; se porventura alguém o decifrar de acordo somente com a denominação partida de nós, propondo aos demais que aquele riso é o da resignação satisfeita, nem assim aceitamos tal modalidade, parecendo-nos que a fisionomia ou recebe imediatamente o nome do modelo, ou é estranha a ele, à efígie que pretendemos restaurar. Os investimentos no interior dos conceitos, dentro dos quais se conteria o vulto de B. S..., não são suficientes a nos premiar os dúcteis esforços; de maneira que, diante da notícia de que uma vez em nossa ausência todos os circunstantes foram

acordes em ver, no riso de I..., a resignação contente de si mesma — nominalidade inerente à concepção de ser a recompensa da virtude a própria virtude — nos sentiríamos malogrado, somente nos contentando o milagre de alguém nos dizer que a efígie em outorga era, ao esboçar a alegria, a reedição parcial da figura de B. S... Em nosso quarto, isenta dos perigos a que se expunha fora dele, a imagem de I... se constituía no ser que no limiar da porta se despia de seu nome para acobertar-se sob nova designação, a de B. S...; ao fazê-lo, os nossos olhos convergiam apenas para o aspecto ressuscitado, enquanto as outras aparências, emudecidas em relevo menor, escapavam da consideração, como as vestes que a pessoa conduz e depois não conseguimos relembrar, de tal forma nos pareceu dominadora a parte fixa do semblante; acontecendo que o nome, que a elas revestia, ficara na soleira do aposento, agora que outro nome imperava sobre a figura, elas se ressentiam, durante a visitação, da perda de pontos referenciais, equivalendo-se aos rostos que circulam em torno de nós quando nada nos impele a reter-lhes a identidade, seres ao abandono de seu próprio detentor. Ao distanciar-se da casa, a consideração, até aquele momento presa ao teor do riso, permutava de objeto, vindo a pousar na fluência de nossa memória que, semelhante a estimulador retardatário, surdia a nos oferecer os restos do corpo que não participaram do proveito, desfazendo a visão daquela atitude que possuía o nome de B. S...; em conseqüência, voltava a costumeira designação de I... a sobrepor-se à face, tal como procediam todas as mentes ignorantes da breve transmutabilidade. Dentro de nossa imaginação, B. S... regressava ao seu longínquo sepulcro, deixando no costumeiro lugar a I... que o fizera reviver, e o prestígio que este conservava perante nós, também provinha do desempenho que nos propinava; sendo ainda a natureza do papel um dos influxos por que o auscultávamos mentalmente, assim como ele era em si mesmo, a sua autenticidade real existindo em nós em função do possível que ele fora do painel da ressurreição de B. S.... Curiosidade especial leva a determo-nos na observação do ator fora do tablado, essa tendência verificando-se após o havermos tido, em dia anterior, em plena representação do papel que nos impressionara; é ainda o papel que move a interessarmo-nos pelo vulto que em muitas ocasiões nada apresenta de sugestivo em sua pessoa, fazendo-se de ordinário uma efígie da comum permutação, dessas que entram em nossa ótica e saem dela sem sabermos com exatidão se foram as mesmas ou se novos comparecentes que se confundiram na teia das aparições. À medida que revíamos a figura recém-saída da representação, e em face dos móveis que em mudez estavam abertos, a qualquer hora, ao retorno de B. S..., tínhamos a idéia do protagonista que, terminada a sua interveniência, e aproveitando o descer da cortina, aí mesmo se desembaraça dos apetrechos que lhe exigira o papel, e, entre as coisas do cenário, incólumes ainda na anterior significação, ele recupera os atributos da nativa particularidade; o semblante de I... está ausente de nosso recinto, mas neste ele levou a final o exercício do desempenho, acatando sem reservas a legitimidade do local, como o ator que, respeitosamente imbuído das diferenças entre os dois mundos, se recusa a violar um deles com algum elemento do outro; porém a conduta de nossa memória, fomentando o restabelecimento de I..., com a perda inelutável de B. S..., insiste por esvanecer a unidade cênica havida por ocasião daquela estada; tornando-se viável, agora, o paralelo com o histrião negligente que se despega da peruca enquanto o mobiliário barroco faz jus ainda à integridade fisionômica do assunto a que ela, a cabeleira, se incorporava.

Capítulo 10

1 – *A grande ótica.* 2 – *O painel da estação de trem – A nossa contribuição genérica.* 3 – *Os círculos concêntricos das participações.* 4 – *A propagação da cena – Nós, existenciador.*

1 – De algum ponto da grande ótica, as diferenças se extinguem e as figuras dos painéis, liberando-se dos poderes da localidade e reunindo-se sob teto maior que as abranja a todas, tal na perspectiva do Julgamento Último, franqueiam umas às outras o privilégio de cada uma se tornar o centro da consideração episódica; não que um rosto venha, em si mesmo, com as possíveis atrações, deter a marcha da objetiva contempladora, mas em virtude da isenção do olhar que, livre de qualquer preferência, e ao recair sobre uma das faces, obterá da natureza todo o imenso conjunto nela virtualizado. Os motivos, que asseveram a unidade das cenas, fundem-se com as personagens que os incorporam; e nesse tocante os pretextos, que dividiam a crônica dos intérpretes em enredos inconciliáveis, tendo em vista as conjunturas psicológicas de cada painel, se aglutinam para a formação de uma novela imensa em que a extensibilidade dissipa as fronteiras dos elementos havidos por antônimos. Os espetáculos do cotidiano nos oferecem escorços dessa perspectiva em que um só teor facial e uma única significação vêm a prevalecer, premunindo o nosso olhar com os exemplos da ordem fisionômica, miniaturas acessíveis ao conhecimento, ora sob o aspecto de situações em ato, ora sob a participação de nosso próprio ser; esta se capitularia com o nome também de situação em ato, se no instante de nos revestirmos do genérico, os olhos de outrem guardarem para si o desempenho, entre vários, do nosso próprio vulto; esse alguém, que por acaso nos espreite, de posse do painel em que figuramos, naturalmente o incluiria em denominação que de certo recobre a outros entrechos: assim na lembrança do assis-

tente, encontrar-nos-íamos de envolta com personagens de sentido equivalente, relacionando-nos com figuras que talvez nunca houvessem partilhado conosco o acontecer de um único episódio, permitindo à nossa imagem obter entrelaçamentos com os rostos que a realidade nos fez estranhos. Enquanto esperávamos o comboi procedente de A..., distraímo-nos na observação dos vultos que iam e vinham da plataforma ao saguão de entrada, dando-nos o aspecto de que em cada minuto um trem chegava e outro partia no mesmo instante; na sala de espera, a reunião de pessoas, pensativas em seus lugares, era, no tumultuamento incessante, o pequeno reservatório que aguardava a ocasião de desfazer-se de súbito e em seguida participarem os seus componentes do painel que se enchia e se esgotava em plena significação do ir e vir perpétuos. Em distintos logradouros da terra, aqueles corpos que então exerciam o desempenho, manifestaram, imbuídos de igual pretexto, a conjuntura de serem em vésperas de surgir no palco da estação; e, com as passadas ligeiras, fomentarem a peça cujo principal elemento resultava escondido de nossos olhos, mas regulador das atitudes de todos os intérpretes: o abstrato comboio que fisionomicamente recebia e devolvia os passageiros da constante viagem. As condutas, os gestos que precederam ao retábulo da estação, se fizeram repetir, sem que os detentores os tivessem ensaiado, aparências previsíveis e postas em comunhão, que de muito longe obedeceram ao motivo da cena que agora presenciamos: pressurosas faces, cuja permanência diante de nós leva a duração de minutos que se alongam em horas, porque a circunstância de cada qual é diluída no evento genérico daquele fluxo sem nomes e sem destinos. Como salvados da agitação, os seres da espera, com os relógios em freqüentes consultas, ansiavam pela vez de se unirem ao elenco anônimo, de esconderem de nós as efígies que anotamos antes da fatal aderência; no instante, coube-nos lembrar o que sucede em relação à correspondência que permutamos com a pessoa de nosso amorável interesse, e que sabemos irá cessar: à carta última, antes de penetrar no envelope, descemos o olhar que é a projeção mais pura de afeto, transcendendo às palavras que não nos pareceram bastantes, sem todavia contarmos com a assimilação dessa derradeira ternura, por parte do semblante a quem nos dirigimos, tudo a converter-se em ante-sala do genérico. A demora da expectativa estabelecera no ambiente uma cordialidade suscetível de acrescer-se caso novo encontro viesse depois a nos rearticular a algum dos presentes; além disso, esses vultos com seus leves meios de propagação, poderiam transformar-se em fontes de futuros painéis; e ao vê-los nos finais momentos, de alguma sorte fabulávamos pressupostas conexões, a idéia de vindouros retábulos após a intercessão de breve convívio no genérico, entre a plataforma e o saguão de entrada; tais fabulações vão consumir-se na azáfama do proscênio que, entretanto, no-las devolverá toda vez em que estivermos, no mesmo recinto, a esperar alguém em companhia de outros com idêntica finalidade, sob a condição de serem os novos comparsas do painel figuras que não essas que agora assinalamos a nosso redor, tendo de comum conosco a circunstância de aguardar; a cena manter-se-á incólume, a despeito da modificação pessoal dos componentes, à medida que a norma da fungibilidade impera sobre os vultos desprovidos de nomes próprios; se forem muitas as ocasiões de estada no salão de espera, confundiremos as efígies que estavam num e noutro momento, revestindo-se de insatisfatória indicação a efêmera identidade que extraímos, em virtude de prolongada demora, de algum rosto que casualmente ou por efeito de certa particularidade, assumiu em nossa visão maior relevo, numa espécie de infringência ao ângulo genérico.

2 — A objetiva de nosso olhar encerra a colheita no instante em que as figuras não mais atendem à significação que delas conseguimos; no íntimo, desejaríamos que se prolongassem, em fecundos desenvolvimentos, as coisas que surdiram apenas anunciadas; e cujas conclusões poderiam também advir em termos assimiláveis através dos olhos, pelo mesmo fisionômico processo, a composição inteira confeccionada num exclusivo idioma. Todavia, as personagens do acontecer fortuito, isentas da compreensão de que há um observador a registrar-lhe as menores atitudes, geralmente concluem os respectivos papéis sem nos assentirem com a almejada prossecução; a ocasião do término às vezes se representa, à maneira do ocorrido na Estação de ..., por gesto súbito, do qual todos os figurantes participam, tal o coro do desarticulamento, à simples indigitação de que o comboio chegara; é um gesto que, não possuindo número determinado de executores, inclui a quantos se acomodam no mesmo local, contando inclusive com o nosso rosto, que abandona o observatório e vem a ser, para algum presumido olhar, uma figura como as outras a caminho da plataforma, diluída na quantidade. A natureza, em sua extensão visível, sofre, a cada passo, de considerações óticas inajustáveis no mesmo plano de acolhimento, desde que o flagrante apanhado por nossos olhos não coincide, nem se deixa continuar em idêntica modulação, com o de outros olhos em quem sub-rogamos a prerrogativa de ver; inexistindo, em conseqüência, uniformidade de contemplação, não tanto pela infinidade dos aspectos, mas sobretudo por tais desacertos das visões, tão diversas resultam sobre a mesma paisagem as lentes sensitivas que a homologam. Há ainda as esquivanças da natureza que nos sonegam a possibilidade de vê-la segundo a nossa medida, como no episódio dos vultos que passavam incessantemente, e que nos escapou devido havermos penetrado em seu

tumulto, permutando assim o posto em que nos achávamos pela posição comum de sermos participante do genérico; sem usufruirmos da espreita e como autêntico rosto da generalidade, nem sequer dirigimos para o anterior ambiente — a sala de espera — ligeiro olhar em busca de uma face qualquer a fixar o nosso corpo na indistinção. Se, no dia seguinte, alguém nos disser que àquela hora se encontrava a aguardar o comboio a vir imediatamente após o de nosso interesse, formulando dessarte todos os elementos justificadores da mais perfeita substituição, não só quanto ao objeto como ao ponto de mira, estimaremos que o seu olhar haja recaído no painel sem contudo nos haver observado; nessa renúncia do rosto ao álbum de sua memória reside o intento de preservarmos a nossa visitação ao seio do genérico.

3 — Ao chegarmos ao recinto da plataforma, as figuras recém-saídas do trem, que era um fundo negro a alimentar a situação posta à nossa visibilidade, se detinham rapidamente para receber, das que foram ao seu encontro, os efusivos abraços; os nossos olhos, sob a atração de um grupo mais numeroso, fixaram-se no enredo do homem ferido, cujos companheiros de viagem compunham, com os novos assistentes, o painel condigno de gravar-se; ressurgidos depois do intervalo no gênero, três vultos que se inclinavam para o corpo de joelhos, obtiveram em nós a identificação de minutos anteriores; circunstância esta que nos fez sentir pela cena uma solidariedade mais forte que era a conseqüência de nos termos confraternizado através da perspectiva precedente; gerando-se do uso primeiro de nossa ótica a relação de afeto a evidenciar-se no instante seguinte, quando, ao vislumbrarmos pela segunda vez as fisionomias agora inclinadas sobre o homem doente, comungamos o evento que os abrangeu; equivalendo a tomada de nossa visão à posse sentimental e diferente da que nos sensibiliza ao contato de episódio com atores inéditos. A adesão à nova contingência dos rostos que se acharam no salão de espera, não se atenuou ao verificarmos que a nossa intuição se estabelecera em ilusória base, porquanto, diversamente ao que supúnhamos, os seres nenhum conhecimento revelavam da pessoa enferma, sendo puros circunstantes que a curiosidade, ou piedosa simpatia, igual à que nos acometera, os pusera em contigüidade com o núcleo irresistível da cena. A permanência deles no interior do episódio foi desproporcional ao caridoso interesse que inspirava a efígie em sofrimento, que se viu abandonar pela concorrência de uma alegria maior, manifestada no correrem em direção a alguém que por último descera do carro; mas, o centro de um entrecho, quando exprime com desenvoltura grande significado, vê de logo preenchidos os vãos

por intérpretes de próximo encarecimento, de obtenção tanto mais fácil quanto o papel se reduz à participação de teor secundário, qual seja o de compor o retábulo da compaixão humana; nesse particular, a da plataforma requeria atitudes de silenciosa simplicidade, visto que todos os comparecentes esperavam que a maca da ambulância conduzisse, a adequado leito, empastelando a cena contristadora, o vulto que concentrava em si as ocasionais atenções. Com efeito, o episódio resistira à deserção dos primeiros comparsas, que se substituíram por outros analogamente dotados da solicitude curiosa, do pendor fraterno que não se realizou inteiro porque uma ocupação urgente os impulsionou para o acontecer de novo painel, e assim, de nosso observatório presenciamos a sucessiva participação dos que íam e vinham à margem do cometimento. O genérico, expressando-se no revolto do tumulto que tinha, não obstante, a sua ordem, revelada pelas direções em que seguiam os inumeráveis transeuntes, parecia retirar de seu bojo a ilhota que expunha a própria motivação; evento concreto no qual ele era ainda ponderável atuante, mas sob outra forma, discrepante da inicial, sem atentar contra a perfeição de uma com o brusco intrometimento da outra: nutrindo no local os círculos concêntricos que, fora da estação, deviam, em partes diferentes da terra, durante aqueles minutos, ofertar à vista da grande ótica o processo de ser da genérica entidade. As situações providas do gênero, este sob a modalidade de mais espaçoso episódio envolvendo a breve estrutura de um outro retábulo, menor que aquele no sentido material da extensão da tela — pois que o gênero é no fundo indivisível substância que apenas aos nossos olhos se distribui em fragmentos consoante o interpolado de nossas recepções — as situações plenas do genérico utilizam, para a sua manifestação, personagens que, por nossa miopia, parecem figurar unicamente no entrecho menor; quando, em verdade, o ator cujo desempenho registramos, exibe em estrado de amplas dimensões a tarefa que lhe coube no drama da uniformidade cênica. Diante da incomensurável perspectiva, que a presença de limitado meio é bastante para sugerir em nossa imaginação, compreendemos que as supostas particularidades, o suceder dos instantes que nos ilude como algo intransmissível, se dilui sob o olhar dessa imensa ótica; se por acaso nos fosse acessível apreender o aspecto da inelutável mudança, veríamos que no átrio do absorvente território as pseudo-singularidades da figura se estendem em formas nuançadas, avizinhando-se, em solidariedade tardia, dos equivalentes caracteres que outro vulto ostentava, sem que ambos, no freqüente ocorrer da terra, se tivessem reunido para justapor os traços comuns; de ponto de mira ainda mais recuado, as indistinções se afiguram como as dos animalículos que nos oferecem os seus hábitos, trazendo-nos a impressão de que todos, invariavelmente, se acomodam sob as mesmas regras e que nenhum indivíduo possui a mais simples propriedade que, embora não infrinja as leis da espécie, venha contudo a salientar-se como objeto de consideração. Do nosso conhecimento das abelhas jamais descemos à apreciação da abelha, enquanto ao descampado ou no interior do cortiço, cada uma encerra minudência microscópica que a torna distinta entre os demais elementos da colmeia que, para nós, é feita da repetição, através dos séculos, de um único procedimento e de uma única forma.

4 — A demora da ambulância prolongava diante de nós o tema do martírio; ao vê-lo tão nitidamente expressado, podíamos conceber as cópias da cena que se reproduziam em outras estações de trem; o episódio se multiplicava com o seu núcleo atraente e as faces de segundo plano, inclusive com o observador que talvez também cogitasse do mesmo pensamento de ser no genérico; na impossibilidade de dispormos de condições que nos propiciassem, ali mesmo na plataforma, a vista dos painéis, idênticos de maneira fisionômica, nos compensávamos com o breve episódio, destituído da contiguidade de seus congêneres; ele captava, todavia, de sua soledade uma amplitude a se estender longe de nós, mas aglutinada a ele; tal o escorço da pintura que tem em si o espaço que é o mesmo da tela posta em exposição: uma amplitude consistente na faculdade de acrescer, sem alongar-se de si própria. Faz-se ubíquo o teor virtual que se inculca no objeto em presença de nosso miradouro. Os traslados do painel vão além da atual estação, atingindo as partes onde existiram e existem os caminhos de ferro, em cujas estações, repletas igualmente dos aglomerados em que as figuras escondem de nós os seus caracteres, são exeqüíveis os entrechos do vulto que ocasiona em torno de si a solidariedade efêmera; como variam os lugares que circundam o constante episódio, anotamos a descoberta de que o gênero, ao evidenciar-se em estreitas moldurações, se exclui de qualquer dependência no tocante ao imperativo dos cenários, convindo-lhe da mesma forma o que tem por fundo a negra locomotiva e o que encerra, na claridade do sol ou à noite na iluminação de fachos, o escampo onde desfalece a efígie recém-chegada do vagão. À margem dessas situações, há sempre o rosto que por timidez, pudor de ostentar, ou indiferença, se localiza à curta distância, que é o receptador do episódio por inteiro, e que ligar-se-á mais ainda ao painel se na hora das declarações uma testemunha aparece para dizer que ele se encontrava próximo ao círculo do evento; a testemunha, por sua vez, articular-se-ia também ao retábulo se algum deambulante viesse a depor que ele registrara do seu observatório a presença do curioso protagonista, e assim por diante, em encadeamento de espreitas — a perspectiva de perspectivas — ao modo dos sinaleiros que de uma torre a outra torre compõem o fio do anúncio que, não

obstante a sua elasticidade, se prende a teor inconfundível, todos participando do significado em cena, e ao último elo cabe a extensão maior do panorama que tem por núcleo o barco à vista; toda a cidade regula a palpitação à existência da nau que se avizinha e, quer seja ignorada a procedência, quer seja a embarcação conhecida do povaréu, ela, ao quietar-se no porto, oferecerá aos tripulantes, dentro de alguns minutos, a oportunidade de reconstituírem episódios que se interromperam por ocasião da partida; o ato de se reporem em terra, transfigura-se em homologação de presença, a que concorre o apresto e a ansiedade dos habitantes sob o estímulo das bandeiras noticiadoras. No retábulo da plataforma do trem, a nossa curiosidade não consegue os meios de descobrir se às nossas costas e afastado do ambiente, há um semblante que nos observe e nos situe em primeiro plano e pouco além de nós a aglomeração de comparsas em volta da fisionomia enferma; em conseqüência, nenhuma testemunha viria, se chamada a falar, a pronunciar-se sobre a nossa vinculação com respeito à cena; os nossos olhos, sem outros a quem a transmitir, guardarão para eles unicamente o painel que em sua ductilidade atingiria a nós, o solitário contemplador. Pela circunstância mesma de estarmos, no episódio, a exercer a unção de receptora objetiva, o nosso desempenho revela importância maior que a do simples ato de ver: qual seja esta de somarmos à observação o registro de um entrecho aparentemente autônomo do belvedere, mas que na ordem fisionômica tem, condicionada a ele, a conjuntura de haver existido naquele instante; e a de, graças a ele, tornar-se passível de propagação, adquirindo uma forma de perduramento que lhe não seria dado alcançar em virtude de seu mero acontecer. A nossa presença no desembarque do rosto enfermo assumira, portanto, um papel de substancial ingerência no estar fisionômico daquele retábulo, o nosso belvedere a se nos afigurar então como a bandeira que, no torreão mais próximo do ancoradouro, ergue, antes que as demais, o aviso que em poucos momentos ecoará na hasteação de outras bandeiras, à medida que os moradores da localidade, no interior dos domicílios ou em trânsito pelas artérias, formulam o coro unânime que homologa e fixa em sobrevivência o espetáculo da nau fundeando junto às coroas de areia. Como se demorassem ainda os socorros da ambulância, resolvemos abandonar a posse do doloroso painel; na decisão de deixar a meio um assunto que prometia variados desenvolvimentos, encontrava-se, espontânea, uma atitude de exímia curiosidade em relação aos vultos que possivelmente houvessem assinalado o nosso ótico mister; mas dentre os muitos rostos a se moverem no recinto das dispersões, nenhum parecia conter o recente quadro; assim sendo, ultimara-se em nossos olhos o enredo a que pertencíamos de forma essencial, menos por solidariedade piedosa do que em face da conjuntura de haver o painel existido mercê de nosso olhar. À falta de alguém que fizesse prosseguir, em maior panorama, a cena em que o objeto e o contemplador se ajustam num só retábulo, a propagação daquele sucesso confusamente se elasteceu: alguns dos figurantes vindo a ignorar a natureza do ocorrido, enquanto outros se informavam por diferentes versões, uns, embora perto do local do evento, o recebiam depois que se achavam longe da plataforam; no desacordo entre a veracidade e a notícia imperfeita, víamos a reprodução, com personagens outras, do tumulto que se opera na cidade, quando, por negligência de sinaleiros, uma bandeira única se levanta para indicar que a nau se aproxima da terra, então acontecendo que não se efetua o coro da ratificação unânime.

Capítulo 11

1 — *A outorga dos lugares em nós.* 2 — *A folha e a espuma — A metáfora.* 3 — *A nossa contribuição ao gênero.* 4 — *A retroação ao seio do genérico.*

1 — O recinto se transfere nas figuras que o ocupavam, e assim na estação se cruzam, sob o mesmo teto, variados ambientes, como em certas exposições se mostram os produtos característicos de cada lugar; nesses entrelaçamentos, o exercício da virtualidade torna mais inerente a estada dos diversos territórios; por conseguinte, os vultos que os representam, acrescem, à própria qualidade de serem de determinadas regiões, a prerrogativa de, na assembléia das localidades, exercerem a outorga que lhes foi conferida pelos panoramas de suas procedências. À feição da pessoa que se detém à porta do edifício onde, dentro em pouco, formar-se-á o grupo das deliberações, e, insciente do motivo que os aglomera, se põe a considerar apenas os rostos que ali se introduzem sem lhe dirigirem ao menos uma saudação, os nossos olhos, ignorando em que partes do extenso caminho de ferro os viajantes penetraram no comboio, e desconhecendo as razões do itinerário em curso, que o trem uniformizou durante arrastadas horas e que se dispersará depois de haver surgido em nossa visão, apreenderam, contudo, que espaços longínquos e silenciosos de seus nomes, se inscreveram, ao nosso visual contato, no painel em que estamos nós, sem embargo de terem permanecido em seus meios perseverantes. Eles nos ostentaram, pelas figuras dos recém-vindos, a aura existencial, o ser de sua presença, no hausto do qual não chegamos a distinguir, marcadamente estampadas, as outorgas que nos ofereceram; mas o efeito da conjunção que os fizera estreitamente contíguos um do outro, provém, pelo fiel cumprimento do mandato, da maneira de se porem na distância os locais que a nossa vista, impossibilitada de tê-los em vizinhança, recolhe

embuçados em similitudes que recusamos decompor. No quadro exibido perante nós, as diferentes localidades como que em preparação ao futuro concílio, antes da entrega das credenciais às respectivas representações, interromperam as incompatibilidades de aspectos e as singularidades de nomes, de modo a suscitarem, nos rostos que vêm da plataforma, recíproca desenvoltura no entrecho das distâncias harmonizáveis, no episódio dos recintos como participantes do genérico. Munidas de bolsas e cobertas de poeira, fatigadas do longo percurso, as efígies do desembarque se parecem mutuamente e sugerem em nós a impressão de que o retábulo, agora exposto, de há muito que se confeccionara; que a significação, a que se propuseram, fora já estabelecida na antecâmara da conferência, e que, como de ordinário acontece nas cerimônias dos conciliábulos, os participantes decidiram, após o bom êxito dos entendimentos, registrar o encontro através de lente fotográfica; a resolução já era objeto do passado, porém a estampa que perpetuaria o acontecimento irá dizer, ao reproduzir-se entre as ilustrações históricas, que o estipulado acordo sucedera precisamente naquela ocasião, no fixado momento dos vultos postos em torno da mesa, à espera de que uma das partes termine de apor a assinatura, episódio que representa a versão facial e transmissível, aos olhos do público, do que antes fora assentido a portas fechadas. Enquanto esperávamos o trem, as figuras de agora já haviam composto a assembléia das localidades, sendo que — como ocorre no último preparativo da peça, o qual também engloba assistentes que não adquiriram o bilhete de ingresso, as coisas se mostrando perfeitamente organizadas, com um ajuste que talvez não se repita em plena exibição — as paisagens em outorga na estreiteza dos carros, com certeza nutriam mais intimamente os seus encargos fisionômicos: charnecas manifestando sem pejo a desolação monótona, ao lado montanhas com a viveza imobilizada, como se uma perturbação geológica e inofensiva as tivesse aproximado umas das outras, e sobre o mesmo soalho se reunissem diversos acidentes da crosta terrestre; ali, isentos das intromissões que a platéia executa nos teatros, ali, sob o improviso do cotidiano, nem ao menos o nosso olhar fere a composição que se purifica por estar oculta de nós, e nem sequer lhes devassamos os bastidores, para — à semelhança do serviçal, cujo conspecto não se levara em conta em virtude de modesto desempenho, que consistia em trazer aos protocolares circunstantes, na ocasião realmente exata do acordo, a usual merenda, mas que lhe proporcionou a oportunidade de ver as coisas como se passaram no tempo próprio, capacitando-o a depor, entre os indivíduos de sua esfera, que o flagrante vindo no jornal dizia respeito não ao grave entendimento, mas à palestra a propósito de nonadas, depois de resolvidos todos os assuntos motivadores do episódio — reconhecermos no retábulo da plataforma a repetição inferior ao ensaio exímio, longe feito para a platéia de nossos olhos. Mas o gênero, em suas exposições, origina, debaixo do mesmo teto, elasticidades contagiadoras, mercê das quais, muitos dos componentes do painel, sem haverem sido convidados para o contexto em foco, participam dele pela razão de se encontrarem ao alcance de nossa ótica; e aí, sem o ensejo de se recobrirem voluntariamente da significação em causa, desde que a ignoram, as efígies, que talvez não foram além da plataforma, se solidarizam com o teor cênico imperante, se revestem de harmônicas aparências; nesse ato de serem como as outras figuras, as charnecas e as montanhas nelas estendem a liberalidade de sua outorga, homologando-se, mais uma vez, a ubiqüidade do genérico.

2 — As presumidas formações que se estabelecem fora de nosso olhar, quando a mesma corrente de motivo as percorre, disputam em nossa imaginação o privilégio de preenchê-la com exclusividade; sendo os sucessos ocorríveis algo que se executa no bojo da ausência que, por sua vez, é em nós a grande cortina aberta a eventos simultâneos, apreendemos, com as modulações também em simultaneidade, as coisas que se processam longe de nós, nesse mesmo instante, como a folha que precisamente agora se despegou da árvore em alguma floresta, ou o floco de espuma no rochedo em ponto qualquer do mar. Nas conjunturas dessa ordem, intentamos aproveitar, tanto quanto possível, as oportunidades que nos oferece o efêmero minuto, ocupando-o com os acontecimentos que nele podem ser contidos sem se entornarem; contudo, se se der o extravasamento, a causa reside não no pequeno cálice que soe caber infinidade de elementos, mas em nós mesmo cuja apreensão mental de logo se enfraquece à vista do inumerável conteúdo. Impotente para acompanhar os ritmos concomitantes ao minuto, embora os objetos da ausência, ao contrário dos da contigüidade, possuam menores pretextos a fixar a nossa atenção, munimo-nos de recursos capazes de promover, em nós, a obtenção de fatos que se desenvolvem no próprio minuto, não como aqueles que o pintor reúne na mesma superfície da tela, porém à maneira de escrita narradora que, por força da temporalidade das frases, nos expressa o panorama que o artista do desenho estamparia no plano da simultaneidade; em virtude de dispormos estritamente de palavras, os meios de aglutinação acessíveis à nossa empresa consistirão na prática sinonímica de situações, porquanto a identidade de motivo se inocula num e noutro arranjo de episódios, preenchendo assim o minuto que tantos objetos é suscetível de abranger; o qual analiticamente ultrapassamos, sem dúvida, quer por insuficiência de seu invólucro, quer por não chegarmos a tempo de lhe espargir tudo quanto, segundo a nossa mente, acontece, nesse minuto, à revelia de nós. O sentido que estrutura a metáfora é o da significação uni-

forme infiltrando-se por tipos de aparências diversas; se nenhuma das situações em causa se desenrola ante a nossa vista — se o faz, a combinação dos rostos cristaliza-se à custa de matéria de fácil utilização — a fatura com que provemos o minuto dos variados sucessos, verificáveis longe de nós, resulta em idioma de maior pureza, porque as abstrações que dessa forma se coordenam, revelam, no tocante aos vocábulos, um parentesco intimamente legítimo; as coisas a que estes se destinam, desnudam-se das arestas em proveito das flexíveis modulações em que as palavras se acomodam. As anfratuosidades extintas se substituem pelos contornos genéricos; o leitor, ao perpassar o trecho em que a folha e o floco de espuma pleiteiam em nós a estada no reduzido instante, no minuto em que tantas coisas acontecem, cismará que a primeira não se desprende de árvore nem de ramo determinado, e o segundo não se vaporiza em certo oceano nem nas águas do litoral mais próximo; entretanto se desarticulam e branqueiam, respectivamente, de um vegetal sem nome e de uma qualquer marinha. As modalidades que lhes restam, sem contudo auferirem ambas as imagens os acentos da particularização, repousam na meia sombra da tarde, ou na luz viva da manhã, se foi nessas horas que o minuto envolvente assimilou a si, como o termo em sua solidão vocabular a si avoca o genérico rosto, as duas situações comuns à floresta e ao mar. A concomitância atinge o desenvolver-se de vários urdimentos, apesar de em nossas costumeiras equiparações o exercício da metáfora se prender freqüentemente a dois episódios que, em enredos diferentes, proporcionam todavia que se toquem e se entrelacem sob as atrações recíprocas de suas significadoras formas; além dos aspectos visíveis e do assunto, há um terceiro elemento que se nos afigura o tema, de ordem facial, de que as duas composições participam com o mesmo grau de desempenho; a terceira coisa que firma a estrutura da metáfora lembra o fio que sustém as contas distintas do colar, que se não deixa ver na justaposição das pedras mas que está presente ao ser da própria jóia como o essencial agente de suas feições, e se transmuta com as modalidades serpentiformes; ao integrar-se em nosso conhecimento, os assuntos e os aspectos visíveis, sem nada perderem de suas qualidades, aparecem no entanto impregnados das modulações em que o fio harmonizador os investira. As semelhanças se estreitam a partir do momento em que se cristaliza a metáfora: significação idêntica vem a patentear-se à medida que o derradeiro instante do conjunto se avizinha, os dois componentes rasurando o mais leve impulso das incompatibilidades de pretextos; e os rostos persistindo nas diferenciações, mas fazendo-as inconsideradas por nossa ótica, de vez que entre todos os vultos em atuação corre, sinuosamente, a veia do teor sinonímico. De algum ângulo de nossa visibilidade, os acontecimentos do cotidiano se fundem em painéis dessa natureza, sob a condição de que as conjunturas se desobriguem de suas histórias limitadas, e se permitam estender até o final o cosmogônico argumento, que engloba todos os figurantes; de sorte que um excepcional advento, consagrado como nunca surgido na terra e dificilmente superável no futuro, não é mais do que um momento na grande escala metafórica, unido a outros de menor intensidade, mas que se elevam a idêntico valor por força mesma de suas presenças, cuja essencial motivação reside no aparecer em nós e no desaparecer conosco, na imensa e facial orquestra que se regula na medida de nossos olhos, que são o fio justapositor das similitudes.

3 — No minuto em que a folha se desliga da árvore e a espuma se ativa no parcel, se por milagre de coincidência, à nossa vista se apresentasse uma folha caindo ao solo da floresta e uma espuma diluindo-se no mar, nos sobreviria a surpresa tão abrupta como se tais eventos se desacompanhassem de sua idéia simultânea em nós; isto porque os objetos homologadores de nosso pensamento não seriam aqueles que se nos deparassem na ocasião, nem seriam outros procedentes dessas mesmas localidades, nenhuma floresta e nenhum oceano existem que pudessem nos presentear com a projeção, diante de nós, dessas coisas que pertencem todavia aos panoramas daquelas paisagens. A folha e a espuma, tais como acolhemos na imaginação e que temos a certeza se realizam no instante de serem pensadas, são figuras genéricas a estenderem os contornos por quantas folhas e por quantas espumas se despeguem e se embranqueçam nos ambientes de suas estadas; como presença maior, elas compreendem em si todas as individualidades de sua espécie, sem contudo serem exatamente a folha e a espuma que nos for dado ver com os olhos. A metáfora, a construirmos com esses dois elementos, firma-se portanto sobre entidades genéricas, e do ângulo de mira a partir do qual todos os vultos compõem, nos episódios a que compareçam, os inumeráveis textos de uma só significação do gênero: combinamos o articulamento da folha que abrange todas as folhas no ato de cair, com a espuma que encerra todos os flocos que o mar desenha de encontro aos rochedos; dessarte, a natureza nos concede o ensejo de reunir, ao longo de palavras veiculadoras, o ocorrer concomitante de vultos que ela disseminou sobre si mesma e que em nossa mente conseguem, em cartografia à base de comum nominação, urdir a intimidade da fisionômica tessitura. Desse observatório assistimos as figuras se identificarem no tocante ao motivo que expressam, como se fossem a série de palcos a exibir a nós, que a freqüentamos com empenho nunca exaurido, a peça uniforme e, não obstante, variável na aparência dos atores, do mundo das coisas faciais, entretanto significativas da participação no gênero; acontece que, ou pela profundidade do tema, ou pela riqueza, em

número, dos protagonistas, ou pela impecável desenvoltura com que estes se ambientam em suas representações, o interesse em percorrermos assiduamente os disponíveis teatros, se fecunda a ponto de incluirmo-nos também na teia mais próxima de nosso rosto; e com os recursos mentais da contemplação, desfazermo-nos de aspectos individuais, em busca do episódio em que nos acomodemos sem sobressairmo-nos, sem mesmo suscitarmos, aos olhos de qualquer, a mais efêmera impressão de ali estarmos. Nos meios, onde a possibilidade de visão conhecida é seguramente escassa, encontramos o proscênio acessível à nossa coloboração genérica; à similitude de atores que, preferindo certo estrado em virtude de razões atinentes ao próprio êxito de sua tarefa, embora o recinto lhe faculte uma platéia de inferior percepção — sendo em geral composta de pessoas que não costumam guardar o nome do exigente intérprete — reservamos, para o nosso desempenho, os locais onde nenhum observador, depois de consultar a memória, se precipite ao nosso encontro ou venha a dizer em palestra, após nos ter reconhecido, que nos detivemos no logradouro, a percorrer as ruas, a só em descurioso passeio; então, toda a edificação se liberta de nosso miradouro, transitamos ao seu lado como se ela pertencesse de há muito ao nosso repertório, tal a negligência com que a olhamos sem analisá-la, desapreço que em seguida nos constrange se porventura alguém, entendido das coisas do lugar, nos pede o julgamento a respeito da proporção de certo pórtico; se bem que no íntimo sintamos, sem contudo confessá-lo, que o descuido cometido se compensou em nós com o painel em que somos o rosto por nós mesmo contemplado: figura diluída no panorama genérico, livre do posterior anúncio de alguém que, a nosso contragosto, nos despertasse da integração no seio do genérico. Enquanto nos revestimos da anônima aparência, a tranqüilidade nos envolve, nenhum intuito de erguermo-nos do nível comum, interfere em nossa fisionomia; durante o coro dos transeuntes, ali estamos no papel de um ator a mais, cuja identificação instrumento algum medirá; a fim de que·o entrecho se manifeste em nós com nitidez posteriormente verificável, utilizamos o recurso de, naquele instante, alçarmos o pensamento a objetos fora das ruas e, portanto, de nós mesmo, garantindo entrementes a isenção de nossos gestos; se, ao afastarmos de nosso íntimo ser a lente da cogitação, perdemos da mesma forma a vista concomitante sobre o ato de que nos desincumbimos, por outro lado nos associamos à maneira com que os demais figurantes atuam, naquela hora, em pensamento, ou seja, participando da generalidade sem se aperceberem da significação deste desempenho. Como o fotógrafo que submete a meios químicos a impressão colhida por sua lente, para depois aquilatar do êxito da tarefa, cabendo assim à demora da câmara escura o verdadeiro e intrínseco contato com o que pretende, isto é, a realidade transposta em versão artística, que não resulta a mesma que notara com a lupa de seu corpo, instalamo-nos na quietude rememorativa, e da estampa que esta nos apresenta, o nosso rosto, escondido na contigüidade de outros vultos, não se deixa observar por nossos olhos.

4 — Excluímos o nosso corpo dos desempenhos de que participamos memorativa ou imaginadamente, porque eles nos são dados à distância, em perspectiva que se mantém, em nós, à custa de nos retirarmos do agrupamento, para o posto de mira que, no caso, é a circunstância de sermos o elemento que mentaliza o conjunto. Apesar dos esforços da mente, não conseguimos acompanhar na artéria da rua, no mesmo grau de exposição, a nossa efígie associada a outras figuras, na representação genérica; dessa forma, constituímo-nos em ausência, o que em última análise significa um processo mais rigoroso e mais puro de sermos um dos comparsas na plenitude do genérico; o entrecho que transplantamos da rua para o cartão da memória, exibindo a paisagem urbana isenta de nosso corpo, é mais positivo ainda, com relação ao gênero, por esse mesmo fato de ressurgir sem aquele que a acentuou com o relevo da consciência; tornando-se o nosso lugar omisso a parte, que nos coube, na desenvoltura de quantos, em nós, pertencêramos, no decurso da cidade, ao elenco dos anônimos. No álbum dos painéis em memoração, a cidade dos incógnitos preenche inúmeras páginas; em todas elas, a eliminação de nossa fisionomia exerce a função indicadora da equiparação dos múltiplos panoramas, equiparação em virtude de nossa ausência de todos eles; de nada valendo a conjuntura de havermos aparecido no foco de alguma visibilidade, tanto se identificam figurativamente os painéis de que nunca nos aproximamos e aqueles que, objetivamente, inseriram o nosso semblante. As motivações particulares distinguem as pessoas consoante os pretextos que as levam ao estrado das ruas, mas o teor fisionômico, independendo dos intuitos que se localizam em ordem estranha à da imagem, se expressa por situações em que rege, entre outros princípios, o da permutabilidade que costuma permitir ao entrecho, desfalcado de nossa presença, a incolumidade de sua genérica atuação: tal nas cenas que se não interrompem com o discreto comportamento do conviva que, apagado e silencioso, possui, sem embargo, uma agudeza de observação que inclusive, com essa atitude, consegue experimentar como a assembléia dos ruidosos se conduz nas datas em que ele não comparece; e que se satisfaz quando, no dia seguinte, ao rever alguém que ali estivera, ouve, deste, comentários a propósito do término do conclave, na ignorância de que o tímido rosto assistira a toda a reunião. O ser recolhido na obscuridade dos salões, tem a conduta regulamentada por uma série de normas cuja fonte legisladora se situa longe do reduto

do acontecimento, mas que ainda assim impera sobre esse rosto que naturalmente se inscreve em sua jurisdição; tal se afigura o ser comparecente ao conclave que se governa sob a prescrição de outras leis, e então ele representa a ponta do genérico a penetrar ali no tumulto das pessoas em realce. Na residência de G. .., os presentes se empenhavam em introduzir, no caderno desse homem ilustre, as bizantinices em forma de opiniões extremamente particulares: à febre de parecerem interessantes — na propalada certeza de que o anfitrião compunha um diário que de certo os abrangeria por merecimento — correspondia o desejo de se imortalizarem, o que resultou inútil porque, depois da morte do escritor, nenhum registro semelhante foi encontrado entre os papéis da gaveta; apenas, em volume póstumo, no qual o editor reunira muitas cartas, em uma delas, a propósito de desentendimentos com duas pessoas do convívio de G. .., vinha citado, sob discreto asterisco, a figura do modesto participante como indigitado autor da malquerença; razão por que, segundo afirmação do missivista, não mais pudera receber, com o mesmo contentamento, o responsável que, não obstante a manifesta frieza, persistia em freqüentar-lhe, parecendo que nada houvera, o domicílio das intencionais exibições; à leitura da acusação, o quieto protagonista procurou em sua memória a data do incidente e a cadeia ulterior dos painéis que todas as semanas se constituíam na casa de G. ..; e outra coisa não obteve que a série de episódios em repetição, em outras palavras, a mesma cena através de muitos meses; em ocasião alguma ele pressentira a menor alteração no modo de ser tratado pelo famoso hospedeiro, no curso daquela cerimoniosa deferência, que fora o clima que o cercara durante as suas visitações. Os intentos que assim presidem o acontecer dos retábulos são ocorrências de bastidores que não atingem a tessitura fisionômica, embora palpitem no cérebro da personagem em desempenho, tal como sucedera em relação à pessoa de G. .. e à figura dele indesejável, que ainda hoje ignora se o renomado amigo retificara a impressão de desfavor, ou se morrera com o ânimo fortemente ressentido, mágoa que de resto fora injusta, conforme a convicção daquele assíduo rosto. Na configuração do genérico, forma-se muitas vezes cena de cenas, bastando que se desloque, para um ponto em recuo, a lente da observação, à guisa das tardes na residência de G. .., quando, de nossa tomada primeira, o foco recaía na situação dos homens vaidosos em torno de G. .., o núcleo de sua valorização social, para depois, ao consentir o tempo a justaposição dos painéis, na ampla galeria composta de inúmeros quadros de uma só significação, vermos nela a presença do grande ser, o gênero, estruturado agora pela imutabilidade do motivo e pela quase nenhuma decomposição dos elementos que o exteriorizavam. Até mesmo o vulto humilde que se punha à margem das discussões, sendo na preliminar acepção de nosso belvedere um rosto a excetuar-se da sofreguidão pretensiosa, se tornou, sob o novo ângulo de perspectiva, o ator a mais na representação do genérico; pois que o silencioso protagonista, não só era presente a todos os episódios, como a sua atuação, que parecia discrepar das outras, nos ressurge atualmente no mesmo plano de fatuidade, apenas sob a coberta da discrição; disfarce que traduzia astuta insinuação ao futuro livro de memórias, de certo negativamente empregada, tendo-se em conta o horror que G... nutria pelas espertezas de conduta; assim, da nova lente de espreita, fomos conduzido a retificar deduções extraídas do inicial painel, por força do envolvimento com que se expande a imensa entidade, que leva, às composições supostamente ultimadas, sem contudo ferir nem a enquadração dos rostos, nem o significado que elas engendram, a natureza da plasticidade genérica.

Capítulo 12

1 — *O gênero em nosso olhar e à revelia dele.* 2 — *A alegoria do gênero.* 3 — *Os vultos de mera comparação.* 4 — *Versatilidade da presença, em nós.* 5 — *As exposições da virtualidade.* 6 — *A liturgia de ser.* 7 — *Os painéis em aglutinação.*

1 — Como certas páginas que, lidas independentemente da denominação que as engloba em capítulo, parecem satisfazer a várias interpretações, e que todavia se reintegram na interpretação legítima, prescrita pelo autor, muitos vultos passam por nossa visão, e antes que o motivo esclarecedor sobrevenha para discernirmos a entidade genérica, recolhemos deles os aspectos provisórios; em tal acepção os teremos enquanto o gênero não nos apareça, quer, de logo, no olhar, quer, depois, nas incursões da mente. Quando o motivo elucidador recobre as figuras sob a nossa ótica, os pretextos que teciam até então os componentes da urdidura, extinguem-se por superação, em face da presença da nominalidade que os alcança em todos os prospectos; muitas eram as significações que eles nos acenavam, mas se interrompiam logo por não terem a confirmação do proceder genérico: a única a nos convir no instante em que, no término do espetáculo, os comparecentes promoviam, ao abandonar as cadeiras, o encerramento da uniformidade anônima de que se compuseram no curso de longos momentos. Sem havermos participado, como figurante, do entrecho que se constituíra no interior do teatro, os nossos olhos recebiam, do apogeu do tumulto, os atores prestes a se mudarem da antecedente posição; desafeitos de suas espontaneidades, nos sugeriam diversas interpretações que se dissipavam à medida que novos elementos, penetrando em nossa visibilidade, estabeleciam no episódio imediatas retificações. Do fundo da cena, acudiam personagens que em formações díspares, permutando-se, sem contudo recomporem os grupos ini-

ciais, desfaziam, em nós, as motivações apenas entremostradas; e nunca suficientemente fortes para resistirem às pontas de enredo que descortinávamos dos subseqüentes protagonistas; a nossa recepção a lembrar o vestíbulo que deita para dentro uma única porta, e nos impede, na mistura dos recém-vindos, de dispor o acolhimento consoante a hierarquia da intimidade, de modo que transitam por ela, na desordem impossibilitadora de qualquer seleção, os seres da comunidade doméstica e os vultos da cerimoniosa indiferença; livres da escolha, as faces em sucessão não consentiam que, ante um aspecto particularmente caroável à nossa fatura, nos interpuséssemos contra o aparecimento de novas efígies; pois nos bastavam as que, de maneira suasória, acondicionadas em roupas de inverno, restabeleciam o ambiente com que há algumas horas nos familiarizáramos através da leitura de certo romance; bem poderiam ser as suas personagens que, em transposição de lugar, apareciam em nossa visão como os atores circenses que estimulam nos habitantes da localidade, entre os quais passeiam com os respectivos adornos, a ida à representação das peripécias. Entretanto, a vinda de outras faces, postas igualmente em termos de inverno, nos deixavam em dúvida quanto a serem aqueles e não estes os semblantes da hibernal história, que assim se desenlaçava por excesso de fisionomias veiculadoras; muito embora, com a seqüência das aparições, nos fosse dado perceber a existência de matizes nas formas de os vultos se abrigarem do frio da noite: seres da ocasionalidade surpreendente que, mal dispostos à segunda uniformidade, contrariavam, de instante a instante, a malha incipiente que urdíamos para trazer, sob distinta investidura, o genérico precedentemente surgido de encontro ao palco. Sucede, todavia, que, se no decorrer da leitura, depois que muitas páginas foram lidas, nos sobrevém a compreensão exata do pensamento que o autor, pela própria natureza do assunto, não pôde transmitir no primeiro parágrafo, escusado é volvermos às folhas já passadas, também de nosso ponto de mira, por efeito da ininterrupta corrente de semblantes, alcançamos, no alto da escadaria, o elo que apesar das divergências de amostra, e mais incisivo que o das roupagens de lã, vinha a unir, em onda genérica, os inumeráveis atores recém-saídos de episódio substancialmente análogo; se, na primeira ocasião, a similitude dos contornos gerais presidia a configuração da imensa entidade, no segundo desempenho a razão do convívio genérico estava na circunstância mesma de os comparecentes rumarem por aquela porta, sem entre si promoverem obsequiosidades no ingresso ao ar livre, sem um vulto, pela social importância, preterir a outrem o direito de antecedência ao átrio; o gênero adejava ainda na conjuntura de serem em desordem a partir de então, de se espraiarem em busca de aposentos, onde, enfim, desta vez sem a proteção que favorece a nossa vista — a contigüidade — se deitarão em leitos ou prosseguirão em notívagos colóquios, cada um levando consigo a parcela que lhe cabe na permanente e contínua representação do genérico. Eles independem do local em que estão a expor-se: após o contato de nossa visão, seguem a cumprir o significado que é o mesmo em todas as latitudes, não nos desalentando a perda de uma situação genérica, porque, ao encerrar-se abrupta ou naturalmente a cortina de nossa ótica, certificamo-nos de que, ao reabrir-se, teremos com outras figuras o espetáculo, ainda, do grande ser; se porventura nos couber o isolamento, restará a certeza de que, enquanto os semblantes se acham ausentes de nós, alhures se pratica, por intermédio deles, a representação da persistente ubiqüidade.

2 — Nas deambulações que executam, os rostos, de per si, fragmentam sobre a terra o panorama do enorme ser, a que antes se aliaram em maciça composição; agora parece que cada um está a desobrigar-se das relações figurativas que a vizinhança estabeleceu, cada um retomando a pessoal singularidade; entrementes, se o observador descer da distância e aplicar a lente numa das efígies em insulação, o seu gesto, que seria tomado pelo desejo de insistir na decomposição do genérico episódio, propiciar-lhe-ia entretanto, no aspecto de uma só personagem, a reobtenção da mesma entidade. Se muitas vezes nos acercamos de alguém, menos por ele que em virtude do acontecimento que nos interessa e do qual o ser em foco é a testemunha sobrevivente, assim intentamos despertar no corpo que a eventualidade nos oferece, não o que este nos informa no tocante à sua existência pessoal, mas o território que paira ainda sob os seus pés, apesar dos deslocamentos havidos; algo de semelhante se operou entre a porta do teatro e o banco do jardim onde nos pusemos, à mercê da presumida lupa de quem espreita do ângulo genérico. Não conhecemos o rosto que se encontra ao lado, e nenhum impulso nos leva a inquiri-lo a respeito de assunto qualquer, sendo-nos útil apenas o tê-lo em proximidade, exposto aos limites de nossa visão sem no entanto o olharmos de frente; pois que, de sua posição, despida de minúcias, somente os contornos se deixam evidenciar, como integrantes do gênero que, àquela hora, persevera em nos fornecer uma de suas ocasionais representações. Na fisionomia que nos proporciona algo além de si mesma, fazemos recair o empenho para que se não afaste sem que primeiro nos inspire sobre quanto ela traduz, sobre o cabedal de seu comportamento, cujo termo inicial é o da atitude de todos os entes que no mesmo instante devem estar sentados em banco de jardim; e então, a presença do vulto se reveste de teor alegórico, conquanto representativo do polvilhamento genérico. Estendido em formas equivalentes, o grande ser nos expõe, na figura que temos ao lado, o modelo de uma de suas infinitas feições; à guisa de constante

quietude, ele se permitiu observar pelos olhos que nos antecederam, e há de constituir para os vindouros o mesmo significado do gênero que se outorga, que em si exclui o tempo como fator de modificação, e o espaço como fator de intermitência; a consideração que promovemos sobre o intérprete dos seres em posição idêntica, é a do olhar que descobriu no rosto mais próximo o contato com ausências preenchidas daquela maneira; nesse momento, o nosso belvedere assume o papel de imobilizador de situações em via de se perderem, que escaparam como objetos inócuos à atenção dos que as assistiram com os olhos descuidados, e que alcançamos, em nós, recuperar, trazendo-as das mais longínquas distâncias para o acesso de onde se nos tornam visíveis com a sua densa unidade. O semblante se transmuta em alegoria quando homologa, por seu gesto, o teor de nossa consideração, ele vindo a ser a escultura que repete em si mesma o motivo que, na plenitude da ductibilidade e da fluência, habita em todos os territórios; embora pareça existir unicamente nas faces que, pela configuração e à maneira da sacola que indica a direção do vento não obstante incidir este em todas as coisas, revelam a presença do genérico em suas linhas facilmente permeáveis. A simples conformação do rosto, como vivenda desocupada, mostra que nele o gênero perdura, o significado permanece mesmo se ele, o semblante portador, vem a desaparecer, pois se tal ocorre, outra fisionomia faculta à motivação uma nova hospedagem no campo de nossa ótica; os seres possuidores de vida cerram e descerram as atitudes, caminham por breves e longos itinerários, transportando consigo o cortejo de hábitos domésticos, suscetíveis de se acomodarem nas mais díspares residências, dado que estas flexionam para que prevaleçam os íntimos costumes; tudo, enfim, que pertence ao ser fisionômico se inclina à uniformidade, à repetição de gestos, à presença, em nós, da entidade ubíqua. A nossa vista diária se enche de episódios que, ao primeiro julgamento, se instituem com desordenadas configurações, esquecido que somos, na hora, de que em lugares múltiplos, de um cotidiano que a todos pertence, o mesmo tumulto se desdobra, perfazendo afinal o entrecho em que o genérico se decompõe em termos de cissiparidade, oferecendo-se, portanto, a leituras alegóricas; os figurantes da genérica perspectiva, por efêmeras que sejam as suas aparências, instalam-se em nossa visão acrescidos de validade que os eleva à suprema contemplação, a de estarem, perante nós, a exercer, a cumprir a outorga da generalidade. As coisas supostamente tidas como incomunicáveis, quando nelas pousa o acontecer do gênero, rompem os seus aspectos irredutíveis; e ao se incorporarem na trama do sucesso, apresentam-se em nós com clarezas significadoras, à semelhança de ornatos que se impregnam do espírito do templo, tornando-o verdadeiramente completado; a exemplo das ornamentações, das linhas e dos outros elementos utilizáveis, que observamos um a um, na fachada das igrejas, sempre em função da idéia que exteriorizam, também nas figuras, postas nos rotineiros painéis, vislumbramos, distribuídos anatomicamente, mas aglutinados pela inoculação do ser genérico, integrando-o, os vultos que não intentamos separar de seus vínculos corriqueiros; os desentendimentos de aspecto se transmutam em aparências harmônicas, e o nosso olhar procura em cada comparecente o motivo total da grande peça, encontrando-o sem induzi-lo a mudar as feições; o panorama inteiro, que a todos os instantes varia diante de nós, se perfaz com a exposição estendida, que o gênero nos oferta, de quantos seres vêm a participar da inesgotável amostra. As faces contidas na presença emudecem os relevos da particularidade, nenhuma concorre com outra na disputa da preferência em nós, todas elas estão imbuídas do mesmo grau de desempenho.

3 — A narração que J... nos fazia, apaixonadamente, da imagem de T..., pouco nos veiculava do tipo em descrição; tendo o narrador sido obrigado a recorrer, como exemplificação, ao vulto de B... que era de nosso álbum, o que sem dúvida proporcionou ao desenho, e em nós, uma fidelidade mais nítida ao modelo; a efígie de B..., que até o instante nos fora indiferente, ou melhor, antipática, adquiriu de súbito um realce oriundo, assim, não de si mesma, porém da alusão à figura ignorada de nossos olhos, e existente por ação de interposta pessoa; e cuja conexão estabelecida talvez não se homologasse por nós se porventura tivéssemos diretamente conhecido o rosto original. A aplicação do afeto em determinados semblantes firma-se comumente graças a circunstâncias alheias à visão, e engrandecidas por interferências propiciadas pela nominação; porém certas faces, que se erguem em nós às custas de poderes exteriores, tais como o paralelo em relação a B..., nos indicam, a propósito da fonte privilegiadora, que tudo se operara em termos fisionômicos; as próprias referências nominativas não eram mais que fixações interpoladas entre a nossa mente e o ser distante, desprovidas de quaisquer injunções além das da efígie que, citada por nosso interlocutor, transparece na memória de nós ambos. À semelhança de duas pessoas que olhando o mesmo vulto participam de igual impressão, embora a rigor ela não seja idêntica para os dois olhares, a face de B..., com os seus contornos genéricos, habitava simultaneamente a nossa lembrança e a de quem a invocara, permanecendo, num e noutro domicílio, com os traços bastantes para que nos entendêssemos com a mesma evidência como se estivesse diante de nós o mapa de seu rosto; à medida que se acentuava o confronto entre os dois prospectos, mais vizinhas uma da outra se nos afiguravam as impressões quanto ao ser em memória; por iniciativa de nossa parte, a fim de que

a conjunção resultasse o mais possível perfeita, resolvemos vestir o corpo de B... com a indumentária que propuséramos insinuadamente para não vulnerar o aspecto confeccionado pelo narrador, a qual se compunha de panejamento por nós improvisado na ocasião, e que foi aceito após alguns instantes de absorto silêncio; conduzindo para certo lugar a efígie em cogitação, com o mesmo intento de excluir as sobras de sua identidade, indagamos se a pessoa de B... não era a que às cinco horas da tarde se via a olhar a montra do livreiro; como o interlocutor assentisse a mais esse estratagema, verificamos que a disponibilidade memorativa se acresce das adjudicações que incluímos, tornando-a, de fato, mais inerente à nossa acepção; tanto assim que, a partir dessa idéia de estar o vulto com a roupa que o adornamos e no recinto em que o expusemos, sempre com tais feições ele nos aparece depois de ouvirmos a pronúncia de seu nome. A escultura mental, que teve início por parte do narrador, alcançou em nós um acabamento que era em última análise o processo que utilizamos toda vez que um rosto vem a nossa imaginativa através da indicação referencial à outra figura; na impossibilidade de bem dirigirmos, a T..., o ser em evocação, o panejamento, a atmosfera local, as formas do contorno, em virtude de não o havermos observado ainda, reservamos também essas coisas para o vulto que em nossa palestra surgia apenas como esclarecedor da composição primeira; deveras, a prerrogativa de ser em duradoura evidência ainda recai no protagonista menor, a quem se destinava tão somente o papel de alusão comparativa. Na galeria dos conhecimentos, faces diversas participam da exposição, a princípio não por si mesmas, porém pela semelhança que descobrimos, ou que nos fora invocada, no tocante a seres que o espaço ou o tempo nos proibira de testemunhar; as quais obtiveram a valorização que faz com que as procuremos para conseguir de algum modo, nelas, as imagens que nem a distância, nem o perecimento as deixaram inteiramente perdidas para nossa ótica. Se acaso a sugerida equivalência recobre a face que já possui alta posição em nosso afeto, sentimos, no tocante ao vulto assim privilegiado, a impressão de novo prêmio atribuído a novo mérito, se bem que a propósito de B... nada houvesse que antes o distinguisse em nós; analogamente, a similitude que abrange o corpo isento de nossa simpatia, produz, quanto a ele, o intermediário, o arrefecimento de nossa ojeriza, que foi o caso da revalidação, em nós, da pessoa de B..., de quem depois nos disseram fatos em abono de sua conduta, falsamente imaginada desde a era de nosso rancor até a data da reabilitação por obra exclusiva de J...; entre os sucessos que receberam nossa admiração, houve aquele de B..., ao penetrar todos os dias na residência de seus familiares, compondo, ainda na rua, um tranqüilizador sorriso que tinha por objeto não veicular de chofre a informação de que o seu filho continuava gravemente enfermo. A piedade, com o véu conciliador, veio em outras ocasiões a favorecer em nosso sentimento os vultos de antigas aversões, na totalidade das vezes através de notícias que nos proporcionavam os semblantes em palestra conosco; como, por desamoroso silêncio, as efígies do desinteresse nunca assomavam ao núcleo de descritos episódios, elas se despiam de nossa indiferença graças à predominância de outras figuras a que elas marginavam para se investirem, por último, de nossa conversão; esta se não operava se as alusões emitidas revelavam um conteúdo inverso, ou seja, quando sobre o protagonista secundário um paralelo consentâneo contribuía a trazermos, para o vulto apenas esclarecedor, as desfavoráveis impressões que alguém diante de nós lhe acumulava. À sombra de acontecimentos que ouvimos, executa-se às vezes, em nós, a realização de outros sucessos: enquanto o interlocutor se alonga em narrativas e comentários, a mente já não acompanha no mesmo ritmo as palavras que escuta, pois que a atenção prefere deter-se em personagem incidente e com ela recompor um panorama que a aviva; se, no final da conversação, a nossa efígie se mostra alegre, o interlocutor, feliz pela solidariedade das impressões, mal suspeita que o contentamento se dirige a um ator que, na obscuridade de seu reduto, no simples aparecer circunstancial, absorve em si, transmutando a ordem íntima do painel, o louvor do aplauso.

4 — Algumas narrativas podem envolver, à base de similitudes aparenciais, os circunstantes que as ouvem, fazendo-os aderir, como intérpretes ou quase intérpretes, ao fio do enredo, vindo as figuras escutantes a encarnar, em nossa imaginação, os papéis ou passagens que atuam na mente do narrador; o tablado que então se estabelece é a segunda edição, reduzida a atores que, deixando subentender o digressivo fisionômico das peripécias, se esculturam em reilustrações do focalizado desempenho, à maneira de cartazes que anunciam a peça, proporcionando aos transeuntes, com frações imobilizadas do acontecer e da ambiência, a idéia aproximativa da história a ser contada por inteiro. Enquanto recebemos o relatório dos sucessos, seres que conosco lhe dedicavam a mais fervorosa atenção, se transferem da simples curiosidade para o meio poderosamente atrativo que as palavras do narrador expunham; abertas estão as portas a fim de que eles concorram, com as faces disponíveis, à significação de passados episódios; estes se faziam tanto mais acessíveis quanto a estimuladora vocalidade não descia a discriminações de minúcias, antes se reportava às linhas gerais dos primitivos participantes. Certas presenças que nos circundam na hora, são suscetíveis de trasladar-se ao proscênio do descrito enredo, e assim os rostos que em silêncio escutam as frases, podem assumir o desempenho na his-

tória, não propriamente na qualidade de atores por todo o estendido argumento, mas à semelhança de escorços das diversas partes, de correspondências representativas dos semblantes que em verdade viveram as expendidas situações. Em reuniões que se improvisam, consoante o assunto ventilado, e quando as pessoas não são de nosso conhecimento, a disponibilidade das figuras, com relação ao teor da narrativa, se franqueia à seleção de nossa mente que, de todo preocupada com a importância de alguns protagonistas, em geral com aqueles que formam o centro da exposição, esculpe o revestimento facial de uns com rostos que estão à mostra, de outros com as linhas vagas que nos sugere a nominação; dessa maneira o elenco, reunido em nossa imaginação, encerra a mistura das oferendas da realidade e dos perfis impostos à nossa escuta. Enquanto ouvimos o relato dos sucessos, a presença dos vultos circunstantes se divide em seres de comparecimento e seres de participação; acontecendo, quanto a estes, que a conjuntura de ali estarem sobreleva a simples composição da cena do homem que narra, para irem mais longe e aglutinarem-se ao entrecho vivido além de nosso belvedere; entrecho que no entanto vem a nós, pelo fato mesmo de agora se externarem à nossa lupa esses novos figurantes que todavia desconhecem o seu atual desempenho e, portanto, o valor de articulação de que se acham possuídos, isto é, a qualidade de promoverem, entre a nossa ótica e as ocorrências passadas, a aguda penetração que, surgindo de nós, ingressa nos recantos da ausência. Entre o homem que aguarda, envolvido em espesso capote, o fim da pormenorizada descrição, e o vulto que na história se entedia por força de arrastada espera, tanto mais insuportável quanto um relógio na parede de seu aposento, mede um a um os quilômetros da demora, firma-se a conexão facial equivalente àquela que preside a incorporação do rosto de nossa intimidade ao seu próprio nome; a fisionomia e o nome de identificação que a reveste, disputam entre si, no terreno de nossa percepção, a posse do ser em causa; se porventura este pertence ao nosso convívio doméstico, nenhuma circunstância nos obriga a atender ao nome de preferência à face ou à face de preferência ao nome; com respeito ao vulto da história e ao vulto da nossa vizinhança, também nenhum motivo surge, enquanto o relato se desenvolve, para distinguirmos e separarmos o papel que ele desempenha, à vez, no curso da narrativa e no quadro de nossa ótica; onde, de pé, imóvel com o seu grande corpo, tem diante de si a morosidade, com o desalento de não vê-la, de súbito, extinguir-se com a irrupção do acontecimento que ele espera; acontecimento ali consubstanciado no desfecho — que a cada minuto parece mais distante — daquela história interminável, cheia de acidentes inúteis e entretanto promissora de esplêndido final, de certo surpreendente, e que após a chegada conclusiva, sem dúvida os pormenores, que subestimamos, tornar-se-iam realçáveis nos devidos merecimentos. Havendo o explanador ultimado o conto sem

CAPÍTULO 12

a conclusão que os vários incidentes prometiam, restou sobre a reunião um silêncio uniforme em todas as figuras, ante o rosto que supunha imprimir de emoções as faces comparecentes; o qual, desajustado pela frustração, intentou salvar-se à custa da confissão de que, para ele, as tais ocorrências não granjeavam zelo maior além da importância de se haverem verificado no recinto de... A realidade nem sempre completa com perfeição lógica os argumentos esboçados, e pela circunstância de o episódio encerrador não corresponder às exigências da urdidura estabelecida, podemos retornar aos painéis anteriores como algo que possuía em si mesmo, entre as muitas condições de revestimento, a de ter avocado o aspecto de uma significação provisória que não veio nunca a efetivar-se e que todavia continua, em nós, presa ainda ao passageiro desempenho, como se a eventualidade de surgir nos impusesse a providência de mantê-lo em sua acepção prematura. Se o relato do narrador nos ofereceu a série de entrechos, em nós, sob motivações no fim inteiramente falhadas, nem por isso vamos a demovê-los de seu teor, que este era inexistente na intenção dele que coligira retábulos diversos, dando-lhes ritmo novelesco mas sem um fio condutor que os articulasse, conforme percebemos à vista da omissão de um desfecho; as cenas mencionadas permaneceram, em nós, como os preparativos à fuga dos detentos da prisão de..., mas o sustentáculo que as introduziu em nossa memória, a ponto de ainda hoje as termos nítidas na lembrança, pertencera ao vulto que, enquanto assistia o depoimento do narrador, encarnava, com adequação, o papel mal delineado porém suscetível de receber o semblante que dispúnhamos diante de nós. As faces que se submetem às composições da escuta, os seres que ao nosso lado testemunham os painéis advindos pela voz de outrem, facilitam, como ilustrações de desenho à beira do texto impresso, a fixação em nossa mente dos fatos que sem eles talvez se diluiriam com o ponto final do expositor; como são freqüentes as situações dessa natureza, muitos semblantes de nosso convívio unem-se a vários pretextos e referências com que os impregnamos; à maneira de cúmplices de nosso cabedal figurativo, revelam a mais, em seus rostos, a conjuntura de haverem representado em proscênios que, não obstante eles próprios ignorarem, permanecem com seus vultos, bem vivos em nossas recapitulações; como se esses mesmos atores, sabendo do agrado em revermo-los na antiga função, tudo fizessem para reproduzir mais uma vez, em nossa iconografia interna, o acidental motivo que sem dúvida não era merecedor de configuração, mas que a obteve pelo intrometimento do mero acaso. Sucede, não raro, quando no aposento ou ao longo das ruas, nos confrontamos com rostos da intimidade, colhermos, nas fisionomias presentes, o fecundo acervo que é repleto de muitos retábulos do gênero deste que extraímos ao som das palavras do narrador do tédio; ao folhearmos uma a uma as estampas da atualidade, mal ouvimos o que de novo eles proferem, tão absorto que estamos na presença do que encarnaram de modo fortuito, sem que os tivéssemos selecionado entre os vários seres do nosso conhecimento; mas se fizeram atores pela simples circunstância de se haverem reunido em contigüidade conosco. O ato de presença é uma trama que tecemos com renovados fios, quer tenhamos à margem indivíduos que palestrem conosco ou vultos da imobilidade do aposento: a mais débil invocação, a mais tênue idéia recai no semblante posto em nossa mira; na história do cotidiano, nenhum objeto da costumeira disponibilidade se reduz a um exclusivo desempenho, pois que todos perpassaram pelas inoculações ideativas, e continuam a inscrever-se em nosso elenco sempre que nos dispomos a buscá-los.

5 — Há figuras que, mesmo depois de dissociadas, mantêm ainda, nos recintos onde se encontram dispersas, o sentido que as tocou por ocasião do episódio de que participaram, como as depressões do solo, motivadas pela chuva, conservam em feição figurativa a presença da água que já se fora de há muito; nova tormenta acabará com os secos baixios, sorvendo-os numa única superfície de água, mas no decorrer das intermitâncias, através das áridas assinalações, as marcas provenientes da chuva passam a reconduzi-la a nós quando buscamos, em tais baixios, a consideração que lhes é inerente, qual seja a de preservarem nos bastidores o sentido da nominação que desempenharam juntas. Na posse de determinada situação, quer antiga, quer recente, ao defrontarmo-nos com o vulto que figurou nela, o nosso olhar o abrange não como rosto desprovido do precedente repertório — a exemplo de semblante que é visto pela primeira vez — porém como intérprete que, despegado da cena, contudo não está desavindo da significação que a motivara; tem, antes, com relação a ela, um sentido de sobrevivência, de fragmentação em cissiparidade, o mesmo que nos delega, diante de uma só concavidade no terreno, a compreensão de que mais além outros barrancos se inserem, proporcionando em conjunto a certeza de um temporal acontecido; como o contato com um único barranco nos é suficiente para a intuitiva apreensão da tempestade, assim o encontro com um só dos componentes do passado episódio nos basta para a reobtenção do painel, agora em outras conjunturas, mas persuasivo como o escorço no tocante ao finalizado desenho. O conteúdo da virtualidade, que uma fisionomia encerra, quando não se mostra em recepção imediata, quando não atua em nós, nesse momento, a intuição de que um existir, fora de nosso direto alcance, permanece na sobrevivência de uma de suas frações, o conteúdo da virtualidade exibe-se por meio da dedutibilidade das formas: trata-se do método que nos poupa de prosseguir

CAPÍTULO 12

à procura de cada depressão no solo, para atingirmos afinal o panorama da copiosa chuva. O processo da dedutibilidade compreende figuras de muito fácil assimilação, à guisa das rosáceas de alguns templos góticos, deixando-se em parte esconder e ao mesmo tempo nos apresentando os elementos ocultos por força de sabermos, ante a parcela visível e a noção que possuímos da rosácea, que o trecho encoberto é análogo ao percebido por nossa visão; o processo da dedutibilidade cinge também a faces de mais complexa composição, como as que em geral se situam em nossa vista; e conforme o grau de conhecimento que revelamos a respeito do que nos foi dado observar — e que constitui a preciosa anterioridade que facilita, em nós, a adesão de tudo quanto vem ao nosso cabedal fisionômico — a mente ora regula o seu exercício pela duração do olhar, ora se impõe a necessidade de mais longo tempo, indo concluir a ilação bem após a fixidez da receptiva. No grupo que repentinamente se condensara em torno de um objeto, pesquisado na grama do jardim, enxergamos o rosto de V... que dentre todos era o mais preocupado em distinguir o ponto nuclear da situação, excedendo-se em abaixar-se para de mais perto promover a identificação da coisa encontrada; na véspera fomos avisado de que ele perdera uma jóia, e ali, em presença do gesto perquiridor, assentimos que se tratava evidentemente do bracelete que unia a sua mulher a personalidades de outras gerações, o vínculo exterior que mais a prendia ao remoto larário; desfeita a ocasional reunião, soubemos que em verdade era uma jóia, porém não a visada por V..., e se o acontecimento o decepcionou, contudo de nosso ângulo tivemos a homologação exata de que a coisa genérica — uma jóia — representara em nós o centro daquela súbita formação; ainda alguns dias depois continuava perdido o bracelete, apesar de ele se ter compensado, de algum modo, pelo objeto que encontrara; permanecendo a tecer o urdume do olhar em busca da jóia, as suas atitudes, sempre que atravessava o jardim, se regulavam pela mesma constante, o que o tornava perante nós um instrumento de fácil manuseio em experiências figurativas, conquanto praticadas sob o estímulo daquela obstinação; sucedeu que numa noite lhe foi devolvido o bracelete, descoberto, não no jardim de sua conjectura, mas no próprio cômodo da esposa; manifestando ingênuo escrúpulo, correu ao parque onde, sobre a relva, colocou o provisório objeto cujo proprietário, dedicando-lhe talvez estima equivalente, poderia achá-lo, e ao fazê-lo, os dois episódios ultimariam, na unidade da conclusão, a perfeita analogia com que se iniciaram; de longe, pusemo-nos a aguardar que uma figura, ao ver o objeto, o levasse consigo, se bem que de nossa parte o desejo era de que um agrupamento à maneira do anterior convergisse as atenções para o pequeno achado; e que alguém dos participantes, fisionomicamente a pessoa que o houvera perdido, o retirasse entre explicações coonestadoras; acontecendo que desta vez a realidade se eximia de corresponder à nossa previsão, resolvemos abandonar a curiosa expectativa, mas todos os vultos que na ocasião se demoravam no jardim, uns sentados nos bancos, outros a se moverem vagarosamente, estabeleceram, em nós, relação direta com o bracelete deixado na grama; a qual vinha a consistir no largo episódio das personagens em véspera de ocorrência incomum, cada figurante possuindo a sua parcela de probabilidade no descobrimento do objeto; enquanto se manifestavam com esse motivo de serem em ignorado prenúncio, o nosso olhar se fazia atento às pessoas antes do fatal sucesso que talvez se não efetuasse à nossa vista; contudo era, dentro da ordem fisionômica, o retábulo a preceder o término do argumento. O desenlace nos sonega, muitas vezes, o conclusivo aparecimento, sem todavia apagar a feição do entrecho que o tornou previsível em nós, como a cena do perigo que, passando à margem, em completo desconhecimento do ser em foco, da face em risco, constitui, no plano facial, um painel em si mesmo, o da ameaça, que se não concretiza; ainda na ordem fisionômica, dada a potência de execução que reside no episódio preparador, a imaginação se acelera no sentido de que prevaleça o retábulo ultimador daquilo que fora anunciado; embora surja, para desmenti-lo, uma cena real de todo incompatível com a prefiguração da mente. Negadora ou afirmadora do entrecho precedente, a face sobrevinda, e que dele participara, é de qualquer forma um vulto que se não despiu do anterior panejamento: no primeiro caso ele atua como ser discrepante do significado, desafeito, em nós, ao tema em que se deixou surpreender, mas vinculado à havida presença; no segundo, o seu desempenho, prolongando-se em linhas desembaraçadas, caracteriza-se por uma desenvoltura que é a do ser em cumprimento do próprio destino; ambas as situações encerram o apego às anterioridades, o insistir na permanência de algo cenicamente extinto, mas que se conserva, através de portador em facial perseverança.

6 — Como os deambuladores do parque são sempre os deambuladores do parque, as pessoas, que víamos nos bancos ou a andar, eram cenicamente os vultos que na tarde já muito distante se dispuseram em grupo ao se debruçarem em companhia de V...; nesse instante compreendemos que o painel se identificava com aquele que fora o apronto à alegria de nosso companheiro, os dois entrechos reproduzindo-se em todas as extensões; havendo, quanto a nós, a lamentação de não termos podido adivinhar, quando do primeiro, que os rostos comparecentes eram figuras que viriam repetir hoje a participação que outrora desempenharam; se tal houvesse sucedido, a nitidez do retábulo primitivo seria igual a esta que presenciamos agora ao recolhermo-nos do jardim. À maneira de conduta simétrica, se não víramos o começo do

original acontecimento, desistíamos de observar o término de sua complementação em cópia; ficava-nos do enredo de V... o derradeiro ato de sua primeira versão, e o ato primeiro do segundo investimento; mas, a rigor, era como se as partes omissas se houvessem efetuado diante de nossos olhos; a dedutibilidade de formas nos oferecia por completo os retábulos que, tão possuídos do gênero, e levando em alto grau o pendor à sinonímia, se dispunham, perante nós, não mais através de figuras diferentes nos semblantes, mas através de rostos cenicamente os mesmos da composição inicial. Por meio da consideração genérica, as dissensões faciais se aluem para a permanência, em nossa ótica, daquilo que é − à maneira da roupagem litúrgica, indistintamente vestida por quantos celebrem no imóvel altar − a identificação dos contornos gerais, com a exclusão de elementos díspares por força daquele processo de apreender; segundo o qual, as efígies nos mostram ou nos ocultam o que elas têm, não por decisão que nos escapa, mas pela natureza do tema que na hora abordamos: tema que, à feição do alterador cristal, ao conceder a diversos vultos uniformidade de aspecto, oriunda da própria equivalência de deformações, reduz a seus termos todos os objetos vistos através dele. Desse ângulo, a existência das figuras, enquanto coisas da visibilidade, se ergue à acepção de imenso ritual, para cujo exercício convergem todas as atitudes; dele se exclui, momentaneamente, o nosso rosto em seu ato de ver a grande assembléia dos corpos em holocausto de suas particularizações, em sacrifício de suas singularidades, de tudo enfim que lhes diz respeito ao nome próprio. A reconstituição de cenas, a similitude de episódios, a interpenetração de entrechos, representam maneiras de ser do enorme rito, às quais aderem, simultaneamente, como atores a exercerem a um só tempo vários postos em inúmeras peças, as faces que nem sequer suspeitam, em disponibilidade ao longo das ruas, de que as espreitamos sem tentarmos reconhecê-las nas respectivas identidades, provido que estamos apenas de sua participação genérica. O ritual se efetua independentemente dos espectadores e o seu conceito não envolve a necessidade de testemunhas; é algo que se encerra em si mesmo como painel composto para não ser visto, que se perpetua graças à tradição mantida pelos próprios agentes da interna cerimônia, diferindo dos episódios que se estabelecem em palco, estes pressupondo a interferência de público em função do qual passam a exibir-se; se alguma inclinação da mente nos impele a concorrer ao prodigioso culto, a condição primeira para nos votarmos ao rito de que unicamente nós nos excetuamos, reside em apagarmos a luz que clareia a nossa lente, dispensando-nos de assistir, da platéia de um só lugar, a rítmica uniforme, se bem que renovada a todo momento, dos seres que conosco deambulam sobre a terra. Por sabermos que o ritual nos engloba a todos, enquanto as demais figuras o corporificam sob ignorada entrega dos semblantes, nós o fazemos deveras com maior unção: neste caso,

nos desincumbimos na forma do religioso que regula os gestos
em consonância com o sentido mais profundo de sua oração;
tão fiel desempenho se perde à falta de olhos que, em algum ponto
da nave, da rua, pudessem ver a irrepreensível aparência com
que nos deixamos solidarizar com o teor genérico. Os seres entrevistos no parque, à sombra dos arbustos, eram, na ordem fisionômica, ex-protagonistas do primeiro retábulo, e que, à semelhança de atores à espera da vez para reingressarem em cena,
constituíam no bastidor o painel habitual dos figurantes na expectativa do desempenho em estrado; no acontecer dos vultos do
jardim, representando fora do tema do bracelete uma significação amoldável ao mesmo tema da jóia, essas efígies disseminadas no curso dos canteiros, se equiparavam a intérpretes que
irão compor a conjuntura do aguardar a ocasião de aparecer; ao
estarem ali ocultos da platéia, não faziam mais do que cumprir,
à puridade, o assunto que se repetiria consecutivamente. A significação de um episódio se expande em áreas mais extensas que
as presumidas pelos atores, havendo de ordinário um tema do
tema a conduzi-la fora do meio em que este se efetua: suplementações que propagam, freqüentemente bem longe do nódulo
nominador, em conciliação de entrechos, a presença dos figurantes
que jamais se inteiram de que o terreno onde pisam se elastece
para a ubiqüidade de seu desempenho, como os círculos, que
na água se formam, possuem a presença do objeto que lhe foi
atirado, os mais próximos aparecendo com nítido relevo, os mais
distantes prestes a se extinguirem mas ligados também ao pretexto
da coisa que estabeleceu as ondas.

7 — No adro da Igreja de ..., no instante em que os fiéis
se retiravam da missa, com os vultos ainda sob o efeito do ritual
que os pusera uniformes, tornando assim externável à luz exterior a unção obtida à claridade das velas, um coche fúnebre, vindo
em sentido oposto, compeliu a parar a pequena multidão que
à vista desse consentâneo episódio, e estimulada por ele, revigorou
o aspecto que sem dúvida aluir-se-ia além da praça, nas ruas,
que representavam o ponto em que o rito finalmente se apagava.
Os acompanhantes do funeral, com as vistas sobre o solo como
se nele, cobrindo-lhe toda a extensão, repousasse um enorme
ataúde, fundiam-se com os seres recém-chegados do templo;
o adro completo era, à vez, a cena da nave e a cena da piedade
póstuma, ambas as situações a se entrelaçarem, a se instituírem
numa só motivação; e tão espontânea era comunidade de atitudes que nos equivocávamos quanto a procedência dos figurantes:
se provinham do culto ou se pertenciam ao lutuoso cortejo, parecendo-nos mais certo se afirmássemos que eles se continham

em ambos. A solidariedade fisionômica se cometia tanto mais forte quanto a traspassava remota e persistente conexão, em outras eras ainda mais explícita quando os mortos se domiciliavam na igreja, eles surgindo, antes, na praça, tal como este de agora que acolhia dela receptiva configuração; o entrecho dos participantes da missa lembrava a seqüência do acompanhante que, deixando a meio o séquito, se apressa em chegar ao local, trocando o anterior papel, e adquirindo a feição de hospedeiro, ao assomar à porta do destinado abrigo; em verdade, a circunspecta atitude dos que saíam do templo já se fizera aparecer desde o início do mortuário episódio, de maneira que a presença dos recém-vindos da nave nos parecia a presença de participantes do enterro que, em virtude de protocolo repentinamente instituído, se anteciparam à cerimônia religiosa, expondo-se no adro a fim de lhe oferecer a condizente recepção; reciprocamente, os homens da igreja, com o fito de ressaltar a acepção de que é provido o templo, haviam buscado em algum recanto o conspecto do esquife que, representando o que de mais grave pode existir como núcleo de integrações, passaria a lhes propiciar uma cena mais prodigiosa entre quantas soe ministrar o interior de uma capela. Quando a intimidade se estreita, os indivíduos, que a desfrutam, dispensam entre si as usuais saudações, os contatos se realizam como se nunca eles se tivessem afastado dos olhos uns dos outros, forma de convivência que em geral ocorre no recinto doméstico; tal foi a impressão que nos adveio da fraternidade facial entre os que penetravam na igreja e os que se retiravam dela, tão óbvia era a aliança dos componentes do painel elástico. Em lugar de novo entrecho, testemunhamos o mesmo episódio apenas acrescido de acentos mais profundos, como a mesma página, sob o efeito de melhor dicção, se valoriza em detrimento da voz que a leu sem a devida cadência; na tarde que havia dentro da Igreja de ..., os figurantes do rito, adestrados por experiências anteriores, levaram a termo a significação que, solta em todas as partes da terra, veio a pousar no campo de nossos olhos, na ostentação de seu ritmo essencial, ali no próprio monumento que antigas lápides, com inscrições também amortecidas, estão a indicar ser o verdadeiro recinto da ritualidade. Em nossas relações costumeiras, nem sempre o ponto de partida se efetua no ambiente que encerra os valores nominais do rosto em foco — tal o museu para o colecionador de antigüidades, a biblioteca para o escritor, a oficina para o artista plástico — mas quando sucede a coincidência, esse primeiro encontro com o futuro amigo nos oferece de logo, em conjunto panorâmico, os começos, senão as vistas avançadas, de seu repertório; tínhamos sob o olhar, a cena a desenvolver-se na legítima rampa, e assim colhemos a desenvoltura que nenhuma outra nos podia proporcionar, uma adequação talvez mais convincente que aquela que costuma acontecer na reconstituição do painel, se o recinto foi precisamente o do sucesso original: uma impressão de que nenhum reduto, a não ser a própria Igreja de ..., nos facultaria a estampa das faces no litúrgico aspecto; não sabíamos com certeza se as pessoas presentes trouxeram o morto ou o acolheram no adro, pois que as figuras se fundiram na indistinção, mercê da similitude; os mesmos participantes, cobertos de contornos gerais, iriam ser, sob a consideração substitutiva, os agentes a propagar na cidade inteira o episódio que víamos ali, em seus fundamentos fisionômicos; a inidentificação dos intérpretes, que nos impedia de classificar os vultos da Igreja e os do enterramento, era a condição, em nós, a favorecer, nas ruas adjacentes e nos mais longínquos recantos, os atores impregnados ainda de seu papel, num incomensurável alongamento do entrecho que oscilara entre a praça e templo. Em digressões a propósito de algum tema, pensamentos alheios à central idéia, vindo a intercalar-se no corpo das seqüências, longe de destruírem a fixidez do assunto, aprimoram a agilidade da conceptuação; assim também, ao deambularmos após a visita à Igreja de ..., quando desfeito estiver o núcleo da motivação, inúmeros intervalos, sem conexão com ele, aparecerão perante nós; mas, em virtude mesmo dessas intromissões, a nossa retentiva se esmerará na contemplação dos seres que, figurantes do anterior elenco, prosseguem ainda, fora do sítio adequado, a representação cujo clímax nos fora dado conhecer. O advento desses intervalos, procedidos como estranhos ao tema genérico, o tema do último ritual, não nos expunha semblantes perturbadores, entes porventura incluídos em nossos olhos à maneira de subversões do acaso, mas a incidência de outras coordenadas, detentoras também de igual significação, apenas configuradas sob molde diverso; à medida que procurávamos nas ruas os participantes da cena da Igreja de ..., obtínhamos neles, intercalados em outra seqüência, os atores de novas peças, cujo sentido nem sempre alcançávamos ao primeiro encontro; mas os intuíamos como pertencentes a assuntos do plano genérico, tal a exclusividade de acepção com que dirigíamos a ótica aos mais variados aspectos das ruas e das praças. Todas as figuras da cidade exibiam diante de nós o seu teor genérico, não estando isento de prazer o nosso espírito ao vislumbrar, sob tantas formas diferentes, o inesgotável coro à base de uma única motivação; tudo quanto víamos, a externar um só pretexto que, livre de vacilações, se regulava em gestos da mesma sinonímia, e cujos portadores, supondo exercitá-los em primeira versão, contribuíam, com tudo que lhes era inerente, para o domínio irrevogável do genérico. Ao lado de entrechos facialmente inajustáveis ao painel da religiosa adesão, surgiam a cada passo vultos que ora mantinham, com relação a ela, a proximidade fisionômica por demais estreita, como se estivessem recém-saídos do templo, ora se distanciavam da matéria cujo estudo os nossos olhos tinham promovido no adro da Igreja, afastados intérpretes que entretanto desempenhavam ainda a sua parcela no tema de nossa preocupação. Pusemo-nos a observar as atitudes de certo rosto que homologava uma outra forma do genérico, sem semelhança com a do acontecimento da Igreja: sem intentar descobrir a significação de sua aparência, aguardamos que esta desaparecesse em nós, a fim de perscrutarmos se o genérico, atentando na qualidade de nossa argúcia, suspendia por alguns instantes a feição com que se exibia aquela figura, e em seu lugar nos desse mais um componente do rito no interior da nave. As iniciativas no intuito de demover o ator de seu atual papel, foram tanto mais inúteis quanto ele muito bem se acomodava em outra conjuntura genérica, a de ser em alegria; e como era irrazoável compeli-lo ao investimento na tristeza, os nossos olhos, em solidariedade ao luto que testemunhamos — havia nesse cuidado um resto, em nós, da precedente cerimônia — incidiam nas paredes libertas de todo contentamento, enquanto o vulto entre risadas profanas, seguia pela rua que descortinávamos de nosso belvedere; silencioso por efeito da distância, o vulto nos proporcionava as costas, os meneios dos braços, o bamboleio do corpo; e se alguém que o conhecesse o visse do ângulo em que nos situávamos, precipitar-se-ia em sua ajuda, sem deter o ímpeto de indagar-lhe a razão do convulsivo choro, que era fisionomicamente a participação no episódio da Igreja, sob a modalidade de alguém que se retardou ao funeral e que, a só, rendia o seu preito, como outros o fazem, levando, no dia seguinte ao da morte, flores e preces ao túmulo.

Capítulo 13

1 — *A nossa fisionomia ante nós e ante o miradouro de terceiros.* 2 — *O gênero e a ritualidade.* 3 — *O gênero e a outorga.* 4 — *As extensões do painel.* 5 — *As efígies são dependentes de nossa claridade.* 6 — *A semelhança generalizadora — A incorporação essencial em nós.* 7 — *A sobrevivência da efígie em nós.* 8 — *A premunição figurativa perante a idéia da morte — A nossa sobrevivência é uma ideação que morrerá conosco.* 9 — *A solidariedade figurativa.*

1 — As composições nominais se formam em bases fisionômicas, preferentemente com os seres do convívio, dos vultos que mais o esteiam às nossas preocupações; eles, que se constituem mais assíduos na imaginária externa, também na imaginária interna se sobressaem densamente, além de tecerem, em ambas as imaginárias, a teia dos afetos; mas, a assiduidade não impede que os utilizemos segundo a norma da substituitividade, permutando-os por outros intérpretes nas faturas com que a todos existenciamos. Muitas vezes a urdidura se realiza sob a condição mesma dessa permutabilidade, sem a qual não se dariam certas coordenações de sentimentos e de idéias; sem dúvida, se os circunstantes de nossas presenças se reduzissem aos corpos de primacial importância, menor número de entrelaçamentos se efetuaria em torno de nós e conosco, e à escassez de intérpretes corresponderia a escassez de assuntos. A convivência firma-se, de determinado ângulo genérico, em personagens de segundo plano que, na impossibilidade de concluírem por si sós a cena de que participaram no começo, transferem a outros vultos, para a complementação subseqüente, que tanto se pode efetivar no dia seguinte como em muitos anos após, a natureza de seu desempenho; sem que, em virtude dessa mutação de comparsas, o episódio venha a perder na ultimação do motivo, os novos atores perfazendo

com a mesma desenvoltura as funções preenchidas pelos rostos iniciais. Na prática das substituições, ficam, à margem de nós, como elementos inconsiderados, os nomes próprios que em outras conjunturas singularizam os seus portadores; os nomes personificáveis não atingem o que os semblantes revelam de pura natureza facial, na forma de seres da simples visão, de algo passível de fusionar-se a outros vultos, sob a lei da equivalência fisionômica, a incidir tanto sobre igualdades de aparência como sobre similitudes alcançadas por efeito da mera posição no recinto; neste caso, os cognomes que também particularizam as figuras, os epítetos que não se repetem em outra, ausentam-se de nossa apreciação, reproduzindo a esse respeito o que se verifica em relação ao nome próprio: a prescindibilidade no acontecer da cena. Muitos cometimentos da imaginação se processam à custa de agentes que não são os mesmos que motivaram o painel em foco, existindo entre os semblantes do passado e a efígie agora excitadora da ressurreição, uma proximidade, ou melhor, uma identificação, por estarem, os remotos e os presentes, sob o signo dos contornos genéricos, por meio dos quais os primeiros cedem aos segundos a ocasião de reconstituir o episódio. Como os secundários semblantes que transferem a outros o significado de que se haviam imbuído, também o nosso rosto — através das múltiplas situações em que se tem encontrado até agora, exposto à revelia de nós apesar de não poucas vezes nos munirmos de aparência que supomos adequada — ora se deixa substituir por outro vulto, ora consente em imitar ou terminar a motivação que além dele se gerara. Assim, naquela tarde em que presenciamos o rito fúnebre, na Igreja de..., propagar-se fora do recinto, a ponto de se introduzir pela cidade inteira sem que a menor das artérias nos sonegasse o testemunho da passada cena, tanto mais que a presença da noite veio, com a ubiqüidade do luto, a recobrir as nossas visões em uma nave maior, oferecemo-nos ao olhar de inúmeras pessoas que recolheram de nós aspectos que se relacionaram, sem dúvida, com mentalizações mais diferentes possíveis; ao percorrermos as ruas, de certo que figuramos em muitos retábulos, indo, em alheios repertórios, da posição de mero elemento formal ao relevo de núcleo de situações; porém, inconformado com a insciência do que havíamos sido, diligenciamos, em palestra com alguém que nos espreitara de maneira incomum, obter o desempenho que perante ele acabávamos de proferir; a despeito das alusões que fizemos recair em nossos gestos, nada alcançamos do interlocutor que nos desvelasse o sentido de seu interesse, o grau de importância que ele nos levou junto às fisionomias de sua memória; na mudez vimos a condição mesma de nosso desempenho aos olhos de outrem, a miniatura do que ocorre na platéia de nossas deambulações; no tocante a nós, tornar-se-á silencioso o vulto a quem indagarmos quanto à natureza de nossa representação, porque, ao pudor de descobrir os seus retábulos internos, se alia o de nos constranger com alguma qualidade diversa da que estimaríamos visualizar; assim encontram-se, fechados para sempre, os vãos que possivelmente comunicariam, de maneira reflexa, o episódio de nosso corpo com a objetiva de nossa ideação. Como os assuntos, que vislumbramos, pertencem à nossa leitura, também a ela se expõem enredos desenhados por nossa fisionomia, em algumas ocasiões postos com tal evidência que presumimos haverem alguns ido além de nossa privativa observação: não tendo eles deveras escapado à sutileza dos olhos de outrem, suposição esta que tanto nos satisfaz se o motivo em apreço é o de uma bela cena, e que tanto nos deprime se a significação é a de insuportável episódio. Os assuntos parecem perpassar pelas figuras, nas quais se fixam por alguns instantes, mas o suficiente para nos mostrarem a consangüínea adesão, como no mesmo ato em que distinguimos o objeto e recebemos a luz; a nossa efígie perante nós mesmo apresenta a eventual nominação, e igualmente sobre ela pousam os nomes itinerantes, que quase sempre nos fogem à percepção, mas às vezes vêm ao reduto de nossa visualidade e aí atestam a sua inserção no texto disponível.

2 — Dentro da nave da Igreja de ..., todos os semblantes presentes têm a cabeça reclinada como quem ora à medida que pede; no entanto o nosso rosto, que nada suplica nem a prece articula, inclina a fronte para as lajes do solo, permitindo a alguém, que nos veja do altar, a impressão de que oramos e também pedimos; entrementes, se a suposta lupa do altar se detiver em nós, verificará que a nossa vista passeia a curiosidade em torno dos legítimos fiéis, em plena aquisição do ritual, da posse em que a meio nos situamos, dividindo em nossa pessoa a conjuntura da lente que enxerga e a do corpo que se dilui no gênero. Mas, bem depressa nos destituíamos da profanadora indiscrição, o nosso olhar — desviando-se dos seres ali entregues à respeitosa crença — vinha a focalizar o nosso próprio vulto, e, ao cometê-lo, retificava perante aquele alguém do altar a minúcia de nossos olhos a lhe parecerem desatentos; e talvez com o gesto de estes contemplarem o respectivo corpo, uma unção maior o erguesse dentre os autênticos sectários, como sendo ele o mais provido de humildade religiosa. Sem que nos restringíssemos à visão do féretro, expusemos, à vista porventura levantada ao nosso rosto, a comoção que, solidária com o núcleo do painel, era simultânea a essa retentiva sobre a nossa figura; tendo esta, agora, o mérito de em si receber as lágrimas que se dirigiam para o caixão fúnebre, como tantos objetos que, indiferentes a emoções, acolhem todavia os afetos do olhar; dessa forma as coisas se humanam por haverem sido o anteparo, o hospedeiro de ocasionais sentimentos. No desempenho dos motivos que transcorrem, a nossa efígie, como o ator cujos recursos o deixam à vontade em todos os impre-

vistos da cena, adota processos que escapam à percepção do mais atilado espectador: no momento da Igreja, o gesto de debruçarmos a vista sobre nós, daria ao eventual observador a impressão de estarmos a esconder, por emotiva modéstia, as lágrimas da adesão ao comovente ritual. Nenhum conhecimento possuíamos do morto, nem sequer o nome tínhamos escutado; entretanto, quem nos visse assim repleto de tristeza, pensaria que entre nós ambos houvera profunda convivência, talvez incluísse, na suposição, que o fato de ocultarmos a dor que se expandia em nossos olhos, era oriundo de não querermos que alguma pessoa ali presente e que dedicava a nós e ao falecido o mesmo grau de amor, não se sentisse agravada em sua mágoa ao ver a nossa, de onde a cautela em impedirmos o sofrimento de uma tristeza da tristeza. À testemunha, verdadeiramente imbuída do episódio, não faltam as coonestações que explicam os inesperados sucessos, os acontecimentos imprevistos da face, conquanto que estes se prendam ao teor do painel, se articulem à motivação em foco; na ocorrência da Igreja, nenhum mais adequado do que o discreto ríctus de nossa figura que podia merecer várias interpretações, mas todas elas condizentes com o entrecho dos acompanhantes ao lado de seu morto, os quais constituíam uma série de nuanças, desde a da indiferença protocolar à da unção de nosso próprio aspecto. O retábulo faculta a cada comparecente, no decurso da solidariedade facial, o matiz que lhe corresponde; e quanto ao nosso rosto, que acolhíamos, ele era de relevo sem concorrente por não existir, no interior da nave, outro que, como ele – o nosso – manifestasse tanto a idéia da perda de alguém, pela morte. São inúmeras as alegorias que se expressam pelo abatimento, mas aquela que se estampava em nós, era o efeito respectivo da circunstância de estar alguém morto; tanto assim que, se o féretro e os acompanhantes se tivessem retirado, ficando nós apenas no espaço da capela, o ente que surgisse e nos encontrasse em angústia, diria que ela nascera não de arrependimento abalador, de incomensurável culpa, mas da privação recente, e para toda a vida, do corpo que nunca mais haveríamos de ver e que nunca mais conteria, em sua ótica, a presença de nossa imagem. Costumeiramente, ao nos referirmos a algum objeto, utilizamos a palavra gênero, e ao fazê-lo, a alusão se dirige à multiplicidade de figuras do mesmo aspecto, que se encontram ausentes de nossa vista, mas que estão virtualizadas nesse objeto em plena representação do enorme ser; da mesma forma, o espetáculo de nosso próprio corpo, sendo a alegoria de todos os prantos na hora de ir alguém para o túmulo, significava a nossa vez de, naquele momento, e perante os nossos olhos, encerrarmos as dores daquele gênero, dispersas longe da nave; e sem sentirmos a necessidade de, para obter uma angústia maior, procurar, ao longo da tristeza, as residências onde habitam ainda os seres recém-penetrados na morte. O ritual – à maneira do edifício que apresenta a beleza completa da fachada, e, após a fração de tempo em que se efetiva o ato estésico, nos patenteia o encanto, em parcelas, de cada um dos componentes dessa mesma fachada, homologando assim em analítico processo o que recebêramos em apreensão imediata —nos expõe o genérico de sua superfície e depois, quando o nosso belvedere, afeito à uniformidade dessa aparência, descobre uma a uma as efígies particulares que a constituem, em cada rosto isoladamente focalizado, verificamos a presença ratificadora do grande ser, tal como o havíamos considerado na primeira visão. Mais envolvente ainda que a beleza da fachada, o genérico da cerimônia fúnebre aglutinara a si, no teor de sua representação, a figura de quem o observava, no caso, o nosso próprio vulto; não resistindo à inclinação de sermos na liturgia da conformidade, debruçamo-nos em nós mesmo, e os nossos olhos que ordinariamente, ao recaírem nas situações, excluem delas o desempenho da própria face, desta vez atingiram, numa só e unitária plenitude, o objeto e o sujeito da contemplação.

3 — Ao rememorar certos painéis de que participamos, acontece vermo-nos como a figura que foi além da função que lhe coube na peça transcorrida, juntando-se ao seu desempenho algo mais que não viola a estrutura íntima do texto; ao contrário, propicia à nossa interpretação um significado que fora exclusivo da peça inteira, e entretanto se transfere para o nosso vulto, que passa então a encerrar o motivo de todo o conjunto cênico. É a personagem que sub-roga em sua efígie o tema que necessitou de vários protagonistas e que no entanto agora, ao refazer-se em nossa lembrança, nos desvela esse mais além de sua anterior posição; pois que todas as coisas do episódio conduziram ao final as tendências de seu começo, e nada mais nos resta para cobrir o acontecimento com o rótulo que lhe corresponde; ultimado assim o entrecho, sem a alternativa de traduções, sem nenhuma dúvida a respeito dos desígnios fisionomicamente formulados, aparece do fundo da recordação, livre dos esforços com que a mente um a um extrai os figurantes de determinado painel, e com a satisfatória simplicidade de um escorço, o nosso próprio ser acumulador de muitos protagonistas, ao modo da soma que em si inclui a presença das parcelas. E se a objetiva de nossos olhos, em lugar de nosso rosto, preferir, na reconstituição mental do sucesso, o vulto de outro que lá estivera a representar, nele encontraremos, conquanto o seu aspecto o favoreça nesse plano maior, a figura que contém em si mesma a motivação a que parcialmente se associara; a circunstância de retermos cada um dos participantes, a fim de não descuidarmos de suas atitudes componentes, nos impediu de vê-lo em aura alegórica; mas depois, graças à lembrança, tudo que fora explícito através de um grupo de atores,

revém a nós por meio do acessível coadjuvante. Nem sempre coincide ser este o mais saliente dos personagens que o assunto envolveu, dado que o painel, na disponibilidade de reviver em nós, estende com igual desenvoltura, aos entes de discreta contribuição, a prerrogativa de também configurar a teia que assistimos com o intuito de preservação, mas sem a mais breve suspeita de que um ator situado à meia-sombra da ocorrência, iria, com os peculiares e exclusivos recursos, facilitar em nós a rememoração de tudo quanto se passara. A face que se torna a representação de todo o acontecimento — à semelhança da escultura que em gesto imobilizado, sob o dístico de um conceito, abrange a tudo que tem o nome dessa entidade alegórica — figura em nosso álbum, que para tanto a selecionou assim no papel da cena inteira, cujos protagonistas lhe outorgaram a sobrevivência, em nós, deles mesmos, tais como se fizeram relacionar em passageira reunião; no contexto do repertório, as fisionomias de nosso conhecimento costumam aparecer em mais de um aspecto, mas de quantos se incluem em folhas, nenhum merece consideração equivalente à que dedicamos ao da efígie transportadora do agrupamento a que se aliou certa vez; no ato de ser em outorga, ela também nos ressuscita, com o episódio total, o desempenho que lhe coube por ocasião do mesmo painel. Visto de tal ângulo, o rosto em causa se duplica diante de nossos olhos, sendo à vez a figura outorgada e a figura outorgante naquilo que lhe diz respeito, numa virtualização de si própria que particularmente nos interessa; e significa um dos resultados mais fecundos da insistência em restringirmos os círculos de contatos: o vulto, que esteve presente ao sucesso digno de preservação, conduz o prospecto através do qual revemos tudo quanto ali decorreu; e, no caso, o reaparecimento do rosto estimula o que alcançamos por intermédio da simples memória. Se porventura o painel é daqueles que nos reavivam a curiosidade, e um dos componentes o porta em sua própria fisionomia, o nosso zelo recai nesse alegórico sobrevivente como se ele fora o último comparsa a viver ainda e o único ser idôneo a nos restabelecer a veracidade; não sendo poucos os cuidados, no intento de submetê-lo, cenicamente, à atitude figurativa que seja a reprodução, mais fiel possível, do episódio de que participara. Dispensando-nos do trabalho exclusivo da memória, temos, no precioso vulto, a cena dessa forma recuperada, o painel cujo teor é compatível com a idéia de revê-lo por delegação em um de seus membros; existindo, entre as modalidades de motivação, algumas que, de preferência a outras, tornam facilmente exequível a prática da outorga fisionômica; destas, uma, sobretudo, predispõe os protagonistas a veicularem, além do recinto do episódio, a significação que não foi apenas de uma só personagem, mas do conjunto que se estabeleceu: a do funeral, como o da Igreja de ..., que nos volta à percepção, em virtude de o nosso corpo reassumir, perante nós, a posição sentida com que figurara no interior do templo; havendo então, na virtualidade de nossa efígie, a presença das velas acesas, dos homens cabisbaixos, de tudo enfim que, em termos de visão, compunha a cena daquele velório. Se a repetição convincente de nossos gestos nos exige que o pensamento se reproduza de modo simultâneo a eles, tal como fora no instante do sucesso imitado, o nosso espírito se concentra no próprio semblante como o fizera da vez primeira; então, o debruçarmo-nos, mentalmente, sobre o nosso vulto é ainda a consideração do olhar que mira o genérico na figura do ser representante.

4 — De ordinário, as pessoas participantes de um episódio se desintegram dele no momento em que se extingue; sem falar na preocupação dos vultos que intencionalmente, quando lhes desagrada o teor, de logo se desnudam das correlações que os vinculavam ao entrecho, fomentando ainda mais o efêmero das situações; acompanhamos alguns atores ao reduto dos camarins, com o propósito de vê-los nas indumentárias que representam a perseverança do assunto, a despeito da cortina que se fechara para os olhos dos assistentes, mas que entretanto para nós persiste aberta. Em outras conjunturas, as personagens da Igreja de ... iriam sem dúvida desenvolver o tema da profanação, através de novos rituais que possivelmente não teriam, como aquele, uma composição de tão simples visualidade; em virtude de nos ser impraticável seguir um a um os figurantes presentes à nave, transferimos ao nosso próprio rosto o intento de preservar da desaparição o painel em que nenhum acidente surgiu para desmerecê-lo. A nossa conduta, nos instantes subseqüentes ao episódio, regulou-se na conformidade do entrecho acontecido, ora revivificando-se em contato com vultos nitidamente impropícios ao retábulo do féretro, ora sentindo-se estimular sob a influência de semblantes que, sem haverem comparecido ao local do sucesso, tinham contudo, em conexão com ele, os aspectos de inerente solidariedade. Em consonância com a diretiva de nosso corpo, a idéia do profundo respeito pela cena de onde provínhamos, pairava em nós como a correspondência moral daquela preocupação, daquele desejo de sermos ainda um intérprete do passado episódio; desejo tão naturalmente aderido à prática fisionômica — ato de aglutinação nem sempre realizável — que toda nossa pessoa era, em seguida ao painel da Igreja, o agente cujos propósitos nenhum outro mister da alma viria a demover. A reverência pelo entrecho decorrido impede de nos associarmos à cena posterior e diferente, tão referto nos achamos do episódio que, ou pela grandeza da significação, ou pelo acordo com a nossa sensibilidade, foi, em condição passageira, o acontecimento que almejaríamos perpetuar; como se diante das múltiplas

ofertas que a natureza nos prodiga, aquela última, fazendo-nos esquecer de outras, com qualidades para forte concorrência, houvesse esgotado todos os motivos de sua aceitação em nós; de fato, a impressão de completo desempenho nos persuade de que o tema em consideração em nenhuma outra parte alcançaria melhor ator, e em nenhum momento a nossa receptividade se manifestaria com tanto desembaraço para acolhê-lo; daí, o abandono em que imergimos as outras cenas que em sua oportunidade nos pareceriam, da mesma forma, confeccionadas com perfeição. Enquanto os seres ocupam os seus dias com extrema versatilidade de significação, eles mal consideram que nos sucessivos episódios um elemento constante perseverou inalterável nos contornos, sempre investindo-se na mesma identidade; esse ponto, incólume às motivações inúmeras, são as efígies que se nos apresentam ao olhar; as quais, todavia, por injunções de suas próprias almas, nunca veneram no acontecer de uma cena o retábulo que a antecedeu e que, por muitas razões, era digno de acatamento; dá-se uma estranheza ponderável em relação ao tema que se obstina em envolver o anterior papel, pois que o pensamento do ator reside no sucesso antes desempenhado; perfazendo-se uma inadequação sentimental que lhe prejudica o acesso à nova cena, até suprimindo a sua participação, por não estar de todo desencarregado do papel precedente; como que, ele tenta, com o passado aspecto, afeiçoar a si a significação em foco, segundo a nominalidade que lhe reveste ainda o semblante. A iniciativa do inconformado vulto não seria harmoniosamente aceita pelos comparsas restantes, e com o propósito de acautelarmos as cenas de alteradoras intromissões, preferimos que a nossa figura, quando sobre ela ressoa um espetáculo equivalente ao da Igreja de ..., se isole das situações possíveis; e no aposento, onde o sentido que levamos repousará conosco, sob a conivência espontânea dos móveis, a alegoria de nossa imagem se expanda sem nenhum constrangimento. As modalidades com que o genérico se visualiza, nos impõem um sistema de apreensão com o qual temos em mira a ordem nuançada de cada uma das aparências do grande ser; de acordo com esse processo de contemplação, o que nos convinha depois do retábulo da Igreja de ..., era a presença de outro velório que entretanto não nos foi dado assistir, apesar de, por várias vezes, no curso da caminhada, figuras provindas de acontecimentos desconhecidos de nós, nos davam no entanto a certeza facial de que eram remanescentes de cerimônias da mesma similitude. Por não havermos reencontrado o genérico sob a forma do rito fúnebre, e como nos dominasse o profundo zelo de atitudes em consonância com o painel do velório, decidimo-nos pelo regresso ao nosso quarto, à maneira dos religiosos que evitam os logradouros onde pecam as tentações; na mudez da cela, vimos a recuperar, com a ajuda da tristeza, com a perseverança da melancolia, exposta em cada um de nossos gestos, a cena de que nos tornamos o exemplar alegórico.

CAPÍTULO 13

5 — Livre de interrupções, com o olhar preso à superfície do teto, fizemos perpassar na memória os sucessos daquele dia, tudo quanto se desenrolara após o saimento do féretro; e em todos os entrechos que as ruas nos formularam, assistimos a presença da pesarosa constante: a do nosso rosto que ante nós mesmo era o fragmento virtualizado da cerimônia que assim concedeu ao nosso vulto a outorga de ir através da cidade a expor a liturgia do gênero nas convenções da morte. Ninguém de nós se aproximou a indagar, à vista de nosso conspecto, de que enterro havíamos retomado; a ausência de tais curiosos se devia à circunstância de que outros painéis, sob o panejamento de modalidades diversas, atuavam à revelia de nosso ser em nós, representavam outros motivos do repertório genérico; dessa forma ele avizinha uns dos outros os seus diferentes processos de manifestação, repetindo a todas as horas a múltipla cadência; o que costumeiramente chamamos de realidade, de tumulto cotidiano, não é mais do que a pulsação da genérica entidade que tem, dentro ou à margem de um episódio, o protagonista que nunca desempenha a rigor só a peça que lhe é destinada no programa; satisfazendo ao teor, quer como figurante, quer como assistente, cumpre à vez o mister de um outro retábulo, e então devemos dizer que os pretextos de ambos possuem um ponto de comunidade, um fio de conexão, mercê da presença desse ator que os desempenha na mesma ocasião, dentro de nossa conciliadora e pura visualidade. É por intermédio de nosso olhar que os seres, ao mesmo tempo que participam do retábulo, figuram no acontecer de outro e de outros retábulos; tais simultaneidades, vistas de certo observatório, constituem passagens diferentes de uma exclusiva peça em que a ordem fisionômica, eximindo-se das sucessividades, expõe os capítulos do relato genérico. Graças à ótica, nos é permissível estabelecer, em estado de memória, qual o texto a que se prende o gesto do recurvado corpo, se ao rito da Igreja de..., se ao entrecho dos homens fatigados, naquele instante de volta às residências. Da mira da recordação, tal atitude revela uma legitimidade que tanto pertence ao painel do enterro como à cena do cansaço físico, em que os atores, após o trabalho na Pedreira de..., desfilavam pela rua, parecendo transportar nas mãos os blocos que partiram durante a jornada; na posse das duas motivações, buscávamos descobrir o que entre elas havia de comum em conexão com o significado maior e envolvedor; no empenho por encontrar os fios que nos levam à teia do gênero, solução imediata nos ocorre, consistente na fixação denominadora não de cada um dos episódios — o da nave ou o da Pedreira de... — mas do próprio genérico enquanto ser visualizável na similitude de aparências. Ao fazê-lo, abstraímo-nos dos conteúdos que os equivalentes rostos manifestavam, a fim de podermos, em recuo de nosso ângulo, avistar, em alongadora perspectiva, o panorama que inclui no elenco esses mesmos personagens; assim, na imaginária interna, eles foram à vez os intérpretes do acompanhamento

fúnebre e os operários da pedreira, todos agora reunidos na perspectiva que se não situa em nenhum trecho particular da terra, mas que se projeta continuadamente ali onde quer que as fisionomias se nos mostrem de igual maneira. Como no caso das lentes que postas no olhar do míope lhe facultam a observação de elementos que para ele não existiam antes de tê-las utilizado, as figuras da perspectiva genérica, invisíveis até então na ordem de nosso testemunho, surgem-nos como seres que devem o fato de sua existência à circunstância de estarmos a vê-los, efígies dependentes de nossa própria claridade. A consideração assumida por nossa ótica, à semelhança da lente que permite ver as coisas segundo ela e portanto diferentemente de como eram vistas pelo óculo que a antecedera, nos favorecia mais fértil obtenção de personagens que, espargidas pelas praças e pelas ruas, certamente que se furtariam à inclusão em nosso tema, se porventura não as houvéssemos recolhido desse ângulo do suceder genérico; todavia, as figuras que nos escapam à agudeza do belvedere – belvedere sem substituição em virtude de não dispormos de meios que o sub-roguem na visibilidade de alguém – de alguma sorte se filiam ao teor de nossa apreciação, mercê do conhecimento que possuímos de, em qualquer parte e no mesmo instante, existirem equivalentes da face, conquanto sejam regidos pelos contornos genéricos. O rito que apreendemos diante de nosso vulto, e que para outrem se equipara a algo intransmissível, e estanque às fronteiras do local, tende a uma ubiqüidade onde não podemos interferir com os olhos; mas é tão certa quanto, no dia dedicado aos mortos, a cena da veneração nos cemitérios outros, além daquele em que nos encontramos ou daquele a que se dirige o nosso pensamento. No interior do quarto, permutamos a imaginária externa pela imaginária interna, a ótica da vista pela ótica da imaginação: em conseqüência, maior horizonte vem a descortinar-se em nós, liberto inclusive das atrações que o próprio objeto focalizado apresenta quando o observamos em físico testemunho, o que nos induz a concluir que no gozo da contemplação a conjuntura de ver nem sempre resulta indispensável.

6 – O ato da visão, com respeito à perspectiva genérica, representa uma fonte sugestiva, cuja produtividade envolve inconstantemente o grande panorama, que se restringe às vezes a uma face apenas, quando muito, envolta por difusa cercania, ostentando a imediata individualidade; mas a nossa mente, em posterior averiguação, infere que a singularidade, ocasionalmente discernida, se funde com outras que se nos apresentaram, com o mesmo aspecto e sob o mesmo ângulo, no decorrer do passado. Dois exercícios da lupa são aplicados por nós quando algum

sucesso nos atrai com força suficiente para termo-lo em recordação: um que o vê como algo distinto e a se verificar imediatamente no acervo das visualizações, e o outro que encerra ampla mobilidade, e, desse modo procedendo, justapõe ao objeto em apreço as fisionomias que se lhe assemelharam, embora tenham estas se desincumbido de enredos diferentes senão incompatíveis com o papel que ele desempenhou aos nossos olhos. Na particularizadora observação, não nos advém a idéia de que a figura em causa, desvestida da significação que nos apresenta, possa um dia elevar-se, com outras que no momento ignoramos, e em virtude mesmo de sua proximidade facial com elas, ao plano do gênero, em cuja superfície se anulam as pseudo-individualidades; como se o tempo, que as situou em páginas discordantes, houvesse procedido à feição de alguém que seleciona os textos necessários à síntese que o autor vai proceder, síntese que transfigurará, para a surpresa desse mesmo alguém, o sentido que os textos, de per si, representavam. À vista de um semblante, não devemos afirmar que ele esgotou o seu ser em nós, por mais demorada e percuciente que seja a nossa visão; existindo, inerente ao rosto em foco, a possibilidade constante de nos trazer investiduras que ele sugere, mas que de ordinário são emudecidas no tocante a ulteriores integrações; as futuras associações, em geral, não se deixam pressentir na figura que enxergamos, pertencendo a vindouros arbítrios ou fortuidades o papel de erguê-la do efêmero registro para a ótica de transcendente consideração; mas nos compete, ao contato de um vulto a gesticular a seu modo, aguardar a ocasião em que, longe do espetáculo, se desenvolva, em nós, a última instância de seu desempenho. Quando a face, que se singulariza diante de nós, vem a ater-se à outra de igual aspecto, o nosso ato de reunir as duas figuras na mesma trama de equivalência, desfaz o teor dessa particularização; e o fato de ser em posse de coisas visíveis, relaciona-se menos com elas, tais como nos pareciam originalmente – detentoras de acentos privativos – do que com a urdidura formada por ambas e que nos mostra o escorço de imensa perspectiva: a estampa indicadora do genérico. Tanto numa como noutra ocorrência, quer a composição esteja por vir com o advento da imagem semelhante, quer a teia se conclua com a fisionomia que acabamos de vislumbrar, o ato de nossa visão apreender genericamente, consubstancia-se pela conjuntura de sermos nós a tela imprescindível à inscrição das coisas que, por essa circunstância mesma de estarem, de serem em existência, jamais surgem e desaparecem, em nós, isentas de nosso miradouro, sem o nosso olhar que revela uma atuação ainda mais profunda que a do próprio acondicionamento: a da incorporação essencial em nós, com a qual todos os vultos dependem do fato de existirmos, aglutinando-se conosco, em subordinação completa à luz de nossa vida. Como o segredo que morre com o depositário, todo o conteúdo de nossa visão perdurará o tempo que a esta for permitido para buscar e rebuscar os seus objetos, para tê-los sob as nominações que lhes venham a recair, notadamente aquela que é o grande anúncio da fatal e derradeira instância: o desempenho nas várias formas do genérico; tal desempenho nos avisa de que se aproxima cada vez mais o entrecho em que nós, o observador, nos solidarizaremos com eles na peça final; a modalidade de nossa comunhão no mais puro gênero corresponderá à extinção, em nós, dos objetos que vimos e apreendemos, tão unidos que estamos nessa hora de trazê-los ao luto de nosso perecimento. Nos convívios a que nos articulamos, as personagens se comportam como se nos fossem sobreviver, e a ética dos procedimentos não condiz, de maneira intencional, com os reclamos dessa ordem em que, juntamente conosco, os vultos imergirão no desaparecimento, cessando as suas vidas com o obscurecer último de nosso belvedere; se os figurantes de nossos painéis se convencessem da preciosa claridade que o nosso existir representa, sem a qual esses mesmos figurantes seriam menos que os rostos da ficção, eles sem dúvida esforçar-se-iam por não deixar em suspenso as inclinações favoráveis de sua conduta – como os enfermos que adotam sincera bondade ao pressentimento da morte, e com ela apagam as culpas cometidas – de forma a apresentarem freqüentemente aos nossos olhos o fio da perfeição humana, a fim de que, preparados que estariam a todo instante para o advento da morte, contribuíssem, em nosso cabedal fisionômico, para a perspectiva que nos enleva; no ritual que cerca o leito do recém--falecido, os participantes dessa modalidade do gênero chorariam, à vez, o semblante que não será mais, e a eles próprios que se foram também em companhia do morto, nada restando de todos os contatos que ele tivera em sua existência. Sob esse prisma de consideração, as faces preferencialmente se isolam de quaisquer outros aspectos, figurando em nossa perspectiva, antes de mais nada, como vultos que se relacionam pelo fato de desaparecerem conosco; a conexão que os articula em nós é tecida de subordinações à nossa conjuntura pessoal de sermos, cabendo-lhes a autoria dos espontâneos gestos que entretanto não se dariam sem a criação de nosso testemunho; os quais em si mesmos nada representam senão em virtude da clarificação existencial de nossa ótica. Paira sobre todos os objetos o iminente luto, pois que a nossa participação está a todo instante passível de perecimento, embora nas telas do cotidiano eles não cuidem da precariedade de suas permanências, todos emitindo as atitudes sem suspeitarem de que poderão aderir à perda total de nossa luzerna; dessarte, enquanto os vemos com o ânimo de tê-los extinguíveis conosco, os vultos de nossa visibilidade, cegamente neutros em suas posições, atuam como se cada um deles, não obstante os inumeráveis ligamentos que os aglutinaram em vida, obtivesse a sua morte sem antes se haver associado à morte de quem o precedera. Também, com a certeza de que somos passíveis de tantos falecimentos quantas sejam as vistas que se escurecem

para todo o sempre, a cada passo de nosso trânsito vemos em
nós o ser suscetível de transmutar-se no genérico maior, se este
incidir sobre qualquer dos semblantes postos no caminho; deriva,
dessa ininterrupta possibilidade, o apego com que tentamos modelar
a nossa fisionomia, desde o aspecto visual ao recôndito dos
pensamentos, na conformidade de uma virtude que somente
suscitam as vésperas da morte.

7 — O pensamento que nos acode à aproximação de algum
rosto, quando o distinguimos em primeiro encontro, às vezes
se impregna de tal modo nele, que em contatos posteriores ainda
volve a acompanhar a nossa visão esse mesmo pensamento: circunstância
que redunda, tanto quanto possível, no revivescimento
do painel inicial; o ato de ambos nos revermos pode significar
a reconstituição, senão completa, do episódio original, ao menos
daquilo que mais nos tocou: o advento de uma idéia adequada
à figura que tínhamos diante de nós; reeditamos, em presença
da efígie, a idéia que lhe coube, e ao fazê-lo, reproduzimos a
cena dos religiosos que, freqüentando o mesmo nicho, repetem
à imagem as orações de sempre; em nós, o que havíamos pensado
junto ao rosto assume importância indicativa equivalente à do
nome, mas possuindo a plasticidade que nunca se reflete neste;
tanto assim que, na ausência do vulto, com os poderes da imaginação,
revestimos pouco a pouco a face com a idéia, à maneira
do panejamento que sobrepomos ao corpo, de forma a lhe deixar
transparecer, através do invólucro, as variações de volume que
nele se contêm. Particularmente deleitável é esse exercício de
homologação, tal como de costume se nos oferece com respeito
à fisionomia de M... e à superfície estagnada onde boiam folhas,
pois que foi este o pensamento que nos sobreveio quando, em
remota época, a inserimos no álbum de nossas composições; a sua
origem pesquisamos entre as coisas em redor e que nos antecederam,
inclusive as palavras que se disseram e o texto que lemos
nas proximidades do episódio. Nenhum desses elementos nos
revelou a água imóvel e interrompida por folhas; era esta a estampa,
que envolvia a figura de M... nos minutos de encontro, o pensamento
que existia em nós e que se não externava, mas que lhe
recaía tão bem como se ela — a face recebedora — apesar dos
anos decorridos, fosse a matéria a se elastecer para a ratificação do
que conduzíamos na mente. A idade lhe transtornou a primitiva
aparência, mas a idéia se demora no alquebrado corpo com a
presteza da antiga cobertura; enquanto ela se entende com o rosto
em causa, as mutações que o tempo introduziu não interferem
na cena restaurada de M... de envolta com a paisagem que lhe
deferimos; assim o temos como se fora o mesmo de longínqua

fase, mercê do pensamento que, à feição de agente milagroso, concilia com a sua imutabilidade os aspectos que se diluíram independentemente de nós. A fidelidade do pensamento através de tantos anos, sobrepunha-se ao desgaste da fisionomia de M. . ., como força maior, absorvendo, em seu amplexo de recriação, os entraves opostos ao ressurgimento do entrecho; por sua simplicidade, este nada nos sugerira viesse a restabelecer-se em minutos que avistássemos o detentor do bucólico panorama, ao modo da pintura em que irremovível paisagem é anexa ao motivo predominante, ao busto da pessoa retratada. Na cena que engloba o nosso rosto e o de M. . ., se considerarmos o nódulo de significação, havemos de concluir que, em prioridade ao vulto que se altera com o decorrer do tempo, se sobressai o cromo de nossa imaginativa que, em face de sua proeminência em nós, bem mereceria, para indicação em algum catálogo, oferecer à tela de nossos confrontos o nome da paisagem em que o vulto se consente abranger. Mais resistente à duração que a fisionomia, a sobreposta conjuntura do lago representa a entidade dominante sempre que nos referimos ao painel onde devemos comparecer, e onde estará a efígie de M. . . com outras vestes e outro semblante que não aqueles que vimos por ocasião da origem da água imóvel; efígie que, na insciência do episódio, nos exibe tudo quanto a idéia irá dissipar para ressurreição da velha cena. Incólume às transmutações, ao mesmo tempo que estimulada pelo semblante de M. . ., a idéia das folhas na água vem a ser o único elemento fixador da fisionomia que se cobre com aquele nome; a imagem de M. . ., se for extinta, ver-se-á, em nós, virtualizada no aludido pensamento que foi a sombra que a ela mais acompanhou em curtas palestras, ou quando apenas visível à nossa ótica. Se ela para sempre desaparecer, e alguma voz em nossa presença pronunciar o seu nome, bem mais nítida do que a memória de um de seus aspectos — e foram muitos os que houve no percurso das idades — nos despontará na lembrança a idéia que não se ressentiu das mutabilidades do rosto, e na qual ele se insere como o ser percedido se inclui na lápide que lhe vela o sono. Ao morrer um vulto do convívio, restam em nossa memória, selecionados por misterioso agente, alguns painéis, dos inúmeros que testemunhamos em sua vida — às vezes um só perfaz toda a herança que nos deixou o ser em aluimento — os demais emergindo à custa de propositado esforço ou ante o despertar de certos acidentes; no tocante à figura de M. . . e se acaso sobrevivermos a ela, o cromo das folhas na água será a relíquia que veneraremos em nós, visto que a idéia com que impregnamos a pessoa então morta, há de corresponder à nossa liturgia funérea, em solilóquio; os múltiplos contatos em que nos entretivemos, tudo quanto se passou com a fisionomia e a paisagem que lhe inoculamos, significa, em nós, a cuidadosa confecção do ritual que vimos tecendo, a princípio sem atinarmos com a perseverança do contexto, mas hoje seguro de sua transcendente ressonância.

8 — As construções episódicas em que influímos para o agrado de nossos sentimentos, os entrechos cujo principal figurante é um ser do íntimo afeto, são destinados à elevação, em nós, do protagonista que nem sempre alcança dos painéis, que o cotidiano por si só institui, o relevo em que o temos por merecido; tornando-se necessária, a fim de vermo-lo no desempenho que lhe desejamos, a intervenção de nossa iniciativa, pronta a valer-se de toda oportunidade, e sempre à revelia do intérprete, porquanto a naturalidade da aparência é o que nos importa. Ocorre induzirmos a pessoa amada a envolver-se em atitudes compatíveis com as da palestra, sendo que na utilização desse recurso se modera o esforço da mente, pois que o motivo fisionômico não se separa do motivo em dialogação; de nosso lado existe o intuito de impedir que, ao registrarmos os gestos, percamos desatenciosamente o fio lógico de seus vocábulos; assim acontecendo, preferimos que as expressões da face se lhe ajustem às da voz, e para tanto escolhemos o pretexto que, segundo a previsibilidade, provocar-lhe-á os aspectos de nossa pretensão: quais sejam, aqueles a nos advirem se o rosto das cenas confeccionadas por nós, antecipar-se, na extinção, ao nosso próprio falecimento. A cláusula da morte prevalece, invariavelmente, em tais faturas, e assim como as peças se compõem em vista de espectadores que em data certa acorrerão ao teatro, os painéis de nosso afetivo desvelo se executam, em nós, na presunção de que, a partir de indeterminada hora, iremos presenciar, da platéia da lembrança, o ator a quem adaptamos para o mais alto desígnio; com este, aspiramos a efígie que nenhuma recordação menor venha a ofuscar, seguro que estamos da continuada vigília a estorvar os pensamentos condicionados ou espontâneos que nos restituam o ser em detrimento de nosso propósito; os quais, a rigor, não se oferecem inteiramente negativos, pois que eles, ao nos surgirem em tons desagradáveis, estabelecem, de qualquer maneira, um contato que podemos infletir de seu impiedoso anúncio para o mais nobre dos possíveis desempenhos. Enquanto submetemos os seres da amizade a telas que nos hão de convir se se verificar o seu perecimento antes de nós, nos surpreendemos a formular — como teor da imaginária interna, exclusiva de nós — na lembrança dos observadores, que passassem a nos sobreviver, inúmeros painéis em cujo seio a nossa participação teria de suceder como desejaríamos. Na persuasão de que escassos devem ser os olhos que buscam os conspectos como o fazemos de constante miradouro, modelamos os nossos gestos segundo o teor nominal ou figurativo dos entes que se defrontam conosco; sem excluirmos deles as desenvolturas de nossa naturalidade, notamos que no decorrer dos entendimentos, uma atmosfera de plena simpatia nos envolve ao olhar dos interlocutores; e mediante esse resultado, nos sentimos favoravelmente exposto à idealizada e póstuma recordação. Tal método, cuja validez absoluta jamais conheceríamos, e que entretanto nos minora os receios

através de credulidade que substitui, em nós, o bom êxito da aplicação, consiste, não em plagiarmos os gestos da pessoa que se encontra presente, mas em esculpirmos nossas atitudes em conformidade com o estilo fisionômico que ela, no momento, desenvolve; exercemos o papel à maneira dos galhos chorões que debruçam nas lousas, de forma consentânea, a sua tristeza em funeral. Os movimentos de nossa imagem se reduzem a bem pouco nessas ocasiões em que nos conduzimos com o ânimo de ser, um dia, morto e sem dúvida pensado por esse mesmo acompanhante que nos tem agora como o receptáculo de suas impressões e narrativas; a rigor, é dele que nos valemos para enquadrar, assim em alguém que não em nós, a definitiva estampa de nossa efígie; prevalecemo-nos de raros gestos, a fim de que possamos, na incerteza do que nos dirá por último o palestrador que nos interessa, permanecer a seu contento em todo o desenrolar da conversação; com tal sistema, que é quase o de mera escuta, alcançamos um acento figurativo que, à semelhança de atencioso obséquio, há-de convir às expansões do ser em foco, permitindo-lhe, à falta de controvérsias, demorar-se com os olhos em nosso vulto; em outras palavras, reter o máximo possível de nosso semblante, até o extremo de, toda vez que ele a outrem reproduzir a mesma história ou a mesma impressão, lembrar-se da figura que o ouviu com absorvente prestabilidade. De nosso simples mister, visamos a aglutinarmo-nos aos seres de predileção, nos quais retornaríamos por força das injunções que lhe impusemos; consubstanciando-se o nosso trabalho no propósito de atingirmos os assuntos, os valores passíveis de estar com eles no decurso de suas existências: tais as histórias que não deixam de relatar, de preferência aquelas que acodem pela associação de fatos comuns, e que nos aproveitam em sua assiduidade, quer ao transmiti-las a alguém, quer ao monologá-las em sua rememoração. Atribuímos aos outros as situações mentais que nos são freqüentes, e para não mantermo-nos em completo engano, perquirimos, se os instantes se nos oferecem, do ser a cujo repertório nos supomos agregado, e por meio de leves ardis, a respeito da modalidade de desempenho a que, na forma de mero escutante, nos vimos a aliar; de algumas dessas experiências retiramos os efeitos desejados, em abono do método, mas não suficientemente poderosos a nos garantirem mais acentuada nitidez, tanto nos preocupa o corrompimento das memórias que, incidindo na teia das velhas circunstâncias, dissolverá, com facilidade ainda maior, o vulto ocasional que apenas a marginou. O fito das intenções repousa, não em comunicabilidade que abranja o maior número possível de elos, de molde a crermos na divulgação de nosso corpo através de quantos sejam capazes de nutrir a mente com o conteúdo de nossa imagem; mas na utilização, por alguém, de nosso rosto como um simples pensar, que, ocorrendo-lhe pela insinuação de algo que direta ou colateralmente nos pertencera, homologue a estampa que de nós mesmo havíamos imprimido para a contemplação desse precioso assistente. Com a idealizada atitude de limitar a nossa sobrevivência ao reduzido testemunho de um ou outro ser, entre os muitos do convívio, alcançamos modelar o método de acordo com uma feição alegórica de estar no gênero: qual seja a de situarmos o nosso futuro em determinada pessoa conquanto haja esta de perecer, levando consigo na morte o que restava de nós mesmo, fazendo-nos portanto participar de novo desaparecimento, em verdade incabível mercê da morte fisionômica, a que se opera com o nosso pessoal perecimento.

9 — No ritual da Igreja de ..., os acompanhantes que de perto se deixaram ver pelo vulto agora morto, uniam, à devoção fúnebre àquele alguém, a devoção fúnebre a eles próprios, na medida em que se perderam com os olhos que se fecharam; dentro do ataúde havia, além de um corpo, a virtualizada presença dos que o choravam. De nosso ângulo, divisávamos um falecimento coletivo, a cuja adesão deviam concorrer, afora os que eram atingidos por nosso olhar, todos quantos pertenceram àquela ótica extinguida, e nos vãos desertos do templo localizávamos os que não puderam vir com os seus vultos; na prática da composição em que presentes e ausentes se investiam do mesmo teor, reproduzíamos a cerimônia dos atenienses que, ao nobilitarem o enterro dos falecidos na guerra, punham, na procissão dos corpos, uma carruagem a mais, vazia porém repleta dos seres que se sumiram com as suas figuras. De nossa parte, não tivemos ocasião de comparecer aos olhos daquele alguém, de participar de alguma formação em que a nossa imagem, num grau qualquer de desempenho, houvesse persistido em sua memória; éramos, perante nós, o observador neutro, o ponto divergente do painel, o indivíduo que se incumbe de perscrutar e depor com absoluta isenção; mas, à lupa de quem surgisse naquele momento, ou de quem, desviando-se do rito, o corrompesse com a curiosidade vertida sobre nós, a circunstância de ali estarmos, posto irrepreensivelmente no genérico panorama, seria considerada como a de um fâmulo da pessoa morta, merecedor dos pêsames a dar e passível de expor-lhe informações a respeito da criatura desaparecida. A esses olhos sondadores, a nossa figura revelar-se-ia também morta no esquife do painel, à condição todavia de que o arguto olhar visse em cada rosto, não uma efígie isolada em si mesma, porém o bojo onde se virtualizam todos os vultos da ordem fisionômica; cumprindo assim o papel que a existência programa para cada ser: à conjuntura de estar, aglutina a de permanecer como o rótulo da genérica existência; no aviso de participação se incluem as outras efígies, à maneira dos anúncios dos pequenos teatros, feitos pelo desfile de um dos intérpretes no correr dos

subúrbios, o qual solicita da população o comparecimento que é destinado, não apenas a ele, mas a todos os demais figurantes da companhia, à peça que os há-de pôr em recíprocas conexões e aos cenários que os há de abranger. O nosso desempenho visa a harmonizar-se com a significação inerente ao episódio em que nos situamos, tal a assertiva de nossa uniformidade em relação ao conjunto de intérpretes em a nave da Igreja de . . .; mas esse mesmo desempenho é despertado, durante toda a atuação, para os possíveis olhos de alguém que, fazendo coincidir a sua modalidade de ver com o teor de que então nos sentimos impregnado, conclua de nossa presença que ali estamos como os demais, virtualmente perecido. A tristeza dos acompanhantes converge de ordinário para o corpo que à vista dos comparecentes descerá ao túmulo, e se alguma parcela do pesar se dirige aos semblantes que conviveram com o desaparecido, ela se prende à contingência de estes não mais contarem, sob o costumeiro teto, com quem até então fora o comparsa insubstituível; a mágoa das testemunhas tende, portanto, ao vazio deixado pelo morto no tocante aos seus próprios pertences, e não ao fato de que as pessoas estreita ou remotamente ligadas ao falecido, se encontram desertas de si mesmas conquanto faces que se extinguem com o cerrar dos olhos que as possuíam até o instante. A nossa contemplação em torno do fúnebre ritual era repleta do ânimo de vermos as figuras componentes como algo submerso na desaparição, e de nosso miradouro fitávamos, um a um, os que se partiram para sempre no seio dos olhos apagados; sobre todas aquelas efígies um véu diáfano e de luto, concedido pelo panejamento de nossa ótica, vinha a uniformizar os diversos vultos como o roxo que nos dias da Paixão faz idênticas, por dolorosa comemoração, as imagens postas nos altares e nos nichos. As nossas cogitações, à guisa de prolongamento daquel véu, recobrem a vida passada dos que também se foram na morte: o ser de cada um em conexão com o que existira e não mais existe, em entrelaçamento feito de participações que comungaram nos mesmos episódios; estes se deixam morrer sempre por ocasião de se delir qualquer de suas personagens; os acontecimentos da vida perduram enquanto resta um de seus testemunhantes que, ao narrá-los, impõe a quem o escuta uma forma receptiva que é menos do diapasão de suas palavras do que da circunstância de ele haver sido, com menor ou maior desempenho, um dos intérpretes da ocorrência passada, em cuja efígie ainda se retém a tela do que lhe fora dado assistir e compor. Na impossibilidade de reconstituirmos um trecho sequer de específico retábulo, com a colaboração do ser agora morto e de alguém que em a nave lhe tributa os derradeiros gestos, desde que não priváramos do convívio dele nem dos demais, urdimos, para nós, várias cenas que são do repertório de todos os vultos em sociedade doméstica; assim presenciamos, entre paredes e móveis genéricos, alguns fragmentos de suas vidas a se sepultarem de vez, dentro de poucos instantes.

Capítulo 14

1 — *O contágio.* 2 — *A perspectiva das faces em similitude — O painel do Julgamento Último.* 3 — *As pequenas amostras do Julgamento Último — As cenas retificáveis.* 4 — *O fictício e o real.* 5 — *O processo do Julgamento Último.* 6 — *As antecipações do Juízo Final.* 7 — *A alegoria em análise.* 8 — *Nenhum objeto se isenta do fato de sermos.* 9 — *A solidariedade na desaparição.*

1 — Assistimos D... abandonar os gestos de N... em virtude de se ter ausentado este de seu convívio, por pessoais desavenças; e como o primeiro sempre se mantivera um protagonista notoriamente influenciável, era inconcebível supô-lo no uso de maneiras que lhe fossem próprias; por sabermos qual o gênero de fisionomia que pudesse propiciar novas atitudes em substituição às que ele perdera, e constrangido por vê-lo, diante de nós, sem os aspectos que, provindo de outrem, lhe davam contudo evidente naturalidade, facilitamos-lhe a investidura no envoltório de outra aparência, expondo-o ao contágio de C... que, pelos contornos, nos advinha como o mais adequado a suprir em D... a fonte desaparecida com a lacuna de N.... Antes porém de inocularmos em D... a figura viva e eloqüente do novo modelo, observamos a vagarosa retirada daquela primitiva influência; em concomitância com o espetáculo do ator entre dois papéis, vislumbramos o de alguém que, perante os rostos e os assuntos mais costumeiros, parece enxergá-los e ouvi-los pela primeira vez; isto porque realmente tais rostos e tais assuntos, familiarizados com o seu aspecto anterior, se deparavam agora em frente de uma modalidade que lhes era estranha; daí a impressão, que nos surgia, de cenas que não foram cuidadosamente ensaiadas, a ponto de julgarmos que todos os componentes dos entrechos, demonstravam o mesmo índice de desordem com respeito ao teor em exibição. A exemplo da adulteração que, imposta a uma parcela

do desenho, vem a ferir-lhe todo o conjunto, o comparecimento de D..., desestimulado pela incontaminação do antigo companheiro, era prejudicial ao ritmo que iria harmonizar os intérpretes das habituais reuniões; a objetiva de nossos olhos, atenta à conduta daquela personagem, nada via que não devesse antes passar pela refração do corpo entregue à disponibilidade de seu próprio vazio, ocasionando em conseqüência a fuga de pretextos que bem podiam formar-se, se ali estivéssemos isento da atração que impunha a nós a figura de D... A nossa preferência pessoal quanto a um dos intérpretes, prejudica a visão sobre os demais, dissipa, em nós, que só descortinamos o proceder do escolhido participante, a neutralidade que está a exigir todo o entrecho que orientará nosso belvedere segundo as direções do argumento, neutralidade extinta por nos determos tão só no vulto de um dos figurantes; assim, ao tempo em que D... se despia de N... e ainda não se acobertava de C..., procedíamos como se o rosto em causa, forçando de modo inútil a teia dos painéis, insistisse por se tornar o centro das composições, o núcleo a obrigar, em nós, a um enredo qualquer a partir de seu desajeitado procedimento. Conseguíamos formar apenas o trecho de situação no qual a figura de D..., no desajustamento do aspecto, parecia o recorte que separamos da página em virtude de ser o único elemento de interesse, tanto mais frisante quanto os demais, pela contingência mesma da contigüidade de tão absorvedor protagonista, se não deixavam salientar no campo de nossa lupa; e muito menos se oferecerem como coadjuvantes do motivo da face em desacordo consigo própria. Nos agrupamentos a que comparecíamos, éramos o único a entender a razão do desnorteamento de D..., e, para melhor convicção dessa prerrogativa, auscultávamos as impressões dos que viam e ouviam as suas interferências; todos se manifestavam unânimes ao dizerem que uma anormalidade misteriosa presidia as suas atitudes; quanto a nós, senhor do recôndito mistério, sentíamos não poder, à feição do mágico que, ante a platéia, desvenda por fim a incógnita de suas ocultações, dispor, ali na frente de tantas testemunhas, da efígie gesticuladora de N..., clarificando por conseguinte a procedência de D..., que era exclusiva de nosso álbum. Não tivemos o vulto esclarecedor de N..., mas em lugar dele apresentamos em certa noite a figura de C..., que pertencia ao mesmo gênero, por serem ambos inclinados à mesma ordem de narrativa, a anedotas falsas ou verdadeiras que se veiculam sob gestos de parecida acentuação; era de presumir-se, ao primeiro relance, que se tratava de dois rostos provenientes do mesmo domicílio quando, ao certo, eles nunca se avistaram e as condições ambientes divergiam em substanciais aspectos; como a superfície unitária que se fragmentou e cujos trechos espargidos ao longo da terra detêm ainda os pontos comuns do inicial entrosamento, assim na efígie de C... vislumbrávamos as atitudes que eram de N...; na descoberta dessa facial aproximação, revínhamos à idéia de uma perspectiva que se oculta à visão habitual, mas que se descerra aqui e ali mediante os instrumentos de nossa contemplação; tal acontece toda vez que,em vulto exposto ao nosso olhar, nos defrontamos com elementos que vimos no conspecto de outra figura, sem que ambos houvessem, em contaminações recíprocas, cristalizado a similitude da aparência.

2 — Com o fato de D... reassumir em C... a posse da espontaneidade tal como a usufruía sob a influência de N..., ilustramos a conjuntura do detentor de gestos alheios, na qualidade de tela disponível à estampa de muitos vultos; estes oriundos de locais e épocas diferentes, surgem aos nossos olhos a fim de apagarem os desencontros a que os obrigaram as diversificações de origem; em conseqüência, processa-se a ocasião de vê-los enquanto partícipes de imaginado panorama, o das continuidades faciais. O vulto de D..., ao contrário do que estabelecemos a princípio, quando ele demonstrava as lacunas e imitações, não era apenas a efígie acomodável aos modelos que lhe vinham de fora, mas sobretudo o rosto sem o qual nos desproveríamos do que nele acontecera, como a existência da pintura se condiciona à necessidade de uma superfície a que se justapor; algo de transcendente substituía em D... a vulgaridade de não possuírem os seus gestos acentos originais; desse modo, ao acolhê-lo em plena recuperação da naturalidade, agora sob o nome de C..., sentíamos à guisa do espectador bem avisado que, indo assistir a representação de uma comédia, comumente reputada como simples diversão, descobre, nas peripécias que se amontoam, certa significação filosófica, e tendente, entre outras coias, a reformar o próprio conceito de comédia. Incluíamos, no valor recém-alcançado pelo vulto de D..., a contribuição de nossa parte, isto é, a iniciativa em favorecermos, com o intencional advendo de C..., a ideal reaparição, em nós, da perspectiva que se oculta à visibilidade costumeira, mas que se torna passível de surgimento toda vez que relacionamos as faces na medida em que elas se articulam por contigüidade fisionômica, sendo, dessa maneira, amostras do panorama que por inteiro nos reserva o episódio do Julgamento Final. Neste políptico, todos os tons figurativos hão de nos expor, sem as intermitências temporais, a cadeia ininterrompida do gesto, a escala facial em completa integração; os atores, que aplaudimos na crença de haverem sido os adequados aos papéis que testemunhamos, ver-se-ão de alguma forma destituídos da imprescindibilidade que lhes inculcamos, desde que o rosto nuança, que mais se lhe aproxima, nos inoculará a dúvida sobre se não seria ele, o intérprete tardiamente observado, o mais propício a nos oferecer o desempenho que

nos impressionara tanto. Presentes aos nossos olhos todas as faces da terra, um desejo incoercível, e não obstante inútil, nos moverá a descer em pensamento aos motivos que se verificaram diante de nós; então poderíamos escolher intérpretes mais de acordo com a natureza das participações, notadamente aqueles que recebiam de suas aparências a razão da desenvoltura como o bloco de pedra que pelas feições indica ao escultor a obra em que será aproveitado. O privilégio que veio a ter a figura de D..., após contagiar-se da efígie de C..., perdura ainda em nosso álbum, não por haver sido o raro elemento que encontramos depois de inúmeras pesquisas, mas pela circunstância de sobre ela haver recaído a cogitação de que, concomitantemente ao ser real de um semblante, ao aspecto visível a todos os testemunhos, existe uma modalidade de acontecer que aumenta o seu teor em nós: ora nos prevenindo que o vulto divisado em seu papel não será a rigor o único a satisfazer a significação a que adere, ora nos anunciando que essa modalidade segunda se prende ou à ordem da virtualização, ou ao tema da forma continuada; havendo, nesse processo de consideração, a certeza de que, por mais plausível que se manifeste o seu comportamento, o rosto em causa é sempre a figura que outra poderá perfeitamente substituir. A face é equivalente à superfície que espelha os objetos postos na vizinhança, e nessa qualidade de refletir, ela se isola de tudo quanto lhe pertence em outras conjunturas, vindo a ser tão só a fisionomia que nos proporciona a obtenção de uma ausência configurada ou o sugestivo escorço do que nos promete o Julgamento Último. Nos espetáculos em que D... aparecia sob o invólucro de C..., alcançamos na figura restauradora o ser ausente, patenteando-se a similitude entre o novo modelo e a efígie de N... por ele abandonada quando, a rigor, ela comparecia toda vez que se encontrava em C..., dado que ambos os rostos eram matizes que se articulavam em virtude da escala fisionômica: uma visão antecipada, e em miniatura, da universal aglomeração; nenhum impedimento existe para a grande ótica rever reunidos os vultos que eram dispersos: o genérico cessará as infinitas manifestações para reduzir-se ao cortejo dos atores que entregam ao ubíquo olhar os havidos afazeres. A imagem de D... representava diante de nós a aglutinação do vulto de N... e do vulto de C..., cujas proximidades tão estreitas vimos a registrar à medida que mais evidente era a reprodução das atitudes de C...; tanto assim que uma vez, quando ele ergueu os braços em acento exclamativo, julgamos estar no episódio reposto e que assistimos em primeira versão há muito tempo; então, impregnado de N..., a figura de D..., perante o mesmo número de pessoas, nos exibiu tal gesto, comum às duas fontes. São antecipações que o mundo das coisas visíveis nos oferece do imenso retábulo, pequenas amostras daquele panorama que dessa maneira se virtualiza, e conseqüentemente reponta diante de nós através da nesga de um acontecimento, de um vulto que perpassa, deixando, com a presença, a descoberta do desfile que ordenar-se-ia após a extinção de todos os espetáculos. Ante o escorço que obtínhamos com a posse visual de D..., logo que as reproduções de N... e de C... eram estimuladas por nosso consentimento, na plenitude das nuanças contíguas e a fim de levarmos a extremo a nossa argúcia, confessamos-lhe um dia que os seus gestos resultavam menos dele que dos dois semblantes; para que ele se não sentisse magoado com a verificação, acrescentamos que os gestos a que nos referíamos lhe ocorreram unicamente no episódio anterior, quando ele relatava um sucesso do qual participara a efígie de C...; com esse cauteloso desvio, cuidávamos circunscrever uma possível suspeita de sua parte, sobre o respectivo e indigente repertório, ao fato daquela recente narração, na qual havia como figurante o próprio ser imitado; mas a prudência nunca se revela, nesses casos, suficientemente segura a ponto de tranqüilizarmo-nos sobre os possíveis efeitos; tal como já acontecera em iguais situações, naquela hora o nosso intuito viu-se inteiramente frustrado: e a partir dessa ocasião, sempre que ele soltava os fios da desenvoltura, e antes que os meneios completassem o sentido das idéias, era fácil de ter-se a retenção que, imposta aos movimentos, como se inopinada lembrança o advertisse da gravidade a que se expunha, lhe dava o aspecto do ator que no meio do desempenho se esquece da função que lhe competia exercer. Não chegamos a perquirir se em nossa ausência o semblante de D... demonstrava as mesmas interrupções, mas nos painéis de presença ele possuía escrúpulos de vir a ser o que fora antes; também na assembléia do Julgamento Derradeiro, os entes, sem nenhuma cobertura a ocultar-lhes o que fizeram os seus corpos, e temendo a nudez que exporá à ubíqua visão tudo que almejariam agora esconder, se desesperam menos pelo rigor da condenação que pela conjuntura de ali estarem a apresentar, uns aos outros, os acidentes fisionômicos, os entrechos de que se constituíram o centro das participações ou o comparsa que os presenciou sem uma nota íntima de desaprovação, faces transcendentemente infelizes dentro da cena do testemunho unânime.

3 — O painel do Julgamento Último e a prerrogativa de atermo-nos como o depositário de quanto vemos e sabemos, inclusive a história dos sucessos que nos chegaram por havermos lido ou por havermos ouvido, nos conduzem a um plano que faculta a reconstituição, na presença de todos os olhos, dos retábulos a que comparecemos; a exibição de nosso repertório se reeditaria com a superior conjuntura de sermos, em nós, o absoluto detentor, que a ninguém transferimos a contemplação que nos cabe, nesse papel de instância única. O panorama do Juízo nos

acena com a eventualidade de termos que reproduzir, diante da incomensurável assistência, os gestos que tanto nos depreciaram; a idéia da ressurreição figurativa abrange a da tristeza que lhe corresponde, o ato da restauração aparecendo-nos total com os protagonistas e a impressão que deles emanou, a cena completa prometndo nos ferir pela segunda vez e com maior sofrimento, porquanto na platéia nenhum lugar se encontra vazio,, todos atentos à devolução que nos compete. A figura de D..., receosa de que propagássemos o descobrimento da autoria de suas atitudes, tornou-se por demais assídua nas reuniões que freqüentávamos, esforçando-se em nos incutir, com a quase imobilidade dos meneios, que a surpreendida imitação fora objeto de um único momento; aprofundando-se nas corrigendas, ele chegou à precaução de mudar a natureza da palestra, introduzindo assuntos que N... e C... dificilmente haveriam abordado até então; mas como esses assuntos eram, nele, absolutamente novos, os gestos respectivos não estavam entretanto na medida do rosto, de onde a divergência entre as vozes e a rigidez em que se mantinha o vulto. No entanto, diariamente ele nos insinuava a própria certeza de que nós éramos possuidor de seu cabedal fisionômico, e simultaneamente a essa convicção existia o zelo de retificar, perante os nossos olhos, as gesticulações anteriores, algumas pronunciadas há muito tempo; para tanto, volvia a temas que preencheram os nossos diálogos, querendo com esses recursos nos demonstrar, sem ter em conta a fixidez de nossa memória, que na fase correspondente nada se extraía de seu rosto que pertencesse a N... e a C.... Então, assestávamos a lupa no processo de seleção que se utilizava para se desimpedir de ambos os modelos, assim alcançando o que em seu repertório restava, segundo a lente de sua retentiva, de nossos conciliábulos, das horas em que juntos estivemos, os quais não coincidiam, no todo, com os flagrantes que dos mesmos painéis havíamos conservado em nós; daí a conclusão de que os entrechos se mantêm em telas rememorativas, nem sempre pela unanimidade dos figurantes, mas distribuindo-se pelos atores de conformidade com uma técnica de preservação equivalente à dos protagonistas em seus encargos, isto é, a cada um a sua parte; como no desempenho o intérprete se resume ao que lhe coube, na sustentação do episódio ele costuma também reservar para si, enquanto os outros participantes talvez dele se esqueçam, o significado geral de tudo que houve com a sua presença. O repertório que D... insistia em retificar, que ele supunha tivesse em nós a mesma importância, era repleto de narrativas em que o seu rosto, como protagonista primacial dos acidentes, se expusera com a mais franca desenvoltura; mas agora — em pleno ato da restauração em que, por invertimento da própria legitimidade pessoal, substituía as atitudes de N... e de C... pelos gestos que ele acreditava serem os de sua personalidade — ao pormos em confronto a mesma história, dita segundo N... e C..., e dita segundo ele, sentíamos que a segunda

CAPÍTULO 14

versão tinha a natureza excessivamente pobre, tanto mais carente quanto, em nosso íntimo, os episódios revelados se estabeleceram com os velhos sedimentos. As correções tardias não serão aproveitadas no painel do Julgamento, e enquanto D... se dispunha a ser o que devera ter sido, o seu rosto adquiria formas de gesticulação que, em nada satisfazendo a ele próprio, nos oferecia, a nós que o observávamos, uma indigência imerecedora de afeto porquanto a nossa ótica, ao vê-lo abandonar os aspectos de imitadora fisionomia, encontrava em substituição a insistência em sonegar-se ao que fora perante os nossos olhos, que sempre o distinguiram naquela maneira; e em cujo álbum as antigas visões não se deixaram modificar pelas novas aparências, os intuitos feitos no sentido de arrancar as velhas folhas, servindo tão só para acrescer, na efígie da retardada emenda, as penalidades que se lhe imporão. No retábulo do Juízo, a mera externação dos seres que em imenso coro exibem para o olhar de todos os presentes — os próprios figurantes do enorme estrado — as desvirtudes do anterior comportamento, vale por si mesma como forma de punição das culpas, de todos os atos vividos no desacordo; os quais, no momento da assembléia, surgem com os correspondentes protagonistas, na derradeira convocação. Não sendo duradoura a impiedade que nos acomete, por ocasião dos vultos em intencional dissimulação, buscamos na fisionomia de D... os próprios fios que havemos de tecer para que ele mesmo, sem desperdiçar-se mais ainda na desordem, recupere tanto quanto possível a cadência do rosto na conformidade da rítmica dos pensamentos, restaurando-se em uma unidade talvez de menor relevo, porém tranqüilizadora nos convívios diante de nós; unidade que se estabeleceu à medida que fomentávamos, para o seu uso, argumentos de corriqueira significação, tão de perto eles condiziam com a modesta disponibilidade de D...; desse modo, vínhamos em sua proteção como satisfazemos ao mendigo com a oferta de roupa que se lhe não altere a conjuntura de ser em mendicância; o proveito que lhe coube nos atingiu também porque, desde então, o seu comparecimento em nossa visualidade, longe de lhe parecer uma tortura, se refez em cordial e compreensiva visitação, sem nada esperar de nós que não estivesse ao alcance de seu ser: como se se houvera esquecido dos assuntos que outrora ventilávamos em sua direção e que a rigor os expedíamos fisionomicamente para os vultos de N... e de C.... Na tela do Julgamento Derradeiro, mão misericordiosa extinguiria de certo os estígmas de acontecidas cenas; passada a ocasião em que a percuciente ótica exige das personagens os anteriores desempenhos, todas as efígies se entregam a uma urdidura entrelaçada conforme os ditames daqueles olhos para quem as situações repetidas não perdem nunca o teor inédito.

4 — Pelas minúcias que nos veicularam a respeito do caráter e das predileções de M. O..., uma figura se instalou em nossa imaginativa; tal figura se proveu num jovem que, na rua, em flagrante único, nos pareceu corresponder aos dados fornecidos acerca de M. O..., pessoa que ainda não víramos. Muitas faces preestabelecemos por meio dessa irresistível fatura, nem poucos foram os casos em que, após o conhecimento visual da efígie em idéia, o seu nome, na impossibilidade de deter-se no corpo percebido por nossos olhos, flutuava sobre ambos, por possuírem os dois o mesmo direito de posse com referência à comum designação; em seguida ao contato que tivemos com M. O..., sentimos que o rosto preliminar havia também de sobreviver na disputa ao nome de M. O..., e tanto mais justificada quanto a figura visível era bem mais alheia aos reclamos de sua personalidade que o semblante que nascera insinuadamente, e se efetivara em nós. Por isso, e em virtude da negação do aspecto em vir a ser aquele que desejávamos, não obstante os esforços para removê-lo da inadequada persistência, pois nas rememorações desprezávamos o período em que o conhecemos em visão externa, em seu lugar volvíamos ao tempo em que tal vulto sozinho nos freqüentava o pensamento; fazia-o como o ser que se põe à vontade no interior do próprio recinto e, sem nenhuma influência receber, por nunca haver deambulado longe, assume, com as coisas do aposento, uma legitimidade incomparavelmente íntima. Para maior utilidade, em nós, dos valores dessa legitimidade, abstraíamo-nos da aparência testemunhável como de algo que abandonamos por inútil, e suscetível de prejudicar, com apenas a sua lembrança, a pureza com que o outro rosto se editava dentro de nós; o real convívio tinha a peculiaridade de fenecer logo após o instante da contigüidade, sem ir muito além do teto que nos recobria a ambos, não que o esquecêssemos de imediato, porém havia, no pórtico dos encontros, outrem que munido da senha — o nome de M. O... — nos esperava para exercer, em nós, o papel sugerido por tudo quanto a seu respeito outrora nos propalaram. Enquanto dialogávamos, crescia o impulso de desfazermo-nos do interlocutor a fim de reservarmo-nos para mais longa demora junto aqueloutro ser que a poucos minutos, iria, na qualidade de verdadeiro portador, merecer de nós as atenções com que receávamos distinguir o vulto da imaginária externa. Em nossa convicção, nenhum remorso nos poderia atingir por não havermos, nas curtas entrevistas, demonstrado, com relação a ele, um interesse mais profundo, porquanto a cordialidade que se seguia em pensamentos era ao seu nome que devotávamos, embora outra fosse a figura sobre quem recaía o privilégio de nossa afetividade; tanto assim que, se algum dia viéssemos a descrever a importância de sua influência, o semblante que se debruçaria conosco sobre o papel seria aquele que se antecipara ao da ótica exterior. Uma vez estivemos a perquirir no vulto de M. O... alguma coisa que correspondesse à face da idealização, de pre-

ferência linhas de serenidade, sugeridas por legendas que ornamentavam o nome; contudo, eram inócuas as tentativas e nunca nos separamos dele sem a impressão de despedirmo-nos de alguém que, alheio ao próprio onomástico, poderíamos levar a ambientes propostos somente pela figura, a lugares onde não conceberíamos a presença do ser da imaginação; apenas, em uma noite vislumbramos o semblante em harmonia com o vulto do pensamento, mas o aspecto, que coonestou a efígie da ficção, derivara não das minudências das linhas, e sim dos contornos enxergados na meia escuridão; a entidade genérica, perambulando àquela hora por avenidas e ruas, viera a colocar-se em indivíduo a quem demos o nome de M. O..., o qual, recoberto de sobretudo negro, tornou mais fácil a presença, nele, dos referidos contornos; do casarão das assembléias, ele se retirava pontualmente naquele minuto, e assim mais uma vez o vimos, não na realidade empírica, mas em nossa ordem fisionômica, presidida no caso em foco pela incidência de alguém a sair do prédio naquele instante; recurvado sob a neblina, o rosto nos ofereceu a alegoria da virtude preocupada por desenvolver-se além dos estorvos: serena, em passos vagarosos, desprezando as calçadas e seguindo em linha reta em pleno leito da rua, num flagrante que correspondia a M. O..., segundo nosso pensamento; contrariamente às obras que nunca se rebelam contra as intenções do artista, que são por ele encontradas na oficina do mesmo modo que as deixou em sua última permanência, da porta do velho edifício, quando a figura alegórica se achava distante, divisamos a efígie decepcionadora de M. O... que de alguns minutos retardara a saída: parecendo-nos uma subversão da matéria a transgredir a escultura que se fez diante de nós e que tanto estimáramos por haver finalmente coincidido com a mentalização que conservávamos dele; mas, as obras oriundas de repetida meditação tem um poder de persistência maior que o que seria de presumir, e não raro as interferições que tentam desfazê-las, tornam-se inofensivas às mesmas obras sem coisa alguma acrescer ou diminuir do que fora até então confeccionado; a retardada aparição de M. O... nada influiu no tocante à pureza do painel primeiro e alegórico, porém nos coube perceber a face real de M. O... mais do que nunca separada de sua face ideal; e uma tristeza, que era a da piedade da forma, nos atingiu profunda e demoradamente perante a efígie que sub-rogara em outra a oportunidade de ser, em nós, tal e qual desejaríamos que fosse; mais penosa que uma retificação frustrada, a atitude do rosto, no mesmo recinto em que tivera começo o desempenho fisionômico, era a de alguém que perdera o que devia mostrar, vazio de sua participação na hora de os aplausos receber: à semelhança do ator a quem se dirigiram as aclamações e cujos assistentes, supondo que ele se mantinha no palco, o descobrem em um lugar da platéia, e presos ao inesperado do acontecimento, não se preocupam com investigar o nome do intérprete que o substituíra com desenvoltura tão per-

feita. Destituída de si mesma, a efígie real de M. O..., erguendo
o busto orgulhoso, prosseguiu no curso da calçada à feição da
matéria imprópria à visualidade do nome, permitindo-nos comparar o insucesso de agora com o êxito da cena anterior: nesta,
o mentalizado protagonista obtivera a concreção de sua personalidade, em nós, com a presença fisionomicamente válida de
M. O..., e portanto os louvores ao alegórico desempenho não
se desviaram da verdadeira meta.

5 — Na cena do Juízo Final, as figuras mostram os vividos
cometimentos, os entrechos que com elas se passaram, sem exclusão de nenhum dos componentes; estes não suspeitavam de que
um dia os episódios, retomando as modalidades que os próprios
atores esqueceram, viriam, na integral reedição, expor-se, com
a espontaneidade primeira, à censura do mais compreensivo dos
expectantes; na ocasião do Julgamento, os participantes cedem
o tablado à manifestação dos painéis decorridos, e o olhar da
suprema ótica, sem remover, dos lugares, os intérpretes comparecentes, neles distingue as peças que desempenharam e que agora
se reconstituem em verdade completa. Os seres pressurosos do
espetáculo, talvez pretendam ocultar os painéis em que se envolveram, apesar de estarem a repeti-los aos olhos ali testemunhantes; muitos hão de tentar, na última hora, oferecer ao contemplador ubíquo o que eles presumem ser o melhor de seus cabedais; nesse cauteloso mister, as fisionomias se isolam da facial
confissão, à maneira de atores que, contrariando a continuidade
do assunto, iniciassem o desempenho a partir do derradeiro ato,
de vez que tais efígies selecionam, para influir no misericordioso
assistente, a restauração dos quadros em que elas padeceram
a expectação da morte. Do infinito miradouro, a visão a que
nenhum gesto vai escapar, infiltra-se em todas as significações,
evidenciando-se entre elas a dos semblantes que sonegam à imensa
ótica o conteúdo de temas corporificados; e a consideração dela
como que se farta com a mera conjuntura de haverem os réus
intentado o ardiloso engano de não serem o que foram. As condutas figurativas se expõem em faces que se assemelham porque
participaram do mesmo teor, havendo uma constante a reger os
procedimentos, esculturas em carne imbuídas de idêntica significação; e o grande olhar, ciente, por umas, daquilo que outras
revelam, recairá nas primeiras, não por preferência, mas por disponibilidade indistinta; no ato de deter-se em algumas, inexiste qualquer privilégio em relação às expostas e em detrimento das que
se deixaram outorgar, do incomensurável número onde lateja
a repetição dos papéis, sempre os mesmos, a se revestirem da
nominação pecado. A circunstância de estarem todos os prota-

gonistas na aberta e plena amostra de suas culpas, é menos uma condição ali imprescindível ao Julgamento, do que uma sanção preliminar, consistente em serem vistos uns pelos outros, em drama de constrangedoras reciprocidades; também se faz cabível, no processo da infinita ótica, o processo virtual de ver em alguns as atitudes destes e dos demais. A discriminação das penas, efetuando-se de acordo com a regra infringida, incidirá nos grupos que exercerem o motivo correspondente; assim, ao chamado dos rostos que se·recobriram da soberba, não obstante as virtudes que praticaram, sem se locomoverem de seus recintos, receberão a sentença que a grande ótica aplicou em um deles; da qual não se livrarão porque, além do olhar ubíquo, virá por último o convencimento de que as testemunhas dos remotos gestos ali se encontram para revivescer-lhes a obscurecida memória. Paira sobre a congeneridade dos gestos o irremediável da condenação, como nas miniaturas, que surpreendemos na terra, os seres se fazem fungíveis dentro do gênero, mercê de fortuitas coincidências, de súbita integração a formas que indicam ao observador a feição de comum procedimento, tal a substituição operada na cena de M. O.... Como o ator que nas vésperas do desempenho reproduz, isolado no domicílio, a parte que lhe cumpre na exposição da peça, igualmente no acontecer cotidiano os vultos de nossa contemporaneidade nos propiciam múltiplos aspectos do retábulo do Julgamento; analogamente, se nos fosse dado percorrer um a um os domicílios em que se preparam os intérpretes do próximo espetáculo, não teríamos o panorama completo e assistido da poltrona, no dia aprazado; as decorrências, que presenciamos nas ruas e nas avenidas, nos impedem de ter, desde agora, o Juízo em sua total paisagem; porém o assimilamos à maneira da testemunha que, havendo conhecido parceladamente, por obséquio dos protagonistas, os fragmentos que estruturam o drama ora ensaiado, se sente unido a todo o enredo em foco, menos por compreensão do que por intimidade com os próprios atores, enquanto possuídos do papel que lhes cabe na futura exibição; de nosso lado, ao percebermos, em minutos efêmeros, os indícios ou mesmo certas extensões do episódio do Julgamento, achamo-nos previamente vinculado à enorme lupa, que esta, por sua vez, também permite outorgar-se em nosso miradouro, em nossa breve conjuntura de ver.

6 — A posse das coisas do cotidiano, assumida por nosso olhar, representa a concessão, a nós, de retalhos do Julgamento Último. Costumamos ver sem aplicar o miradouro segundo requer a ordem fisionômica; os olhos se distraem com as aparições cujos pretextos são os da presença estanque e quase nunca os da pre-

sença no seio do genérico. Bem poucas resultam as ocasiões em que se recolhem as fisionomias com o ânimo de testemunhá-las como sobrevindas em vésperas do desaparecimento; nunca o olhar acompanha com suficiente argúcia a linguagem dos corpos que, liberta dos respectivos portadores, traduz significados que, sendo alheios ao comportamento pessoal de seus donos, atingem, contudo, pela acessível disponibilidade, o panorama infinitamente largo a se compor na hora do Juízo. A despeito do habitual descuido com que divisamos os recheios dos painéis, num articulamento em que supomos não existir, para o vulto que temos diante de nós, outra significação além daquela que as circunstâncias do momento propiciam, quando, em verdade, os intérpretes com as mesmas atitudes representam, de modo simultâneo e com análoga fidelidade, motivos diversos não obstante os reduzidos apanhados, muito aquém do valor transcendental de nossa ótica, o fato em si de nossa visão, independente dos objetos em que recai, nos avizinha dos Ubíquos Olhos como o escorço se avizinha do grande modelo; dessarte, enquanto vemos, esse prodigioso olhar participa conosco da ocasional investidura, em nós, e conseqüentemente nele, dos retábulos que se nos oferecem. Acontecendo que no exercício da visualidade, por sermos nós a representação da retina que no Julgamento há-de abranger a todos, os fatos da presença estanque jamais coincidem com a magnitude da visão em nós outorgada; se procuramos reter dessas coisas o pretexto que, estranho à consciência das pessoas expostas, nos surge entretanto por seu facial intermédio, agimos de acordo com o merecimento dos olhos outorgantes: algo à maneira do sacerdote que, removendo a vista de uma atração desairosa, a submete às folhas tantas vezes relidas do breviário, em recurso de defesa tanto mais consentâneo quanto no texto se acham escritas palavras que de alguma forma se aliam à pureza do gesto. A responsabilidade da posse figurativa nos leva à seleção dos retábulos, à previsão dos painéis a se estenderem em nossos caminhos, pois que uma prestação de contas de tudo quanto nos foi dado ver, reproduzirá, na hora do Julgamento Último, o teor de nossa inteira visualização, de nosso repertório ali objeto de minudente leitura; se acaso os entrechos aparecidos, tornando inútil a preocupação de escolha ou desfazendo o propósito de receber os gestos que desejamos, nos obrigam a presenciar atitudes e episódios inconciliáveis com a visão imensa, resta-nos a expectativa de termos, em lugar do acontecimento desprimoroso, uma situação em ato enobrecida pelo assunto que a envolve, apesar de serem os mesmos os intérpretes que, por sua vontade, continuam com os movimentos corrompidos, enquanto de nossa parte os modificamos, segundo o argumento que assistimos da platéia. Diferentemente dos teatros, onde os espectadores se uniformizam na certeza de observarem o mesmo objeto, nos flagrantes de rua o ator, sem sair de si próprio, multiplica-se na expressão de inúmeros significados, cabendo-nos aquele que, pela premunição de nosso intuito, mais se conforma com a natureza do infinito olhar: tais os gestos que hão de suceder na hora do Julgamento, cujo retábulo parcialmente já conduzimos conosco. Recolhemos, através dos olhos, tocantes fragmentos, o anúncio do que virá quando o tablado se abrir por inteiro à contemplação da imensurável ótica. À semelhança da peça que antes de ser exibida, o empresário deixa entrever na propaganda de algumas cenas, postas nas vitrinas que armazenam coisas sem conexão com o prometido espetáculo, os episódios e as atitudes que correspondem à paisagem vindoura, de mistura com elementos díspares, nos persuadem sobre a antecipação, ao nosso belvedere, daquele políptico que a ilimitada ótica vislumbrará em toda a plenitude. Em certa manhã, ao transitarmos pela rua da P..., na cidade do R..., entre as anotações que nela se gravam, nos defrontamos com a da janela que guarda para nós, o único leitor, a presença dessa idéia do panorama do Julgamento explícito desde já; ali mesmo, a poucos metros da sigilosa referência, algumas crianças brincavam com o sorriso que devem ter as crianças no momento de comparecer ao futuro espetáculo; anunciando o Juízo Final, os vultos acorriam para atendê-lo, vindo a mostrar-se diante de nós como em jogo de mágicas, onde as coisas surgissem à mera pronúncia dos nomes, incluindo a tudo quanto ocupava os nossos olhos; além das crianças — que estas se desincumbiriam, no transcendente episódio, do desempenho tal como eram e víamos empiricamente, sem nada exporem de virtualização, de vez que o mesmo significado coincidia com o externado por elas — testemunhamos adultos que, ao negociarem abjeções, mal sabiam que os gestos efêmeros, longe de serem atitudes perdidas no ar, iriam, no devido instante, reestampar-se nas efígies desses mesmos atores que a aguda visão fará transparentes na hora das confissões figurativas; as advertências que porventura se lhes inculcassem, em lugar de restringir o impulso das violações, serviriam para agravar o tema do desrespeito, que tanto se tem repetido, por exemplo, nos painéis em que o tímido sacerdote, fomentando em si o valor da humildade, renuncia ao esforço de dissolver o retábulo das afrontas, com temor de vê-lo acrescentado por força de sua reação; consentindo às personagens a continuação das ofensas, ele adota a maneira oportuna de zelar pela sobrevivência das próprias personagens do descrédito, salvando-as de durabilidade e de intensidade maiores no exercício de seus desempenhos; a fim de não mais ver os abomináveis sucessos, ele se ausenta do palco das injúrias, e nesse ato de os não mais perceber, se apagam fisionomicamente as efígies em pecado, porque o santo vulto que as testemunhou representava, naquele momento, a visão sem a qual elas não teriam existido nele; o cauteloso monge era a visibilidade que ao extinguir-se faz perecer os seus objetos, impondo, desse modo, a tudo quanto apreende, uma condicionalidade existencial que se não revoga; as coisas são integralmente dele como, na perspectiva do Julgamento, as circunstâncias passadas se tornam presentes mercê do profundo olhar que as recolhe e as penetra. Na ocasião do Juízo, cada ser, incidindo a visão no vulto que lhe é respectivo, que lhe pertence, vê-o tal e qual se encontra naquele instante; assim, enquanto ele pode infiltrar a vista nas seqüências do passado de outrem, com relação a si mesmo ele sofre a contingência que na hora o confrange, num constrangimento maior ao saber que todas as retinas, notadamente a do ubíquo perscrutador, lhe devassam os segredos da fisionomia. As efígies que registramos na rua da P..., desconhecem que um miradouro aponta para as suas atitudes, e que através de lentes polidas por nossas intenções, conseguimos agrupar sob um único motivo os circunstantes que, quando muito, imaginariam estar, uns com os outros, na conexão imposta estritamente pelo local em que se situam; a significação que agora os aglutina em nosso olhar, é a do próprio Julgamento em uma tela menor, a porção fragmentária que nos ocorre distinguir, como na efeméride de sua total versão pode o olhar imenso restringir a paisagem e deter-se em alguns figurantes que, mercê desse ato resumidor, passam a constituir, sem exclusão de nenhum dos comparecentes, imagens alegóricas e representativas de tudo quanto se expõe em generalidade. Na posse dessa antecipação, se as figuras que nos preenchem o olhar indigitam o que virão a ser no inigualável panorama, a nossa ótica reproduz, ao colhê-las em sua disponibilidade, o exercício de ver que aplicará, perante todos os expostos da derradeira e mais concorrida assembléia, o Juiz que as trouxe para aquele conclave, não por havê-las perdido de seus olhos, que estes sempre foram abertos a todas as condutas, mas a fim de que, reciprocamente, numa inexorável acareação, todos se descubram dos gestos favoráveis e desfavoráveis.

7 — O nosso belvedere na rua da P... perscrutou a escala do tempo humano, com as crianças, os adolescentes, os de meia idade e os velhos a difundirem, na confusão que em nós se atenuava sob o aspecto de seqüências descontínuas, a história dos gestos da personagem que tomamos para núcleo do entrecho; claudicando em vetusta idade, ele se demorou na vitrina de uma loja, a olhá-la enquanto os outros seres prosseguiam a deambulação, parecendo-nos o venerando rosto propositadamente instalado naquela postura para efeito de nossa consideração. Raramente o enredo se isola no corpo de um único indivíduo, dispensando-se de recorrer às efígies que no mesmo momento lhe ocupam a contigüidade; e acontece que, embora o assunto se adstrinja a um só comparecente, a partir de certa fase ele se entorna sobre os seres da vizinhança; no comum das vezes, a significação vem

CAPÍTULO 14

a pairar em todos que se colocam a alcance do miradouro, agora se repetindo esse mesmo entornar-se quando, ao estabelecermos de mais perto a lupa, descobrimos que no interior da montra um desenho se encontrava a atrair os olhos não apenas do principal intérprete, mas de alguns outros que com ele formavam um pequeno concílio; com o nosso consentimento, o ancião, reunindo-se ao grupo de curiosos, cedeu, em nós, a saliência de que se revestira, ao ajuntamento que englobava a todos e no qual ele se expunha livre da individualidade, assim levando a extremo a natureza anônima de seu vulto; reingressara depois ao relevo da consideração, ao avançar lentamente no sentido de nosso observatório, como se pretendesse recompor a importância visual dentro da perspectiva, num intuito a que a nossa ótica se mostrava alheia, tão independentes se afiguram os gestos que um dia volverão a pesar-se, quando da assembléia do Julgamento. Os episódios da rotina se reconstituem a cada passo, não sendo aquela a primeira cena em que a ancianidade abandona a vitrina do ocasional interesse, e crianças de hoje claudicarão de futuro, a exemplo daquela personagem, à beira de uma loja de quinquilharias; o ato de no momento recolhermos em estampa o entrecho que de ordinário sucede em ruas daquele gênero, confunde-se com a composição de cenas virtualizadas, de alegorias, sobressaindo-se no instante a da figura encanecida e enferma que encerra na aparência os que se passaram e os que estão por vir em conjunturas semelhantes. Nesse sentido, o nódulo do retábulo da rua da P..., o figurante que entre muitos escolhemos para a continuidade de nossa visão, era em si mesmo a outorga que lhe concederam os vultos que perpassaram ou hão de perpassar pelo mesmo caminho, a repetirem os gestos que, por serem de muitos, a nenhum autor pertencem, proporcionando assim à tomada de um único painel o valor de universal representação; os olhos que recaem em certo fragmento, se dispensam de ver uma longa e interminável série que por ocasião do Julgamento poderá reduzir-se, de determinado ângulo, ao escorço de um só retábulo, a só situação de um ser, em cujo aspecto estão marcados os estigmas dos comuns procedimentos. Como se o vulto em consideração fosse algo transparente e que através dele os demais protagonistas se deixassem expor, integramos nele os entes ao redor, os que eram, enquanto o víamos com exclusividade, simples figuras de comparecimento, tornando-os partícipes da significação de que em nós se cobrira o rosto da longa idade: a de ter em si a presença, em virtualização, das diversas fases de seu pretérito. Nenhum semblante se apresentava ali como desconexo do vulto que, sem pressa de locomover-se, vinha a facilitar a confecção do episódio; todos eles entrevistos em função do principal intérprete, ou melhor, figurados como desdobramentos de períodos que não detivemos com a projeção direta de nossa ótica, em virtude das fronteiras da contemporaneidade, mas que no momento e por intervenção do genérico, assentiam

em estender diante de nós a perspectiva fisionômica de uma só
pessoa. Os gestos que se manifestassem, por iniciativa de algum
dos circunstantes, por mais alheios que fossem ao motivo do
painel em nós, se assimilavam ao patrimônio daquele rosto que
se recompunha à medida que o tempo, alterando o ritmo de
seu compasso, devolvia ao ser de agora as parcelas que se haviam
ido, as quais regressavam a ele em aparições aluviais. Dentre as
atitudes expendidas pelo velho semblante, não por si mesmo e
sim pela interposta figura de um adolescente, anotamos, com
peculiar intuito, a de haver permanecido em assinalável demora
no exame da mesma vitrina; ao fazê-lo, firmava, com a atual participação, um entrelaçamento de sutil identidade, como o dos
constituidores do cabido que, na ocasião, está disperso nos recintos do burgo: à vista de um dos sacerdotes, registramos, em vez
da individualidade que acorre ao grito de seu nome, a idéia do
próprio cabido que os seus membros tornou anônimos e permutáveis reciprocamente por efeito das roupas análogas. Em seguida
ao curioso jovem, as faces restantes se detinham na calçada para
ver o desenho na montra, e assim todas elas alimentavam com
idêntica atitude a constante que o nosso primeiro protagonista
iniciara; tal como a pessoa que mantém até o extremo da senec-
tude um gesto que lhe adveio da longínqua infância, gesto que
assistiu, no decorrer de tantas épocas, as variações de desempenho
por que passou, as personagens do desfile, no âmbito daquela
artéria, clarificavam, perante nós, o signo referencial e autenti-
cador das idades daquele ancião. Outrora ele procedera como
os vultos de gerações mais novas procediam ali naquele momento;
quanto a estes existindo, no rosto que tomamos para o principal
papel, o espelho de suas futuras imagens; era a rua da P..., na
hora de nosso testemunho, o trecho de uma paisagem maior,
através do qual recebemos em miniatura o acontecer genérico
tantas vezes exposto; mas ele adquiria, no flagrante daquela artéria,
a extensão de um políptico dedicado à figura que tem nas outras
as complementações de si própria, a fim de nos proporcionar
o tema da alegoria em análise.

8 — A ordem fisionômica, ao nos oferecer o rosto penetrado da virtualização, de fatos e coisas da ausência, concede o
ensejo de fixarmos, numa espécie de sortílega comprovação, os
elementos que, para nós, se aplicaram na transcendente outorga;
é-nos permitido — tal houve na rua da P... — sem que inverta-
mos o curso do tempo nem nos movamos do observatório, presenciar essas mesmas ausências que a princípio se fizeram ver
em um único semblante. Simultâneas ao vulto que em si próprio
revela o aglutinado de muitas situações, as figuras comparecentes

com ele à superfície da mesma tela, exibem uma participação cujo teor compreende essa circunstância de virem homologar, aos nossos olhos, o significado que extraímos de um só corpo; são efígies que, tendo, em começo, o aspecto de testemunhas do principal protagonista, nos dão, após o desempenho deste, e através de distintos fragmentos, as fases, uma a uma, da motivação assim decomposta para efeito da análise reafirmadora. A presença do ancião nos propiciara o conteúdo de seus anteriores gestos, das cenas que se verificaram para a contemplação de outrem que não de nosso olhar; como se necessitássemos de colaboradores para acolher as situações que nos fugiram da visibilidade direta — para cujo alcance o pensamento contribui, como diria o socrático interlocutor, com sua modelagem bem acima da cera ou de qualquer outra matéria — os entes da fortuidade vêm a concorrer àquela significação, que se demora pelo tempo de nosso exame: preside-o o mesmo teor, o mesmo sentido, que precedentemente envolvera o corpo claudicante e repleto de reconstituível passado. Tal como na extensa fatura de um livro, cuja preocupação de unidade se eleva sobre quaisquer outras, nenhum pormenor se furta à presença do título com que o autor recobre da mais alta à mais rotineira das idéias, tudo quanto penetrava na lente de nosso miradouro, o acontecer daquela hora na rua da P..., incorporava-se ao sentido do velho intérprete que bem podia, de sua parte, ver as atitudes dos passeantes, ao modo de alguém que folheando o álbum em que a sua efígie se repete em diferentes posições, a contar da mais remota época, sabe que os vultos da pessoal galeria se revestem, a despeito das mudanças de aparência, do mesmo nome que ele ainda usa, o qual estabelece, ao longo de extremas variedades, o vínculo de sua história fisionômica. O rosto da personagem se impunha em nossas observações como presença ubíqua a juntar, sob o tema de seu vulto, os semblantes dos demais comparsas, parecendo que ele os houvera devolvido, do fundo de sua representação, ao contato de nossos olhos que, perfazendo o ato do panorama genérico, substituíam, em outorga, as visões que, a seu tempo, captaram, um a um, os painéis ora apresentados num único políptico. Os olhos que a seu tempo receberam as situações que agora distinguimos, antecipando-se a nós, sem contudo as livrarem da estanque presença, em que para eles se mantém submersas, esses olhos cederam à nossa retina, com o teor de sua captação, o ato, em si, de vê-las; o qual, à feição de qualidade precípua à existência das figuras, as torna perduráveis em extensão, em cortejo da pura ótica, plena perpetuação da claridade visível, substancialmente condicionada ao testemunho de nossa observação. Os seres da comum objetividade, não obstante os infinitos mascaramentos de que se vestem, parecendo alhear-se de nossa criadora vizinhança, que pode ser imediata ou longínqua, se prendem a nós como a pintura e os olhos que a viram se prendem à tela em que recai a obra do pintor; existe, no retângulo do quadro, a virtualizada presença

de quantos o contemplaram, o que por si só nos obriga a tentar
o encontro de determinada coisa, não por si mesma, porém devido
à circunstância de haver sido olhada por determinado alguém;
as faces, com que nos defrontamos, trazem consigo os olhos que as
perceberam, e o fato de elas virem a nós encerra a ocasião de nos
aliarmos a todos que as envolveram em suas retinas, empreendendo
conosco uma comunhão que é a da perspectiva realizada pela mera
participação dos atos de ver, cada um emergindo de sua distância
a fim de se conterem no ato de nossa presença visualizadora e
pessoal. Nenhum objeto do álbum, que constitui nossa vida pano-
râmica — incluído nele o mundo dos rostos que sabemos pelo
ouvir dizer — se isenta do fato de sermos, da circunstância de a
nossa existência significar o observatório único para cuja lente
registradora eles se franqueiam; ao fazê-lo, se corporificam no
ser em nós, porquanto somos a claridade sem concorrentes, da
qual se não podem abstrair, como à luz do dia nenhuma face, que
a ela se expõe, cuida de lhe sonegar o contorno de suas linhas.
As captações adquiridas pelos olhos de outrem, nas quais se
insere a nossa efígie que para tanto se indumenta de formas que
a rigor nos escapam, traduzem, em final instância, maneiras de
ser que, aparentemente afastadas de nossa intromissão, constituem modalidades de existirem em nós, nunca despegadas do
véu que nos pertence e que a tudo recobre, que somos nós mesmo
na medida em que os repertórios dos contemporâneos se exin-
guirão conosco, no momento de nossa morte.

9 — Por ocasião dos festejos na Associação de ..., sentimo-
-nos incomodado ante a idéia de termos que assisti-los, isto em
virtude da presciência quanto à falsa desenvoltura que muitos
dos convidados haviam de expor; a qual motivar-se-ia pela saliência com que cada um — esquecido de que o realce do painel competia tão-só ao dono das homenagens, ou melhor, à figura de
Z..., que recebera na véspera ambicionada comenda — tentaria
colher para o respectivo rosto o feixe das atenções. Os promo-
tores da sessão, alegres com tal pretexto que sem dúvida iria pro-
piciar-lhes amplos e rendosos merecimentos junto ao novo comen-
dador, eram talvez, de todos os comparecentes, os mais discretos
no rumor dos aplausos, apesar do interesse que se reduzia apenas
ao próprio Z..., cuja opulência não haveria de deixá-los sem
compensação; no transcorrer da assembléia, presenciamos o
amuado e fundo descontentamento com que os organizadores
do preito se viram ofuscados pela importância que alguns assu-
miram ou em memoráveis discursos ou em anedotas e ditos de
brilhante êxito; descontentamento que, por se não cobrir de
honesta modalidade, pouco se valia do menosprezo que, em verdade, Z... sentia em face das bajulações; na disputa pelo centro

do episódio, se trocaram as posições subentendidas antes do ajuntamento, a ponto de se alguém, desprevenido da causa que fizera àquela noite acender as lâmpadas do edifício, olhasse para o interior por uma das janelas, concluiria que, de todos os presentes, a figura de Z... e as de três outras, imersas no mesmo flagrante, eram indivíduos hierarquicamente postos à margem das conversações; a vitória na luta pelas atenções de uma platéia, se distribuía em vultos que excelentemente souberam reproduzir naquele palco os rifões de que se muniram até o pórtico, e em figuras que, por faculdade espontânea, aproveitaram da melhor maneira o jocoso de seus improvisos; estas, mais contentes consigo mesmas do que os primeiros com relação a frases ou histórias advindas de cuidadosos ensaios, sem dúvida tiveram depois, logo a partir do encerramento da reunião, os mais lisonjeiros afagos de suas respectivas e homologadoras lembranças; cremos que em nenhuma destas se sobressaiu, com análoga importância, o fato de Z..., pelo muito que trabalhara em prol da pia instituição, haver merecido o prêmio da homenagem, tal como dissera a nota das convocações e a notícia dos jornais: a ambas não correspondeu o que de fato se passou na teia da ordem figurativa; nos espetáculos em que os impulsos da saliência visam a proporcionar, em nós, uma duração positiva segundo o que pensam os rostos em relevo, o nosso olhar, à guisa de lente a mover-se em curvas perifrásticas e assim desconcertante ao desejo dos vultos em colóquio, atrai a si o vasto programa das coisas que se aplicam a converter-se no conteúdo de nosso álbum, o imenso e intransferível repertório; nele se inclui, descida à condição de complemento do estrado onde atua a ênfase dos principais atores, a série de semblantes que, ao redor deles, e aparentemente confundidos conosco, observam a trama desenrolada diante de nós; se ulteriormente ao episódio das homenagens, algum dos presentes nos dissesse que a figura de Z..., para nós obscurecida, prendeu, durante todo o conciliábulo, as reverências constantes da assembléia, tal desajuste não perturbaria a exclusividade de nosso panorama; desde que, em tudo quanto vemos, os olhos que conosco distinguem o mesmo alvo, se exoneram da posição de testemunhas para imergirem no bojo da paisagem que pertence a nós e a mais ninguém; ao desempenho dos demais, nos painéis obtidos por nós, junta-se nossa particular representação perante as vistas que nos englobam; exercitamo-la como se esses olhares, recaídos em nossa figura, fossem lentes que a espreitam sem levarem em conta a paisagem que nos é privativa, o panorama que nos coube existenciar; em verdade, os olhos que nos observam, constituem outros tantos elementos de todo vinculados à perspectiva de nosso ser, e cujos episódios a que comparecemos e de que participamos, desaparecerão conosco na ocasião de nossa morte como, ao fecharmos as pálpebras à luz, se cerram com a claridade as coisas por ela reveladas. Sob a ignorância do momento em que os nossos olhos se ofuscarão para não mais se acenderem, podendo a qualquer instante, efetuar-se, conosco, a morte de todos os seres, as nossas preocupações se infestam da possibilidade desse perecimento irremissível que — talvez sem qualquer anúncio de chegada, de maneira a nos munirmos, oportunamente, de visões mais gratas ao pendor de nossa sensibilidade — cancelará, conosco, o repertório que desejaríamos se elastecesse ao encontro de retábulos mais belos do que os possuídos até então. A sucessividade de nossa presença, enriquecida a toda hora pelo acúmulo de semblantes e de gestos, ressente-se, em nós, da eventualidade de interromper-se sem que ninguém possa nos substituir na posição de seu detentor. De tal sorte é arraigado ao objeto o nosso pensamento de sua perda conosco, tão forte se nos afigura a solidariedade na desaparição, que a nossa vista, diante de algum vulto amorável, não se desacompanha da idéia de vê-lo para nunca mais; na ausência de concomitante despedida, ao estarmos, de volta, no aposento, infletimos a lembrança para a imagem que tanto nos enleou, e que por isso mesmo não nos acudiu lhe dar diretamente o tácito e oportuno adeus.

Do mesmo autor:

A Imagem Autônoma (ensaio de teoria do cinema). Recife, Editora Universitária, 1972.

O Lugar de todos os Lugares. São Paulo, Editora Perspectiva, 1976.

O Espaço da Arquitetura. São Paulo, Editora Perspectiva, 1977.

A Ordem Fisionômica:

I — *A Visão Existenciadora*. São Paulo, Editora Perspectiva, 1978.

A publicar:

A Ordem Fisionômica:

III — *Ser e Estar em Nós*
IV — *A Subordinação ao nosso Existir*
V — *A Testemunha Participante*

COLEÇÃO ESTUDOS

1. *Introdução à Cibernética*, W. Ross Ashby.
2. *Mimesis*, Erich Auerbach.
3. *A Criação Científica*, Abraham Moles.
4. *Homo ludens*, John Huizinga.
5. *A Lingüística Estrutural*, Giulio Lepschy.
6. *A Estrutura Ausente*, Umberto Eco.
7. *Comportamento*, Donald Broadbent.
8. *Nordeste 1817*, Carlos Guilherme Mota.
9. *Cristãos-Novos da Bahia*, Anita Novinsky.
10. *A Inteligência Humana*, H. J. Butcher.
11. *João Caetano*, Décio de Almeida Prado.
12. *As Grandes Correntes da Mística Judaica*, Gershom G. Scholem.
13. *Vida e Valores do Povo Judeu*, Cecil Roth e outros.
14. *A Lógica da Criação Literária*, Kate Hamburger.
15. *Sociodinâmica da Cultura*, Abraham Moles.
16. *Gramatologia*, Jacques Derrida.
17. *Estampagem e Aprendizagem Inicial*, W. Sluckin.
18. *Estudos Afro-Brasileiros*, Roger Bastide.
19. *Morfologia do Macucanima*, Haroldo de Campos.
20. *A Economia das Trocas Simbólicas*, Pierre Bourdieu.
21. *A Realidade Figurativa*, Pierre Francastel.
22. *Humberto Mauro, Cataguases, Cinearte*, Paulo Emílio Salles Gomes.
23. *História e Historiografia*, Salo W. Baron.
24. *Fernando Pessoa ou o Poetodrama*, José Augusto Seabra.
25. *As Formas do Conteúdo*, Umberto Eco.
26. *Filosofia da Nova Música*, Theodor W. Adorno.
27. *Por uma Arquitetura*, Le Corbusier.
28. *Percepção e Experiência*, M. D. Vernon.
29. *Filosofia do Estilo*, G. G. Granger.
30. *A Tradição do Novo*, Harold Rosenberg.
31. *Introdução à Gramática Gerativa*, Nicolas Ruwet.
32. *Sociologia da Cultura*, Karl Mannheim.
33. *Trasila – Sua Obra e seu Tempo* (2 v.), Aracy Amaral.
34. *O Mito Ariano*, Léon Poliakov.
35. *Lógica do Sentido*, Gilles Deleuze.
36. *Mestres do Teatro I*, John Gassner.
37. *O Regionalismo Gaúcho*, Joseph L. Love.
38. *Sociedade, Mudança e Política*, Hélio Jaguaribe.
39. *Desenvolvimento Político*, Hélio Jaguaribe.
40. *Crises e Alternativas da América Latina*, Hélio Jaguaribe.

41. *De Geração a Geração*, S. N. Eisenstadt.
42. *Política Econômica e Desenvolvimento no Brasil*, Nathanael H. Leff.
43. *Prolegômenos a uma Teoria da Linguagem*, Louis Hjelmslev.
44. *Sentimento e Forma*, Susanne K. Langer.
45. *A Política e o Conhecimento Sociológico*, F. G. Castles.
46. *Semiótica*, Charles S. Peirce.
47. *Ensaios de Sociologia*, Marcel Mauss.
48. *Mestres do Teatro II*, John Gassner.
49. *Uma Poética para António Machado*, Ricardo Gullón.
50. *Burocracia e Sociedade no Brasil Colonial*, Stuart B. Schwartz.
51. *A Visão Existenciadora*, Evaldo Coutinho.
52. *A América Latina e sua Literatura*, UNESCO.
53. *Os Nuer*, E. E. Evans-Pritchard.
54. *Introdução à Textologia*, Roger Laufer.
55. *O Lugar de todos os Lugares*, Evaldo Coutinho.
56. *Sociedade Israelense*, S. N. Eisenstadt.
57. *Das Aracadas ao Bacharelismo*, Alberto Venancio Filho.
58. *Artaud e o Teatro*, Alain Virmaux.
59. *O Espaço da Arquitetura*, Evaldo Coutinho.
60. *Antropologia Aplicada*, Roger Bastide.
61. *História da Loucura*, Michel Foucault.
62. *Improvisação para o Teatro*, Viola Spolin.
63. *De Cristo aos Judeus da Corte*, Léon Poliakov.
64. *De Maomé aos Marranos*, Léon Poliakov.
65. *De Voltaire a Wagner*, Léon Poliakov.
66. *A Europa Suicida*, Léon Poliakov.
67. *O Urbanismo*, Françoise Choay.
68. *O Convívio Alegórico*, Evaldo Coutinho.
69. *Pedagogia Institucional*, A. Vasquez e F. Oury.
70. *Pessoa e Personagem*, Michel Zeraffa.
71. *O Convênio do Café*, Celso Lafer.